军工溯翼

哈军工空军工程系并入西北工业大学史话

主编 陈建有

西北工业大学出版社

西 安

图书在版编目（CIP）数据

军工添翼：哈军工空军工程系并入西北工业大学史话/陈建有主编. —西安：西北工业大学出版社，2018.9
　ISBN 978-7-5612-6337-2

　Ⅰ.①军… Ⅱ.①陈… Ⅲ.①西北工业大学—校史 Ⅳ.①G649.284.11

中国版本图书馆CIP数据核字（2018）第221730号

JUNGONG TIANYI—HAJUNGONG KONGJUN GONGCHENGXI BINGRU XIBEI GONGYE DAXUE SHIHUA
军 工 添 翼 —— 哈 军 工 空 军 工 程 系 并 入 西 北 工 业 大 学 史 话

策划编辑：唐小林
责任编辑：隋秀娟

出版发行：	西北工业大学出版社
通信地址：	西安市友谊西路127号　　邮编：710072
电　　话：	（029）88493844　88491757
网　　址：	www.nwpup.com
印 刷 者：	陕西金德佳印务有限公司
开　　本：	787 mm×1 092 mm　　1/16
印　　张：	19.25　插页：12
字　　数：	284千字
版　　次：	2018年9月第1版　　2018年9月第1次印刷
定　　价：	88.00元

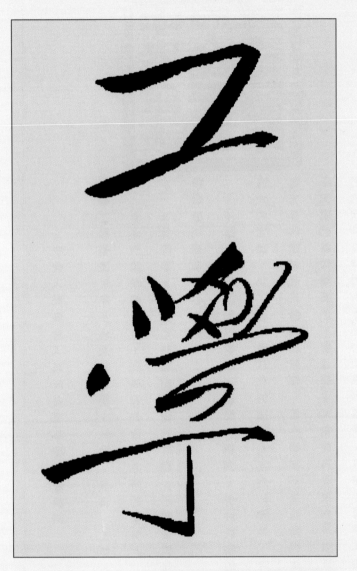
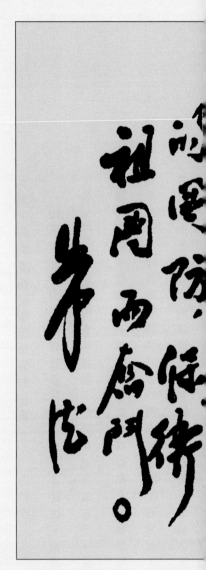

1953年8月23日,毛泽东主席为军事工程学院院报题写报名"工学"

1953年9月1日,中央人民政府总司令为军事工程学院成立暨第一期

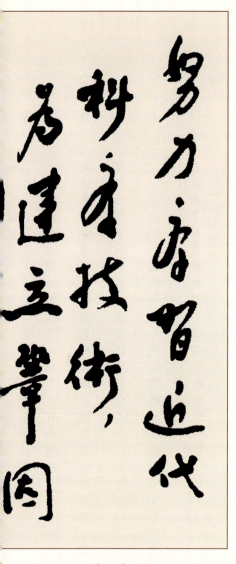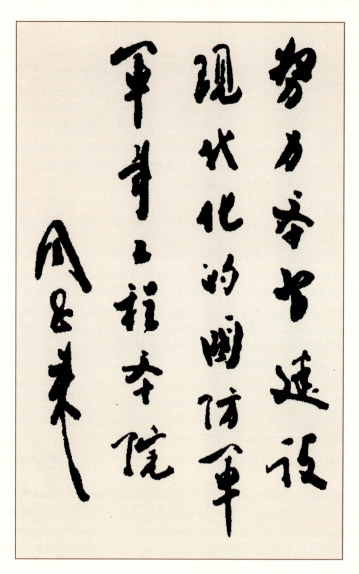

…守副主席、人民革命军事委员会副主席朱德…学员开学典礼题词

1953年9月1日，全国政协一届委员会副主席、人民革命军事委员会副主席、政务院总理周恩来为军事工程学院成立暨第一期学员开学典礼题词

1953年9月1日,在中国人民解放军军事工程学院成立暨第一期开学典礼上陈庚院长检阅

中国人民解放军军事工程学院成立暨第一期开学典礼学员整队通过主席台接受检阅

1958年，空军工程系空军工程科第一期毕业学员合影
（第一排左起为罗时钧、佘骥龙、唐铎将军、于达康政委、马明德、沈伯瑛、宋子功）

空军工程系第一届毕业学员纪念照

军 工 添 翼

1964年空军工程系送别唐铎主任留影

后排：曹守裕　平　云　岳劼毅　凌之巩
三排：孙庆馀　佚　名　徐缤昌　佚　名　俞济祥
二排：王廉清　蒋宗荣　萧顺达　蒋志扬　董绍庸
前排：罗时钧　沈伯瑛　唐　铎　沙　克　马明德

唐铎少将　　马明德教授　　岳劼毅教授　　梁守槃教授

罗时钧教授　　庄逢甘教授　　陈百屏教授　　董绍庸教授

军工英才

1960年8月,在空军工程系工作的苏联专家合影

空军工程系二科第一期学员与苏联顾问合影

空军工程系师生为支援黑龙江省广播网建设,装配无线电接收机

空军工程系师生装配自己设计的电子模拟计算机

军工添翼

歼-7E飞机西工大研制人员合影（一）

歼-7E飞机西工大研制人员合影（二）

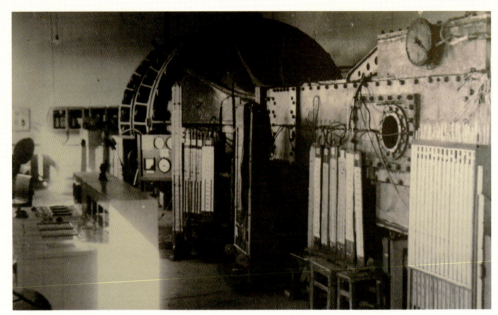

空军工程系建设的超声速风洞实验室

"中国人民解放军军事工程学院空军工程系旧址纪念碑"揭幕仪式

本书编委会

主　　编：陈建有
策　　划：闫育周　杨　晓
统　　筹：陆佩华
编　　委：黄迪民　吴秀青　王凡华
　　　　　杨　埜　汪　东　张　鹭
图片提供：郭友军等

序　言

中国人民解放军军事工程学院（简称"哈军工"）是新中国成立不久，在国家为提升军事实力、建立现代化部队、巩固革命成果的形势下所创建的一所军事院校。她凝聚了一个时代关于国家军事现代化的光荣和梦想。

哈军工自筹建到1953年成立，受到国家的高度重视，也得到社会各界的广泛关注和无私援助，并以师资力量雄厚、办学理念先进、选拔录取严格、学子成绩优异而备受瞩目。从哈军工毕业的学生多数成为我国军事领域的专家，在国防和军队建设中做出了重大贡献。哈军工创造的辉煌业绩离不开国家和社会各界的支持以及师生员工的奋斗，离不开老一辈哈军工人秉承以及新一代哈军工后人传承的"哈军工精神"。

1966年，奉中央军委命令，哈军工集体转业退出军队序列，学校更名为哈尔滨工程学院，空军工程系改名为航空工程系。1970年航空工程系西迁西安，整建制并入西北工业大学（简称"西工大"），成为西工大三大脉源之一。

洗去历史的铅华，探寻文化的基因，重现哈军工在国防现代化建设历程中那些可歌可泣的篇章，记录哈军工空军工程系并入西工大的发展历程，是出版《军工添翼——哈军工空军工程系并入西北工业大学史话》的初衷。本书以事话史，截取人物和事件的横断面，着重突出亮点和重点，不枝不蔓，客观呈现。

——哈军工空军工程系并入西北工业大学史话

60多年前，从一穷二白到蒸蒸日上，哈军工的创办实践创造了中国高校办学史上的一个奇迹。哈军工空军工程系来到西工大，同心同向共命运，昭示了我国国防科技事业发展的足迹。西工大先后进入国家"211工程""985工程"和"一流大学"建设高校（A类）行列。几十年来西工大的发展，军工精神与科学气质融为一体，坚忍不拔、争创一流，书写了培育国家栋梁、铸造国之重器的时代篇章。

军工铸魂育英才，先驱英灵日月长。

彪炳史书诗千行，耸天丰碑映华章。

新时代新征程，追忆哈军工与西工大交融的岁月历程，目的在于继承和弘扬先辈们的伟大精神，汲取无穷的智慧和前行的力量。面向未来，面对挑战，不忘初心，继续前进，在建设特色鲜明的世界一流大学的道路上，努力向党和人民交上一份满意的答卷。

是为序。

本书编写组

2018年7月

目　录

第一章　军工历程

哈军工空军工程系办学历程 …………………………………………… 003
"哈军工精神"与"西工大精神"交响升华 …………………………… 021

第二章　军工英才

哈军工空军工程系创始人，革命家、教育家、杰出的国际主义战士唐铎少将 … 041
中国实验空气动力学与风洞研究的奠基人马明德教授 ………………… 062
毕生奉献国防教育　呕心培育航空英才——记岳劼毅教授 …………… 082
中国第一位导弹总设计师梁守槃 ………………………………………… 095
哈军工教育教学的掌舵人、空气动力学家与教育家曹鹤荪 …………… 114
空气动力学家与航空教育家罗时钧的科学人生 ………………………… 126
一生追随钱学森的空气动力学家庄逢甘 ………………………………… 136
固体力学与应用数学家、飞机设计与航空教育家陈百屏 ……………… 151
航空发动机专家、航空教育家董绍庸 …………………………………… 163

"歼-10"飞机之父——宋文骢 …………………………………………… 171
防空导弹武器系统和制导系统工程技术专家钟山 ………………… 181
从战士到院士——记中国工程院院士李明 …………………………… 187
飞机总体设计专家杨凤田 ……………………………………………… 193

第三章　加盟添翼

校企合作谱写歼-7E研制传奇 ………………………………………… 204
薪火相传谱新曲——航空发动机团队纪实 …………………………… 215
独树一帜的火控专业 …………………………………………………… 220
航空特种设备专业的领跑者 …………………………………………… 230
独领风骚的稀土永磁电机团队 ………………………………………… 241
拓展控制科学新领域 …………………………………………………… 251
计算机专业的创新发展 ………………………………………………… 259
书写教书育人新篇章 …………………………………………………… 273
难忘的岁月——回忆集锦 ……………………………………………… 277

后记 …………………………………………………………………… 299

第一章 军工历程

哈军工空军工程系办学历程

1952 年 12 月—1970 年 11 月

一、中国人民解放军军事工程学院的筹建与成立

为了加强我国现代化国防建设的需要，中央人民政府革命军事委员会主席毛泽东于 1952 年 6 月 23 日发布命令，决定建立中国人民解放军军事工程学院。毛泽东同志在给军事工程学院的《训词》中说："中国人民解放军军事工程学院的创办，对于我国的国防事业具有极其重大的意义。为了建设现代化的国防，我们的陆军、空军和海军都必须有充分的机械化装备和设备，这一切都离不开复杂的专门技术。今天我们迫切需要的，就是要有大批能够掌握和驾驭技术的人，并使我们的技术能够得到不断的改善和提高。军事工程学院的创办，其目的就是为了解决这个迫切而光荣的任务。"

为了筹建军事工程学院，中央军委调中国人民志愿军副司令员陈赓任军事工程学院院长兼政治委员，并成立了军事工程学院筹备委员会，负责学院的筹建工作。

1952 年 7 月，苏联政府派奥列霍夫中将等 4 人来华协助陈赓制定建校方案。1953 年 5 月，苏联政府又派来了以奥列霍夫为首席顾问、由 83 名专家组成的顾问团帮助创办学院。毛泽东同志在《训词》中指出，"向苏联学习，这是我

们建军史上的优良传统","这点,对于你们这个学院,有更加重要的意义"。周恩来同志亲自指示陈赓:"对苏联专家当然尊重,但要不亢不卑。对于苏联专家提出的意见,要加以分析。学习苏联要结合我们的实际情况。"以陈赓为代表的院党委正确执行毛泽东、周恩来的指示,正确处理了与苏联顾问的关系,苏联专家对军事工程学院的建设做出了重要贡献。

根据中央军委批准的建校方案,在陈赓的领导下,以第二高级步兵学校、华东军区军事科学研究室和志愿军第三兵团的部分干部为基础,迅速组建了军事工程学院。

军事工程学院的创建是在党中央、政务院的亲切关怀下,在中央军委的直接领导下进行的。毛泽东同志在向学院颁发《训词》的同时,为校刊题名"工学",并审批学院教育计划。周恩来同志对解决校舍、选调教师等问题都亲自过问并直接出面帮助解决。在周恩来同志的亲切关怀与高教部的大力支持下,从1952年底至1953年初,军委从华东、中南、西南、京津4个地区选调了78名教授、专家,哈尔滨医科大学让出了校舍,国家将军事工程学院的建设列为第一个五年计划的156个重点项目之一。因此,学院的基本建设规模宏大,进展极为迅速。中央军委为学院抽调232名在新中国成立前后毕业的优秀大学生来院任教,并从全军选调1 040名学员来院学习。

军事工程学院由中央军委和总参谋部、总政治部、总干部部和总后勤部"四总部"直接领导,是方面军的编制体制,履行方面军的职责和权限。学院下属5个大部(室),即政治部、干部部、教务部、院务部和院长办公室;5个系,即空军工程系(一系)、炮兵工程系(二系)、海军工程系(三系)、装甲兵工程系(四系)及工程兵工程系(五系)。5个部(室)、5个系、1个预科总队均为军级的编制,履行军级单位的职责权限。1953年9月1日,学院隆重举行了军事工程学院成立及第一期学员开学典礼。中央军委代表、解放军副总参谋长张宗逊在会上宣读了毛泽东同志给学院颁发的《训词》,并向学院授旗。陈赓院长受旗后在致辞中庄严宣布:"中国人民解放军军事工程学院——我国历史上第一所军事工程学院正式成立了!"

中华人民共和国政务院总理周恩来、中国人民解放军总司令朱德和刘伯承、贺龙、罗荣桓等中央和军委首长都为军事工程学院题词祝贺。

二、哈军工空军工程系的成立及发展

哈军工空军工程系于1952年12月14日正式成立。第一任系主任为徐介蕃，政治副主任为葛燕章。空军工程系最初设有六个专科（相当于专业大类）：

航空工程科（一科）　　　科主任　沈伯瑛

航空兵器科（二科）　　　科主任　王秀山

电气特设科（三科）　　　科主任　王荣光

无线电技术科（四科）　　科主任　高　勇

机场建筑科（五科）　　　科主任　王廉清

航空气象科（六科）　　　科主任　李殿章

1953年5月唐铎来系接任空军工程系系主任，戴其萼任系副主任。

空军工程系最初以培养维护使用工程师为目标，第一期学员几乎都是从部队选拔的。学员入院后，须先经过6个月的预科教育，并进行合格考试。

1953年8月25日，空军工程系第一期学员278人入系编班。80人编入航空工程科，分4个学员班；40人编入航空兵器科，分2个班；电器特设科60人，分3个班；无线电技术科40人，分2个班；机场建筑科38人，分2个班；航空气象科20人，1个班。9月1日正式进入正科学习。

1953年12月，空军工程系召开了第一次全体党员大会，选举产生了第一届党委会，由唐铎任党委书记，于达康任副书记。

1. 组织机构

哈军工各系下属3个处，即政治处、教务处、行政处。系下设专科，作为一级行政组织，领导本专科有关的专业教授会和学员班（1957年前，教授会由系直接领导）。专科配备有专科主任，之后还配备有专科政委，共同负责专科的教学、行政和政治工作。在教学工作的组织实施方面，各系负责进行专业基础课、专业课、空军军事战术课、共同理论基础课的教学，政治课和体育课由

院直属各教授会（即教研室）进行。

1953年11月，空军工程系根据专业建设的需要初步组建了相应于6个专科的27个专业教授会。

航空工程专科：空气动力学教授会（101），岳劼毅教授任101教授会主任，马明德、罗时钧教授任副主任，马明德兼任空气动力实验室主任（当时任教的还有庄逢甘教授）；航空发动机原理教授会（102），梁守槃教授任102教授会主任，董绍庸教授任副主任（1956年梁守槃调离，董绍庸为主任）；飞机构造及强度教授会（103）；航空发动机构造强度教授会（104）；飞机和发动机修理教授会（105）；技术维护教授会（106）；热力学与气体动力学教授会（107）。

航空兵器专科：航空弹药教授会（108），航空炮军械（航空自动武器）教授会（109），轰炸学教授会（110），气动和电操纵兵器（航空火箭）教授会（111），轰炸装置教授会（112），空中射击教授会（113）。

电气和特设专科：航空电工学教授会（114），飞机电气设备教授会（115），自动控制理论及航空仪表教授会（116），电机学教授会（117）。

无线电工程专科：航空无线电学教授会（118），无线电传真（航空雷达）教授会（119），无线电收发装置教授会（120），无线电导航教授会（121）。

机场建筑专科：机场建筑教授会（122），机场维护教授会（123），地质及土壤学教授会（124）。

气象专科：大气学及高空气象教授会（125），普通气象及动力气象学教授会（126），军事气象教授会（127）。

1955年以后，为满足教学和科研的需要，空军工程系先后建立了4个中心实验室：①发动机高空模拟实验室；②飞机强度实验室；③无线电技术实验室；④空气动力学风洞实验室。

1955年1月，空气动力学实验室第一座1.5米量级的开口单回流式风洞与第二座1.5米闭口单回流式风洞建成。这是新中国成立后我国自力更生建造的第一座1.5米量级的低速风洞。为此，学院举行了实验室落成典礼，军委、空军和有关兄弟部队也派代表前来参加。刘居英副院长代表院党委对空气动力学实验室的建成表示祝贺，同时宣读了学院给予在筹建过程中工作努力、贡献突出的马明德教授、实验室人员邓士贻、技工吴相亭、姜延栋等的嘉奖令。实验室运行后，除担任大量教学、科研试验外，还完成了许多飞机、导弹等型号的低速性能试验任务，对新中国成立初期我国的航空空气动力试验研究做出了贡献。

1957年3月，空军工程系的教学人员已达505人，其中教授5人，副教授9人，讲师81人，助教152人，工程师4人，技术员127人，实验员127人。

2. 以教学为中心，努力提高教学质量

哈军工院、系党委始终坚持以教学为中心的办学思想，把主要精力用在组织实施教学、改进教学方法、提高教学质量上。各级领导干部经常深入教学第一线，抓教学过程的各个环节。从制定教学大纲、编写教材讲义、教师备课试讲到课堂讲授、课堂讨论、实验、实习、课程设计等，领导都到教学现场去了解情况，总结经验，发现和解决问题。空军工程系主任唐铎带头深入检查和指导教学，从1956年到1958年间，他对空军工程系各门课程的教学进行了全面的检查。

系领导抓教学有计划、有重点，并做到了经常化、制度化。每当新生入学时，系领导就对他们进行专业思想教育，引导他们热爱自己的专业，为国防现代化的建设努力学习。在学习过程中，系领导教育学员注意养成独立思考、主动学习的习惯，避免死读书。在生活上，系领导关心学员的身体健康，努力改善伙食，还注意广泛开展文化体育活动。

每个学期在复习考试前，系党委都要进行专门研究，从教员、学员、干部到食堂工作人员，都为保证复习和考试工作的胜利完成而共同努力。在教学过程中，系领导重点抓教学组织和各种制度的建立，抓实验室的建设与管理，抓如何减轻学员的负担，抓学员在学习过程中如何正确处理独立思考和学习互助的关系，等等。院、系领导还重视教学方法的研究和经验的交流。1954年1月到1955年1月间，学院曾两次召开教学方法研究会。院、系领导非常关心学员的全面发展和健康成长，陈赓院长多次强调说："我们学院的一切工作，都是为了让学员学好，把他们培养成又红又专的第一流工程师。"他还说："学

员是我们的宝贝,是我们事业的希望,我们所有的工作部门都要为学员服务,学院的一切工作都要为学员着想。"

为保证教学和科研工作的正常进行,空军工程系的行政后勤部门做了大量工作。哈尔滨冬季气温低达 –40～–35℃,因此蔬菜供应和烤火取暖任务极为艰巨和繁重。全系每年冬季蔬菜贮存量多达 25 万公斤,保管时间长达半年之久,故每个食堂必须有自己的菜窖,这样就投入了大量的人力、物力。冬季用煤多达 4 000 吨,必须在夏季组织运输;同时,还须在夏季将 10 万平方米的教室、宿舍、机库、食堂的门窗修理完善以保障冬季取暖工作的顺利进行。

3. 认真做好思想政治工作,保证教学任务的胜利完成

1953 年底,院党委制定了《全院在职干部 1954 年学习党的过渡时期的总路线的教育计划》,组织全体在职干部进行学习,提高了广大干部的社会主义觉悟。

1954 年 3 月,为贯彻党的七届四中全会《关于增强党的团结的决议》,陈赓主持召开了院党委扩大会议,在全院团以上干部中进行整风,以增强党的团结,加强党的集体领导。同年 12 月,院党委召开了第一次党代表会议,传达和讨论贯彻执行中央关于在军队中实行义务兵役制、军衔制和薪金制的决定。空军工程系党委召开全系党员大会,号召各党支部和全体党员团结和带领全系人员切实执行中央决定。由于党委重视,党员带头,思想工作耐心细致,所以这一涉及每个人切身利益的重大任务进行得非常顺利,在正确处理个人与组织的关系,正确对待荣誉、地位、待遇问题上,普遍表现出高尚的道德风尚。

1955 年进行肃反运动时,根据党中央的指示精神,院党委对在知识分子中开展肃反工作采取了极为慎重的态度。陈赓院长明确指示,要慎重对待老教师的问题。他说:"社会关系复杂一点不怕,只要清楚。老教师都是从旧社会过来的,有点旧思想是难免的,错误也是允许的。"他在一次对老教师的讲话会上还风趣地说:"同志们不要怕自己的社会关系复杂,不要背这个包袱。如果说社会关系复杂,恐怕大家还比不上我呢。有一次蒋介石在北伐战争中陷入重围,还是我把他从战火中背出来的……"同时,院、系党委对高级知识分子的政治及思想情况做了认真的实事求是的分析，既看到他们有历史社会关系复杂的一面，也看到他们在新中国成立后在党的教育下政治上进步的一面，把斗争面缩小到了最小限度，并将老教师单独编组，使之在群众运动中免受直接冲击。由于采取了慎重的态度，所以在肃反运动中，没有伤害老教师，没有出现什么大的偏差。

院、系党委和政治机关重视教学中的思想政治工作，各级政工干部都注意把政治思想工作渗透到教学工作的各个环节中去。每个学期都提出教学保证计划，期末、年终都进行总结，各级干部经常深入到教师和学员中，具体了解教学情况和思想情况。刘居英副院长经常到空军工程系学员队蹲点，调查研究，关心师生，问寒问暖。学院内党群关系、师生关系和上下级关系十分融洽。

1956年，党的八大以后，军事工程学院的建设随着全国形势的发展，规模愈趋完善。中央军委对学院的建设十分关心，1957年4月24日，朱德副主席来学院视察工作，随同来院视察的有国家科学技术委员会主任黄敬、电机制造工业部副部长白坚、中共黑龙江省省委第一书记欧阳钦、哈尔滨市市长吕其恩等。朱德在全院大会上讲了话，还在空军工程系风洞实验室观看了风洞试验表演。

随着全国反右运动的发起，1957年6月18日学院内开始了"反击右派进攻大辩论"。6月28日学院决定全院停课，接着又在全院人员中开展整风、社会主义教育、知识分子向党交心和上山下乡等运动，学院正常的教学工作受到了严重冲击，推迟了第一期学员夏季毕业时间。与全国一样，军工学院反右运动扩大化，使党的优良传统、作风和党群关系受到了严重的损害。

4. 建系初期的科学研究与学术活动

1954年9月，学院党委提出了"紧密结合教学，适当解决国防工业中产生的技术问题"的科研方向。此后，空军工程系各教研组把在专业建设和教学工作中碰到的疑难问题作为科研课题进行研究。1954—1958年的5年中，取得了一批科研成果，提高了教师业务水平，推动了教学工作。1955年空军工程系召开了首次学术报告会，组织教师作科研报告，互相交流，促进了全系科研活动的开展。这时，空军工程系也开始培养研究生了。

101及102教授会所完成的科学研究成果有论文10篇，此外还有设计（报告）18篇，教材、讲义25种，读书报告等，见表1-1。

表1-1　1954—1958年101及102教授会完成的科学研究成果

教授会名称	题目名称	研究结果	完成时间/年	执行人
101	论激波后的气流	论文	1955	庄逢甘
101	二元高超音速气流	论文	1955	
101	亚音速气流中薄翼的空气动力	论文	1955	罗时钧
101	在不连续面分开的平行气流中振动的翼剖面	论文	1956	罗时钧
101	超音速歼击机最大速度与上升限度的近似估计法	论文	1957	马明德 徐福嘉
101	超音速飞机性能计算与纵向静安定性	论文	1957	刘千刚
101	1.5米低速风洞的设计和校正	设计报告	1956	纪士玶
101	8×8厘米超音速风洞的设计和使用	设计	1956	岳劼毅
101	0.75米低速风洞和二分力天平的设计	设计	1957	刘千刚
102	离心式压缩器气动力学计算图解法	报告	1957	董绍庸
102	气轮前不均匀温度场对气轮叶片造型影响的研究	报告	1957	董绍庸

5. 实验室建设

1953—1958年，空军工程系共建成实验室78个、陈列室13个、专修室7个，还有停机坪、航空武器地下靶场、武器射击场等，总共124个。其中，重要的实验室（陈列室）有风洞（6个）、发动机（13个）、航空武器（6个）等。

6. 第一期学员毕业

军事工程学院第一期636名学员经过4年半的学习，并到部队、工厂进行了见习实习和毕业设计，完成了教学计划要求的全部内容，于1958年3月完成了毕业设计答辩。1958年3月25日，学院隆重举行了第一期学员毕业典礼。国防部副部长李达上将宣布了国防部准予毕业的命令。中央军委各总部、各军（兵）种，沈阳军区以及一些兄弟院校都派代表参加了毕业典礼。陈赓院长在病中给毕业学员写了贺信,说:"成批地、正规地培养各军、兵种具有高度技术知识的军官,在我军历史上还是第一次。"空军工程系第一期毕业生216名,入学时的学员人数为278名,学习期间由于各种原因被淘汰者共62名。第一期学员毕业,标志着空军工程系基本建成。从建系到1958年的5年中,共培养教师207名、实验室人员174名,建立各种实验室、陈列室、专修室124个,编写、翻译、出版各种教材289种。到1958年,空军工程系学员人数已达1 530名。

三、苏联顾问对空军工程系的援助,中央和军委领导来系视察

1953—1957年的4年中,先后到空军工程系工作的苏联顾问共30名,多数在系工作2年以上,系顾问为斯维契尼科夫。他们以高度负责的精神帮助空军工程系制定教学计划、培养师资队伍、编写教材和建设专业实验室。在苏联顾问帮助下所制订的教育计划体现了政治、军事、技术相结合的原则。第1期教育计划(四年制),政治教育时间占13%左右,军事教育占5%左右,俄文占6%左右,基础课及专业课占76%左右。第5期教育计划(五年制),政治教育时间占11%,军事教育占7%,俄文占4%,基础课及专业课占77%左右。1955年9月,从第3期学员入学起,按照学院的要求,空军工程系学制由4年改为5年。

苏联顾问团为空军工程系提供了大量技术资料。1958年,系图书室存有苏联军事机关的机密性图书共8 302种,公开的科学技术书籍不包括在内。1953—1958年,全系共翻译苏联教材139种;系自编教材150种,主要是参考苏联专业书籍而编写的。

苏联顾问从1956年到1958年陆续回国。此后,中央和军委领导同志不断来院观察,指导工作。

1958年9月11日,国防部长彭德怀同志到学院视察,观看了海军工程系研制的水翼艇和空军工程系的空气动力实验室,并对全院干部、教师讲了话。彭德怀同志回到北京后,在给中央和军委的报告中说:"军事工程学院经过了四五年的经营,规模很大,在远东来说,可能是唯一的。"

1958年9月16日，邓小平和李富春、蔡畅、杨尚昆等同志到学院视察，参观了空军工程系空气动力实验室。

1959年12月23日，周恩来同志到学院视察，在空军工程系参观了机载晶体管计算机的表演，并视察了风洞实验室，在仔细查看了机械阀门的操作后指示说，实验室要注意提高自动化和机械化。

1963年6月18日，陈毅同志到学院视察，并在全院大会上讲话。他强调要像1927年抓武装斗争那样抓科学技术，并以学生家长的名义对干部子弟进行教育，使大家深受启发。陈毅同志还视察了空气动力实验室。

1964年4月彭真同志到学院视察，参观了空气动力实验室6号、8号风洞的表演。这一时期到学院视察的还有刘伯承、贺龙、罗瑞卿、谭政以及刘志坚、王维舟等同志。

四、空军工程系的分建、调整及其后的发展

1. 分建与调整

1958年，空军工程系增设了导弹专科（七科），以适应我军现代化建设的需要。同年，陈赓院长深谋远虑，从全军的现代化建设出发，提出了学院任务调整的问题。他指出，"处在今天的原子、火箭时代，我们有可能，而且必须积极地运用各种科学技术成就，大力培养高质量的技术人才，以加速我军的现代化建设。"并说，"各军（兵）种过去对学院的创办给了很大的支持。现在我们的学院已经初具规模，应该支持各军（兵）种办自己的工程学院了。"

根据军委1959年3月院校会议精神，学院讨论修改了教育计划，学制由5年改为5年半。领导关系由中央军委直接领导改为由国防科委领导，原培养维护使用工程师的任务交给各军（兵）种，学院则专门担负培养研究、设计人员的任务。

1960—1962年，全院共有4个系从学院分出来：炮兵工程系（原二系）迁至南京，扩建为中国人民解放军炮兵工程学院；装甲兵工程系（原四系）扩建

为中国人民解放军装甲坦克兵学院；工程兵工程系（原五系）扩建为工程兵工程学院；成立不久的防化学兵工程系（原六系）扩建为防化兵工程学院。

空军工程系自1960年至1962年期间，奉命先后将机场建筑专科移交给西安中国人民解放军空军工程学院，将气象专科移交给空军气象学校。学院还将空军工程系的无线电技术专科与海军工程系的有关专业合并组成电子工程系（新四系），将空军工程系的导弹工程科扩建为导弹工程系（新五系）。另外，学院还建立了原子工程系（新二系）和计算机工程系（新六系）。至此，学院共有6个系：空军工程系（一系）、原子工程系（二系）、海军工程系（三系）、电子工程系（四系）、导弹工程系（五系）、计算机工程系（六系）。

1962年，空军工程系在专科撤销以后成立了8个学员队，教授会改称教研室，直属系领导。调整后的8个教研室为：

101 飞机设计教研室；

102 航空发动机教研室（1963年增设冲压发动机专业）；

103 空气动力学教研室；

104 航空武器设计和控制教研室；

105 陀螺仪与航空仪表教研室；

106 飞机自动驾驶仪教研室；

107 航空电机电气教研室；

108 空空导弹教研室。

陈赓院长于1961年3月16日因心脏病突发，不幸逝世。全院同志感到万分悲痛，隆重举行了追悼大会，并开展向陈赓同志学习的活动。学院的领导干部也有了变化。谢有法于1958年来院任政治委员，陈院长逝世以后，中央任命刘居英为院长，李懋之为副院长，张子明、李开湘为副政治委员，张衍为政治部主任，卓明、邓易非为副主任。

空军工程系的领导也陆续有变动，1962年后，于达康政委调国防部六院一所任政委，沙克来系任政委，后来还有倪伟、宋黎夫先后任政委，曹守裕来系任政治处主任。1964年3月，沈伯瑛任空军工程系主任，唐铎调任辽宁大学副校长。

1965年底到1966年初,教研室又进行了局部调整,将原航空武器教研室(104)分为航空武器设计教研室(104)和航空武器控制教研室(105),而原陀螺仪与航空仪表教研室(105)和飞机自动驾驶仪教研室(106)合并为自动驾驶仪和仪表教研室(106)。

2. 分建调整后的教学情况

1961年,聂荣臻同志向中央提出《关于自然科学工作中若干政策问题的请示》,高等教育部制定了《高校六十条》。空军工程系在总结经验的基础上,于1961—1962年,将分散在三机部有关工厂参加飞机研制的教师逐步调回,加强教学工作。同时提出加强对教学工作的调查研究和对经常教学工作的经常指导,充分发挥教师在教学工作中的主导作用,教员要认真备课,老教师要上讲台,加强对学员基础理论、实验技术和基本功的训练等一系列重要措施。并在组织机构调整的基础上,进行了专业调整和教学大纲的修订以及部分教学内容的更新。

为进一步改革教学,在第九期(61级)学员入学前,空军工程系按照学院的规定,修订了教学计划。修订计划的指导原则是:

(1)贯彻"教育为无产阶级政治服务,教育与生产劳动相结合"的教育方针和以教学为主,教学、生产劳动、科学研究三结合的原则;

(2)贯彻军委的训练方针和"军事与政治相结合,领导与群众相结合,少而精,短而少"以教学为主的原则;

(3)在加强基础的前提下,学好专业,增强实际锻炼;

(4)劳逸结合,学制为5年。

新教育计划从1961年下半年开始执行,直到1966年。这一时期,经过飞机研制任务设计的实际锻炼,师资水平有了进一步提高,实验室条件也有所改善。这是空军工程系自成立以来教学工作开展最好的时期。

为发扬民主,集思广益、群策群力地做好教学工作,空军工程系于1963年下半年成立了系教学委员会。委员会是系主任领导教学工作的咨询性组织,每届委员任期3年，由主任委员、副主任委员、秘书等组成常务委员会。第一届系教学委员会有委员25人，主任唐铎，副主任沈伯瑛、陈百屏、岳劼毅、曹守裕、董绍庸、蒋志扬，秘书潘光明、龚先荫。

3. 科学研究与学术活动

1958年春，空军工程系开始了对东风-113飞机的设计试制工作。以美国F-105战斗机为作战对象，提出了马赫数为2、升限为2万米以上的高速歼击机的方案，得到陈赓院长和空军刘亚楼司令员的支持。在设计中，国防科委安东副主任兼秘书长要求考虑对美国F-104作战，后将该机最大速度提高到马赫数为2.5，升限提高到2.5万米。1958年8月，空军工程系按此要求完成了该机的方案论证和总体、部件的草图设计。9月，经中央军委召开专门会议审批，同意试制。经三机部一再努力，各有关机部和部门的大力协作，研制工作进行了将近3年时间。但由于该机的性能指标远远超出我国当时的材料与工艺水平，又缺乏必要的试验手段，中央决定下马。东风-113飞机试制的收尾工作由国防部第六研究院接管。

尽管东风-113飞机任务下马，但通过设计与试制，为我国航空部门培养了一批技术骨干，积累了不少有用的经验。同时，该机的个别机载和试验设备经过以后不断的努力取得了可喜的成绩，如机载火控计算机的研制、飞机自动驾驶仪及飞行模拟设备的研制等。在东风-113飞机的设计中，航空兵器专业提出采用电子计算机的火控系统，后来扩大了自动引导、自动导航、自动着陆等功能，并于1958年9月完成了电子计算机的逻辑设计。空军工程系随即决定由军械专业和无线电专业成立电子计算机设计组，组长为康继昌，支部书记为蔡笑波。该组经过努力，特别是采用了科学院半导体物理研究所刚刚研制成功的晶体三极管，于1959年12月试制成功了国内最早的机载晶体管计算机的地面样机。

1966年，武器控制专业提出了研制某机尾炮射击瞄准电子计算机的课题，受到第三机械工业部的重视。空军工程系根据部里安排，与兰州135厂协作，研制114机，主要负责人为康继昌、李永锡。该机的研制被列为国家五年计划重点项目之一。1969年制成了第一台114样机，试飞打靶成功。该机在并入西工大后，又在135厂通过了例行试验和部队打靶试验，于1974年经国务院航空产品定型委员会通过定型并列装。这是我国第一台设计定型列装的机载火控计算机。

肖顺达负责研制东风–113飞机自动驾驶仪，1962年他进行了设计总结，写出了《关于积分式自动驾驶仪侧向传导系数的选择方法》的论文，在院《工学报》上发表，并于1981年被收入钱学森、宋健所著的《工程控制论》（修订版）中。为给东风–113飞行自动驾驶仪创造地面模拟试验条件，他们还研制了132型飞机模拟设备（包括三轴转台和模拟计算机），1964年该设备调试合格。该设备的三自由度转台，当时在国内属先进水平。模拟机包括3台线性柜和3台非线性柜，可解36阶非线性微分方程。该设备在并入西工大后，曾为621型自动驾驶仪的调参课题进行过大量模拟试验。调参课题于1978年获全国科学大会奖。

1963年8月23日，空气动力实验室的8号低速风洞试车成功。该风洞是我国自行设计建造的第一座3米量级的低速风洞，为我国的空气动力试验研究创造了条件，是国内一项重大的技术成果。1964年5月，空军工程系空气动力实验室7号和8号风洞经国防科委第114次办公会议决定编入"国家队"，主要承担国家型号试验任务。

五、社会主义教育运动与教学改革

1964年3月，军工学院传达了毛泽东主席关于教育问题的《春节谈话》。11月，高教部转发《毛主席与毛远新谈话纪要》。在"阶级斗争是一门主课"的思想指导下，学院于10月8日组织了第一批学员和干部2 000余人分赴黑龙江省阿城和拜泉县参加社会主义教育（简称"社教"）运动。1966年2月，空军工程系又派出空气动力实验室全体160余人，参加社教运动。

在此期间，学院领导指示各系积极准备教学改革，强调教学改革必须进行社会调查。空军工程系根据学院的指示，于1965年初分批派遣教师到清华大学、北京大学等高等院校学习教学改革的经验,同时还派出调查组到洛阳国防部第六研究院第五研究所等单位,对原航空兵器专业毕业学员进行专业调查。另外,还组织10余名教师前往北京参观空军航校形象教学模型教具展览,学习空军航校教学经验。学院内开展了学习"郭兴福先进教学法"的活动。空军工程系积极努力,认真培养"郭兴福式"的教师,组织教师互相听课,交流和总结经验。经过一个多学期的努力,推选出了教学法掌握较好的电机课讲师蒋宗荣。

整个学院的教学改革方案于1965年初确定。新方案规定干部、教师先后分批到农村参加社教运动,入院新学员到校后先去连队当兵,再到农村参加社教运动。1965年9月,65级学员1 000余人首先在院内进行了一个月的初步军事训练,学习军事常识,进行队列操练。空军工程系65级学员共300名,在院内军训完毕后,同全院65级学员一起赴齐齐哈尔中国人民解放军炮兵部队当兵共5个月。1966年2月,系内部分教员、干部和65级学员一起由刘居英院长和部分领导干部带领到海伦县(今海伦市)和绥化县(今绥化市)参加社教运动。

1965年10月21日,中共中央批转军委《关于军事工程学院等三所高等军事院校集体转业的决定》后,学院开始进行体制改革。1966年4月1日,中国人民解放军军事工程学院在建院13年7个月后,集体转业退出军队序列,改名为哈尔滨工程学院,仍归国防科委领导,空军工程系改名为航空工程系,仍称一系。体制改革后,刘居英代理院党委书记兼院长,张文峰、曹鹤荪为副院长,卓明、贺达为党委副书记,沙克为院政治部主任,戈果为教育长。1966年4月,曹守裕任航空工程系党委书记。同时,航空工程系成立了空气动力实验研究室,龚先荫任主任,杨易正任副主任。该室后归六院领导,成为第六二七研究所。

六、航空工程系在"文化大革命"中的情况

1966年5月,中央发出《五一六通知》,学院内不久即开始批判"三家村"。

——哈军工空军工程系并入西北工业大学史话

8月8日,党的八届十一中全会通过了《关于无产阶级文化大革命的决定》后,"造反派"首先把矛头指向各级党委领导干部。接着,许多基层干部、骨干教师也被揪斗,院、系党组织瘫痪,党员停止组织生活。1966年下半年到1970年,学院"停课闹革命",停止招生,教学工作停顿。

截至1970年,空军工程系为我国空军建设培养了13届毕业生,共计3 000余名。他们在国防技术部门、空军部队、航空院校和科学技术研究部门中发挥着骨干作用。

空军工程系除培养本科学员外,还在1956—1958年的3年间为空军培训了有关飞机发动机、航空兵器、电气设备仪表、航空无线电等4个专业的机务干部131名。1958年招收机场建筑专业学员14名。同时,还开办过短期训练班,每期2~3个月,如空气动力短训班、射击原理短训班。此外,还接收不同专业的插班生35名、旁听生32名。

空军工程系还为越南空军培训了50余名航空工程技术干部。这些越南留学生除在系内学习外,还到我国空军部队和航空工厂进行实习和见习。

1969年10月,林彪发出紧急备战的"一号命令"。12月,中央军委办事组决定哈尔滨工程学院内迁。

1970年3月,国防科委派出由王松龄、吕鸿和张殿中等组成的工作组到学院监督院革委会的核心小组执行学院的搬迁和分建。确定:

一系(航空工程系)迁至西安,与西工大合并。

二系(原子工程系)迁四川北碚,与哈尔滨工业大学有关专业组建"重庆工业大学",归二机部领导。

三系(船舶工程系)迁内地归六机部领导,后一直留驻哈尔滨成为船舶工程学院。

四系(电子工程系)、五系(导弹工程系)、六系(计算机工程系)随院直属机关迁长沙,成立长沙工学院,归七机部领导。1978年,改为中国人民解放军国防科学技术大学。

七、哈尔滨工程学院航空工程系迁并西工大

1970年2月15日,三机部军管会通知:根据航空领导小组的决定,哈尔滨工程学院航空工程系迁西安与西工大合并,力争迁并工作于5月份基本完成。

3月15日,西工大为迎接哈尔滨工程学院航空工程系的迁并,做了如下安排:

(1)深入细致地做好思想工作;

(2)深入细致地做好组织工作,成立由梁思权、董日厚、陈明焰三人组成的迁并领导小组,下设办公室及生活、接运、房屋调整三个专门小组,接待包干,对号入座;

(3)深入细致地做好物资准备;

(4)迁并工作于5月底结束。

随后,西工大革委会副主任陈明焰到达哈尔滨,航空工程系革委会主任常维新召集全系人员会议,陈明焰在会上介绍了西工大概况和学校的环境,热诚欢迎哈尔滨工程学院航空工程系教职工早日到达西安,共同办好学校。陈明焰诚恳、亲切的讲话受到大家的欢迎。

4月8日,装运主要物资的第一次列车由哈尔滨发出,大部分人员于7月前后陆续到达西安。西工大接待组严密组织、统一指挥、日夜值班、全力以赴,按时出车、出人到车站接运人员和物资,即时安排到校人员吃住,亲切接待,无微不至。特别是原来有工作的教职工家属在西安市都得到了安置,航空工程系教职工感到十分温暖和安慰。在处理了遗留问题后,11月29日搬迁工作全部结束。

哈尔滨工程学院航空工程系并入西工大时,共计有8个专业,教职工665名,其中教师215人,副教授以上16人,讲师42人,助教157人,实验室58个,主要仪器2 219件,生活用具3 146件,粮食41 415.8公斤。这样,在物质和资源方面加强了西工大的建设和发展。

——哈军工空军工程系并入西北工业大学史话

由于哈尔滨工程学院航空工程系是由原中国人民解放军军事工程学院空军工程系改制而来的，所以它与西工大在教学、科研的重点上有所不同。哈尔滨工程学院航空工程系仍然保持着军校的一些特点，例如在军用和民用方面，比较重视军用；在系统总体设计和部件方面，比较重视系统设计；在应用基础和理论基础上，比较重视应用。所以哈尔滨工程学院航空工程系并入西工大有关系科后，使西工大在这些方面得到加强，并做出了重要成绩。哈尔滨工程学院航空工程系除空气动力实验研究室划归六院外，其他各专业在西工大的归属情况如下。

（1）飞机设计专业及飞机系统设计专业（101教研室）并入西工大飞机系（五系）。

（2）航空发动机设计专业（102教研室）并入西工大航空发动机系（七系）。

（3）空气动力学与飞行力学专业（103）并入西工大飞机系（五系）空气动力专业。

（4）航空武器设计专业（104教研室）设在西工大航空电子工程系（六系）。1974年后，又从西工大迁出，并入华东工程学院（现为南京理工大学）。

（5）航空武器控制专业（105教研室）设在西工大航空电子工程系（六系）。其中一部分人员并入602教研室（计算机专业），其余人员进入605教研室（航空火控专业）。

（6）飞机自动驾驶仪专业（106教研室）、航空电机电器专业（107教研室）设在西工大导弹系（八系）。

（7）空空导弹专业（108教研室）并入西工大导弹系（八系）。

（戴冠中、朱培申、黄迪民执笔）

"哈军工精神"与"西工大精神"交响升华

　　1953年9月1日,一阵嘹亮的军号从北国冰城哈尔滨响起,它宣告一个历史的秘密:开国领袖毛泽东心中的"第二个黄埔军校"——新中国第一所军事高等学府开学了!这所军校的校门从来没挂过校牌,但吸引了中国最高层的关注,周恩来总理两次视察,国防部长彭德怀三次进校,"十大元帅"有八位来过。这所军校到国防工程学院只开办17年,神奇的故事却流传了大半个世纪。

　　——她,就是中国人民解放军军事工程学院,因校址设在哈尔滨,便有了一个更亲切的简称——"哈军工"。

　　毛泽东主席专门给军事工程学院颁发《训词》。《训词》表示:"中国人民解放军军事工程学院的创办,对于我国国防事业具有极重大的意义。为了建设现代化的国防,我们的陆军、空军和海军都必须有充分的机械化装备和设备,这一切都不能离开复杂的专门的技术。今天我们迫切需要的,就是要有大批能够掌握和驾驭技术的人,并使我们的技术能够得到不断的改善和提高。军事工程学院的创办,其目的就是为了完成这个迫切而光荣的任务。"

　　以哈军工的创办为标志,新中国开始了以培养高级军事技术人才为主要任务的高等军事工程教育的探索与实践。哈军工肩负强军兴国使命,短短十余年就发展成为享誉海内外的著名学府,培养了300多位将军、院士、省部级领导等领军人才及万余名科技精英,产出了一大批填补空白的重大科技成果,堪称

——哈军工空军工程系并入西北工业大学史话

我国乃至世界高等教育史上的奇迹。哈军工为国家建设和国防工业现代化与信息化做出了卓越贡献，以"强军报国，忠诚奉献"为核心的"哈军工精神"，成为我国国防科技战线乃至整个国家的宝贵精神财富。

哈军工的辉煌成就已载入史册。1970年，以哈军工各系为基础分建出了军地多所高校，但"形散神不散"。哈军工的种子撒在了长沙、北京、西安、南京、重庆等地，落地生根，开花结果。哈军工的优良传统犹如精神火炬，又似催征战鼓，在各"军工校系"中迸发出了巨大能量，令"哈军工精神"彪炳青史、光耀千秋。

——西北工业大学，便是灿若星河的"军工校系"中的一所西北地区的国防名校。

哈军工的创建：树历史丰碑　书教育史诗

提起哈军工，如雷贯耳。

战火催生哈军工。新中国成立之初，面对冷战的国际局势和朝鲜战场的血火搏杀，军队需要大批高技术人才。1952年，为了加强我国国防现代化建设，中央军委决定组建中国人民解放军军事工程学院，哈军工便应运而生。

创办哈军工，既是朝鲜战争对于大量的能够掌握和驾驭现代化武器装备的军事工程技术人才的现实需要，也是健全军事人才培养体系、加快建设强大的现代化国防军的迫切要求，更有着建立新中国独立的国防工业体系、增强国防科学技术自主创新能力的战略考量。

陈赓，这位被誉为"黄埔三杰"之一的我军颇具传奇色彩的将军，1952年尚在朝鲜任中国人民志愿军代司令员时奉命回国。同年6月23日，毛泽东、周恩来、朱德、彭德怀在中南海紧急召见陈赓，并委以重任——创办中国人民解放军军事工程学院，并担任院长兼政委。

当时条件异常艰苦，一无校舍，二无师资队伍，三无教材设备，但陈赓说："革命的一切都是从无到有，军事工程学院也能够从无到有。……办不好军事工程学院，誓不为人。"

从筹建校舍到调集师资，从建院筹备到聘请苏联专家，仅仅用了短短一年多的时间。哈军工于1952年开始筹建，1953年4月25日基建破土动工，1953年9月1日举行第一期开学典礼。1955年初具规模，学院设空军工程系、海军工程系、炮兵工程系、工程兵工程系、装甲兵工程系等5个系和1个预科，形成了覆盖当时各军兵种武器装备建设主要方向的专业体系。

陈赓作为首任院长，他以高超的领导艺术、独到的政治见解、敢于负责的精神和雷厉风行的工作作风，想方设法广纳人才，无微不至关心人才，不拘一格使用人才，严格要求培养人才，为学院调集大批苏联顾问、名师教授、军事干部，从而迅速建成一支德才优良的教师队伍和军事素质过硬的管理队伍，为建设一流军事工程学院打下坚实的基础。

在中国高等教育的发展史上，哈军工高起点、高速度、高水平的创建是绝无仅有的。一年创建、四年发展，哈军工在短短几年里办成中国顶尖学府，成为涵盖海陆空三军、集合各军兵种的综合性军事技术学院，这在全世界也是独一无二的。著名科学家钱学森20世纪50年代参观哈军工时赞叹说："在我国现有的条件下，这么短的时间内办起这样一所完整的、综合性的军事技术学校在世界上也是奇迹。"

哈军工的历史，更是一部创新史。1959年，陈赓大将着眼世界军事技术的发展，审时度势，以"尖端集中，常规分散"为办学方针，将3个常规系分出独立建院，新创建了防化兵系、原子系、导弹系、计算机系、电子系等当时军事科技前沿专业学科系，为我国"两弹一星"、"银河"巨型计算机研发等培养了大批骨干力量，储备了人才资源。

哈军工自1953年创办至1970年分建，为国家和军队培养了一大批高级军事科学技术干部，为新中国输送了1万多名科技精英和高端人才，创造了诸多科研上的"共和国第一"，有数项成果摘取过世界第一的桂冠。哈军工不仅是我国国防现代化建设的里程碑，也为我国军事高等教育事业做出了重大贡献。正如陈赓所说："人民解放军是一只猛虎，创办军事工程学院，就是为猛虎添翼。"

作为新中国第一所高等军事工程学院，哈军工在我军历史及高等教育史上

——哈军工空军工程系并入西北工业大学史话

留下了浓墨重彩的一笔，成为一个时代的标志。也许，哈军工的办学模式不能复制，但它在办学过程中形成的精神和文化是一笔不可多得的宝贵财富。哈军工的办学成就既是党中央正确决策和鼎力支持的结果，更是陈赓院长和哈军工的创办者们先进的办学理念和教育思想的结晶——这正是哈军工实现超常规发展、取得历史性成就的根源。

——"大将办学"的精神感召力。在开国将帅中，陈赓大将是一位个性鲜明又极富传奇经历的将领。战场上的陈赓像雄狮，被军界誉为"名将之鹰"；地下工作中的陈赓，聪睿机警，大智大勇；生活中的陈赓真诚、耿直。这样的名将办学，对学生必然产生巨大的精神感召力，他的人格魅力影响了一代人。

——"两老办院"的办学理念。尊师重教、尊重知识、尊重人才是哈军工最具特色的优良传统。陈赓在建院之初就明确提出"两老办院"，"两老"即"老干部、老教授"。陈赓倡导"既要承认长征两万五，也要承认十年寒窗苦"的大家风度，极大地调动了两方面人员的积极性，创造性地将军事干部和知名教授拧成一股绳，形成一个有机整体。视"两老"为左膀右臂，依靠"两老"的威望、才能、作风影响群众，从而把整个教师队伍、干部队伍、学员队伍团结起来。

陈赓从来不以领导自居，对专家教授呵护备至。他把当时学院唯一的"小红楼"腾出来给专家教授住，自己住在小平房里。他是专家教授家的常客，哪位专家教授家水龙头坏了、暖气不热、房子漏雨等，他会亲自打电话叫工程队来维修。凡是调来学院工作的专家教授，陈赓都要登门拜访、问寒问暖。老教授们从陈赓身上看到共产党人捧向科学家的是一颗赤诚而滚烫的心。

——"善之本在教，教之本在师""教书教人""一切为了学员"是陈赓教育思想的集中体现。

"善之本在教"，突出强调把握教育的方向和根本目的，这是发展现代高等教育的前提；"教之本在师"，强调教育大计，教师为本，这是发展现代高等教育的关键。"教书教人"，陈赓号召教师"以自己良好的教风去影响学员的学风",强调既教书又育人,以教风带学风。陈赓说:"军工就好比一个饭堂,学员是来吃饭的,老教授是炒菜的,老干部是端盘子的。"这一形象的比喻,正是陈赓"一切为了学员"教育思想的生动诠释。陈赓强调"一切为学员着想",就是强调以学生为中心,这也是发展现代高等教育的核心。

——"合力育人"的人才培养理念。"合力育人"是哈军工办学治院的成功实践,培养一流人才是哈军工矢志不渝的追求目标。

陈赓在多种场合向全院教职工强调说:"我们学院的一切工作,都是为了让学员学好,把他们培养成又红又专的第一流工程师。"他动员全院教职工要积极主动地为学员服务,为教学服务。他把这种服务形象地称作"炒菜""端盘子""搭梯子"。当年哈军工人都有很强的服务意识,凡是关系到人才培养的事,大家都自觉地去做,尽量把每一项工作做到最好。许多教员尽心尽力地教书育人,努力把每堂课都作为精品课来讲。他们还经常深入到学员中,与学员促膝谈心,既严格要求学员,又满腔热情地教学员怎样做人、做事、做学问,使广大学员受益终身。

哈军工在教学质量上把关甚严,对不符合条件的坚决淘汰。在办学初期,学院设有预科,经过一年预科学习,不合格者不能进入本科。后来由于生源的变化,取消预科,但学籍管理变得近乎"残酷",平均淘汰率高达 34.9%。

哈军工具有正规军事化的校风、刻苦的学风、严谨的教风。学院有以陈赓为代表的我军优秀的高中级领导干部,有一大批优秀的教授,两者相融即正规的军事教育和严格的专业技术教育相融合,把刚步入军工的青年学生培养成真正的革命军人,同时培养成掌握高精尖技术的、高素质的军事工程技术人才。哈军工毕业生,在我军高技术初创时期,几乎每个人都占领着各自领域的制高点,取得了骄人的业绩,做出了卓越的贡献。

可以说,以陈赓为代表的哈军工人的思想和实践,形成了哈军工的优良传统和"哈军工精神"。哈军工校史虽短,但哈军工的优良传统和"哈军工精神"影响深远!

哈军工是大熔炉。她造就的是军工英才、三军良将和国家栋梁。

——哈军工空军工程系并入西北工业大学史话

哈军工是奠基石。哈军工人为共和国金城汤池的铸就挥戈前行,以其忠诚与才智奠定了人民军队现代化的坚实基础。

哈军工是播种机。在共和国历史上,正是这第一所综合型军事工程学院,为我军孕育了一批国防高科技学府。

哈军工铸就了矢志追求富国强军的"军工魂"。1953 年毛泽东主席的《训词》"保持和发扬中国人民解放军的光荣传统,特别是全心全意为人民服务的精神和自我牺牲的英雄气概",阐明了"军工魂"的精髓。

哈军工开辟了中国国防科学技术的新纪元。哈军工这个被历史赋予深刻内涵的名字,将永远闪耀在共和国的史册上!

哈军工空军工程系:为航空事业和航空教育奠基

空军工程系是哈军工 1953 年成立时设置的五个工程系之首,称为一系。1966 年,哈军工退出军队序列,更名为哈尔滨工程学院,空军工程系改名为航空工程系;1970 年,航空工程系西迁西安,正式并入西北工业大学。17 年间,哈军工空军工程系培养和造就了一大批优秀的国防现代化建设人才,创造出许多重大的科技成果,为我国国防建设、航空事业和航空教育的发展做出了奠基性贡献。

1953 年,空军工程系成立时设有 6 个专科(相当于专业),后来组建了 27 个专业教研室。1957 年,增设导弹专业,当年全系有教学人员 505 名。1953 年至 1958 年,建立各种实验室 78 个、专修室 7 个、陈列室 13 个;翻译苏联教材 139 种,自编教材 150 种;系图书室存有苏联军事机关出版的机密图书 8 300 余种。空军工程系实力雄厚,虽说是一个系的建制,但论师资水平、专业设置、物资装备等综合实力,堪称一所航空学院的规模。

1960 年到 1962 年,哈军工分建和改建,根据中央军委命令,空军工程系把机场建筑专业和气象专业分别移交给中国人民解放军空军工程学院和空军气象学校。1962 年,专业再次调整后,空军工程系有飞机设计、航空涡轮喷气发动机、航空冲压喷气发动机、空气动力学、航空武器设计、航空武器控制、飞机自动化、飞机电气设备、空空导弹控制、空空导弹弹体发动机等10个专业。1965年调整为8个专业，即飞机设计与制造、航空发动机、飞行器空气动力学、航空武器设计、航空武器控制、航空自动驾驶仪、空空导弹、航空电气设备等专业。

空军工程系是哈军工学员人数最多的一个系。第一期招收本科学员278名，共招生13期，毕业近3 000名（含哈尔滨工程学院时期毕业的学员）。

空军工程系第一任党委书记兼系主任唐铎将军，是从苏联归来的卫国战争中的战斗英雄。早年与蔡和森、陈毅等赴法国勤工俭学，1925年广东革命政府派他前往苏联空军学院深造，学习飞行侦察和通信技术，并以优异的成绩毕业于著名的茹柯夫斯基空军工程学院。

在苏联，唐铎直接参加了苏联卫国战争，作为飞行团副团长，在收复明斯克等战役中立下大功，获得了苏联国家最高奖——卫国战争奖。1949年，新中国成立前后，唐铎多次要求回国，为祖国服务，但苏联迟迟未放，直到斯大林逝世后才得以归国。

唐铎一家四口于1953年回到了阔别28年的祖国。唐铎被任命为中国人民解放军军事工程学院党委委员、空军工程系党委书记兼系主任，参与学院和空军工程系的创建工作。在空军工程系的11年中，唐铎主持建成了兼顾教学与科研、能够进行飞机强度和起落架冲击实验的教学大楼，建立了27个教研室，创建了飞机发动机、航空军械设计、航空仪表、航空无线电、机场建筑、航空气象等专业，为空军的建设做出了重要贡献。

空军工程系教学科研力量很强，17年间取得了近百项科研成果。其中，风洞群的创建和东风–113的研制堪称空军工程系的两大标志性成果。

——创建中国最早的"风洞群"，为新中国空气动力学发展奠基。

风洞，是航空航天飞行器诞生的摇篮，也见证了中国空防事业的发展历程。

哈军工的低速风洞是空军工程系教授自行设计的，并由此形成了中国最早的"风洞群"。主持设计风洞的是我国航空界两位著名的教授——岳劼毅和马明德。

——哈军工空军工程系并入西北工业大学史话

1953年春天，空军工程系空气动力学教授会成立，毕业于清华大学并留学英国和德国的岳劼毅教授任主任，毕业于交通大学且留学美国的马明德教授任副主任兼空气动力实验室主任。

一天，系领导转告岳劼毅和马明德两位教授："陈赓院长已经下决心了，一定要把风洞实验室搞起来。"

说干就干，制定方案的核心人物是岳劼毅、马明德、庄逢甘和罗时钧四位教授，大家一致推举实践经验丰富的马明德为风洞建设总指挥。经过几次讨论，提出了初步实施计划，即先建造两座实验段直径为1.5米的回流低速风洞，名为一号、二号风洞。等这两座风洞建成后，再建一座实验段截面为80毫米×80毫米的超声速风洞，编号为三号风洞。

唐铎主任和系里领导再三研究，又征求部分专家的意见，向空气动力教授会提出"自己动手，取得经验，测试合格再往下做"的要求。经过大半年的调研和准备，一号、二号风洞的设计工作正式开始。昼夜奋战几个月，两座风洞的全部工程图纸400余张终于完稿，在实验室里摆了一大摞。一头埋在图纸中的马明德不知不觉地送走了1953年。

一天，马明德正在低头审查风洞总图，不知什么时候陈赓走了进来。"嗬，成绩不小哇！"陈赓高兴地扫视着满屋摆的图纸说。马明德闻声站起来，陈赓走过去，握住马明德的手，用力摇了几下："我给你报喜来了，马主任！"马明德还没有明白过来，心想：风洞才开始建造，报什么喜呀？陈赓笑嘻嘻地说："你要的高级木工和车工，请哈尔滨市政府帮助在全市的工厂里寻找，现在找出两位，据说名气还不小呢。明天到你这里报到，所以我先给你报个喜讯噢！"马明德恍然大悟，感激地望着陈赓，光是嘿嘿地笑，心里有一箩筐的话却说不出一句来。

春来秋往，岁月枯荣。1954年11月20日上午，哈军工大院突然响起巨大的轰鸣声，一号风洞首次试车一举成功。大家乘胜前进，又奋战40天，二号风洞也试车成功。这是新中国成立后最早建成的两座实用化低速风洞，利用它们不仅完成了学院大量的教学、科研任务，还完成了大量的飞机、导弹等型号的低速性能试验任务,为新中国成立初期的航空空气动力试验做出了重要贡献。

次年初,空军工程系举行风洞实验室开幕典礼,并在实验室大楼刻石留念。陈赓院长兼政委签署嘉奖令,对为建设两座风洞做出突出贡献的马明德教授等给予嘉奖。

1955年11月,钱学森来到哈军工访问。在空军工程系风洞实验室听取马明德关于风洞的介绍后,钱学森不禁感慨地赞叹:"了不起啊!你们的空气动力学教研室已经走在全国的前列,看来中科院要向你们学习呢!"

与此同时,由岳劼毅教授主持设计的三号风洞也随之建成,1956年初试车成功。这是我国第一座真空吸入式超声速风洞。

1956年,罗时钧教授撰写的《在亚音速气流中薄翼的空气动力》论文在中国科学院技术期刊上发表。

1956年10月,马明德作为解放军国庆观礼代表,受到毛泽东、刘少奇、周恩来、彭德怀等党和国家领导人的亲切接见,并合影留念。

空军工程系在空气动力实验室建设方面不断取得新成就。1956—1963年,哈军工又建成了四号到八号5个风洞,形成闻名于国内航空界的"哈军工风洞群"。

在六号风洞建成吹风之后,周恩来、叶剑英和彭真同志曾亲临参观视察。在听取空军工程系主任唐铎的汇报后,周恩来说:"一定要有自力更生的精神啊!如果依靠进口洋设备,恐怕到现在也难建成一个风洞。"

1963年8月23日试车成功的八号低速风洞,是我国自行设计建造的第一座3米量级的低速风洞。同年9月,张爱萍副总参谋长为八号风洞题词:"天下无难事,只怕有心人。"八号风洞不仅为我国第一代超声速战斗机歼-8进行了主要的常规空气动力实验,还为歼-8模型进行了难度很大的有尾喷流情况下的全机测力试验。截至1990年,中国自行研制的飞机和导弹共有28个型号通过八号风洞试验而飞上蓝天。1986年,中国著名飞机设计师、工程院院士顾诵芬在名为《空气动力学对飞机研制的支持》的报告中评论八号风洞说:"我国自行研制的高空高速歼击机上天前的低速气动力数据,大部分是在该风洞试验中取得的,它为新机的上天做出了较大的贡献。"

1964年5月,空气动力实验室六号、七号和八号风洞经国防科委第114次办公会议决定列为国家级实验室,主要承担国家型号试验任务。

1953—1965年,在马明德的主持下,空军工程系开创性地建成了中国第一个低、跨、超声速大型风洞群,这是中国第一个以研制飞行器为主的配套风洞群,成为中国风洞发展史上的一个重要里程碑。正是由于"哈军工风洞群"的创建,新中国提前进入了能够自行研制新型超声速飞机的时代,并在教学与实践中培育了几代空气动力学专家。

——"东风-113"的研制,为歼-8等系列战机的成功飞天奠基。

在新中国航空工业发展历程中,没有一种战机受到过中共中央、中央军委高层如此高度重视:由两位元帅(彭德怀、聂荣臻)、两位大将(黄克诚、陈赓)亲自主持开会审定飞机研制方案,审定后报中共中央,由中共中央总书记代表中央签字批准;没有一种战机的性能如此"超前":其性能号称"双二五",即飞行速度2.5倍声速,飞行升限25千米,这样高性能的战机,连当时的美苏两个航空大国都还没有。这就是东风-113战斗机。

东风-113战斗机设计方案的提出者正是哈军工空军工程系。

1958年春,在全国教育革命向科学进军的浪潮中,不少航空学校、工厂都在设计新式飞机。哈军工空军工程系的教学人员也想为革新空军装备做些贡献。空军工程系部分师生提出设计新式战斗机的要求,得到系党委的支持。系主任唐铎召开各专科主任及教研室主任会议进行商讨,一致同意设计新战机。当时,彭德怀元帅正在学院视察,他支持新机的设计工作,并指示严格保密。

1958年,军委提出"向建国十周年献礼",要求研究一架达到"两倍半声速"的超声速战斗机,技术条件要求很高。该飞机由哈军工承担设计,航空工业部门负责生产,型号为"东风-113"。

当时,哈军工决定由空军工程系负责总体设计。1958年8月,在国防科委和空军的支持下,经过半年多的努力,空军工程系完成了最大速度为2.5马赫数、升限为25千米的高速歼击机——东风-113的方案论证和总体、部件的草图设计。

1959年12月，空军工程系为东风-113飞机火控系统研制成功的计算机，是国内最早的机载晶体管计算机；为给东风-113飞机自动驾驶仪创造地面模拟试验条件，研制了132型飞行模拟设备，包括三轴转台和模拟计算机。

1961年6月1日，国防科委党组向中央报告："为了缩短战线，集中力量，以最快的速度把米格-19和米格-21搞出来，东风-113暂时适当让一让路，然后在米格-21试制成功的基础上再搞东风-113。"中央批准了这个报告。

东风-113，立志"超英赶美"，由于当时没有制造超声速飞机的特种材料，与飞机配套的发动机的研制更加困难，这架世界最强战斗机的研制最终搁浅。结局虽然遗憾，但不容置疑，东风-113研制过程中取得的宝贵经验、科研成果和造就的一批军机设计研制英才，为后来我国系列战机的研制奠定了基础。

后来，沈飞在总结东风-113的研制经验后，充分利用我国的航空技术基础和哈军工的低速风洞等成果，战胜了种种干扰和困难，终于在1964年研制出了现代化的高空高速歼击机——歼-8，并成为中国空军和海军航空兵20世纪80年代至21世纪初主力战斗机种之一。

风洞群的创建和东风-113的研制，充分彰显了哈军工空军工程系的前辈敢为人先的创新精神、艰苦奋斗的拼搏精神、勇攀高峰的科学精神、建设国防的献身精神和终生不渝的报国精神，这些正是"哈军工精神"的精髓所在。

军工加盟西工大："哈军工精神"与"西工大精神"共鸣交响

1966年，奉中央军委命令，哈军工集体转业退出军队序列，学院更名为哈尔滨工程学院，空军工程系改名为航空工程系。1970年，哈尔滨工程学院被解散，大部分系独立成立学院，航空工程系内迁西安，整建制并入西工大，成为西工大三大脉源之一。

从此，注入"哈军工"基因的西工大拥有了军工血统。

——哈军工空军工程系并入西北工业大学史话

军工加盟，如虎添翼。哈尔滨工程学院航空工程系所属 8 个专业，像火种播散到西工大的飞机系、航空发动机系、航空电子工程系和导弹系，大大增强了西工大上述各系相关专业的力量。哈军工籍博士生导师占到西工大博导总数近 1/3。以罗时钧教授、曹守裕书记为代表的 215 名教师及干部、职工共 665 人，保持哈军工的优良传统，发扬"哈军工精神"，艰苦奋斗、开拓进取、奋力拼搏，在教学、科研、人才培养等方面做出了突出贡献。

——哈军工空军工程系并入西工大，将哈军工的强军报国理念、服务航空理念和教书育人理念带进了西工大。

哈军工空军工程系并入西工大后，曾参与东风 –113 研制的教师除教学外，依然坚持从事飞机设计方面的研究工作，为军机的发展做出了重要贡献。

歼 –7 系列战机是中国研制的一种单座、轻型、两倍声速喷气式歼击机，其改型众多，其中 132 厂的歼 –7 飞机改进为歼 –7E 飞机，1990 年试飞成功，随后大量装备部队，成为我国空军主力装备之一。

提起歼 –7E，有一个不能不说的故事。20 世纪 80 年代，西工大飞机系沙伯南教授带领学生到成飞实习，有学生看到歼 –7E 体内有一重达 130 千克、为全机质量平衡而安装的铅块，就问沙教授能不能取消这个铅块。这引起了沙伯南的思考，回校后他就展开了对这个问题的研究。在以后的两年里，他在指导本科生毕业设计时有意识地将自己构想的一些方案作为学生毕业设计的课题，同时联合系内各专业老师讨论，并进行了大量的计算和试验。当时飞机系几乎所有的博导都参与了进来，最终以沙伯南为主提出了国内首创的双三角翼气动布局。为了完善这样的全新布局，他们进行了 1 万多次风洞试验，为各方面性能的计算提供了有效参数。

与此同时，空军也在为歼 –7 的缺点寻求改进方案。

经过一番苛刻的评审，以沙伯南为首提出的方案引起军方的注意，并由此催生出"米格 –21 系列飞机中最好的改型"。歼 –7 飞机的一项改进看起来仅仅是一个学生简单的问题所引发的思考，但解决这一问题的背后却折射出西工大人不畏艰难、勇于创新的精神，这正是"哈军工精神"的体现。

1970年，罗时钧进入西工大后，加入空气动力学研究室（第三研究室），开始探讨空气动力计算中的一个难点——跨声速空气动力研究。他主持并完成跨声速—机翼—平尾—立尾组合体纵向空气动力差分计算程序，获1977年陕西省科研成果奖。1976年，他与同行合作，在国内首先解决了大迎角空气动力数值计算的收敛性问题。1978年，他参加全国科学大会，获科研成果奖和先进工作者奖。1988年，他又将计算迎角提高到60°，在国际上首次得到大迎角非对称气动力计算结果，在计算方法上取得了突破，具有较高的理论和应用价值。

以罗时钧为首的第三研究室开拓创新，贯彻学术自由的精神，深入开展科研工作，使20世纪70年代后期至90年代初期成为第三研究室科研工作的鼎盛时期，取得了许多有价值的科研成果。比如射流研究小组成功研制我国第一台同轴式湍射流试验装置，并获得航空工业部科技进步三等奖；自修正风洞研究小组研究的低速揉壁自修正风洞获得航空航天工业部科技进步一等奖；为开展与德国宇航院对高速翼型进行的合作实验，改建了原57#高速翼型风洞，并获得航空航天工业部科技进步二等奖和国家科技进步三等奖；1985年，设计建造了低速低涡流度风洞，达到国际先进水平，获航空航天工业部科技进步一等奖和国家科技进步二等奖。此外，第三研究室还在已有的实验设备上开展了空气动力学的实验研究，承担了国防科工委、总装备部的多个联合攻关课题以及其他大量研究课题，取得了重大的成果。与此同时，西北工业大学流体力学学科被评为全国重点学科。

来自哈军工的刘千刚教授，在格林函数方法的基础理论，数值计算研究和亚、跨、超声速飞机的气动弹性及动态特性的研究方面做出了突出贡献。1992年，刘千刚研究了"亚跨超声速格林函数方法在气动力学及气动弹性计算中应用"，并获国家科技进步一等奖，使西工大空气动力学专业在国内产生较大影响。身为博士生导师的刘千刚曾担任西工大飞机工程系主任、研究生部主任等职。1995年退休后，他仍然继续工作，承担了一些国防科研课题。

——哈军工空军工程系并入西北工业大学史话

名师出高徒。歼-20总设计师、中国科学院院士杨伟，运-20总设计师、中国工程院院士唐长红，西工大"飞行器设计学科"长江学者特聘教授、C919超临界翼型和机翼设计者高正红，西工大无人机特种技术重点实验室主任、"长江学者"特聘教授周洲……他们都是刘千刚的得意弟子。"我的弟子青出于蓝而胜于蓝，他们的成就令我感到无限的欣慰。"刘千刚如是说。

来自哈军工的康继昌教授，在西工大继续深入开展机载计算机"114机"研制。康继昌、洪远麟、李卜来等几个人组成研制组，去协作单位完成收尾攻关工作，"过五关斩六将"，最后完成了任务。继"114机"之后，康继昌教授带领的机载计算机研制团队，将该机用小型集成电路改造成"航空发动机试车台数据处理机"和"小型集成电路计算机（622机）"，于1978年获得两项全国科学大会奖。改革开放以后，康继昌团队先后完成"NPU超大规模集成电路CAD软件包""红二乙制导站""多媒体合同作战指挥支持系统"等，分别获得国家发明奖、国家科技进步奖等。在前期科研的基础上，康继昌教授等撰写了《小型计算机组成与原理》《计算机操作系统原理》《现代并行计算机原理》等多部著作，发表学术论文近百篇。

来自哈军工的戴冠中教授，长期从事自动控制和信息安全领域的教学与科研工作，在现代控制理论和计算机控制、机载和舰载计算机、石油和天然气勘探的信息处理、控制系统并行仿真计算机、复杂网络和网络空间安全等方面取得了显著的理论与应用成果。戴冠中教授在20世纪末组建"网络空间安全"学科团队，并在2000年创建了"信息安全"本科专业。1997年戴冠中教授当选为俄罗斯宇航科学院外籍院士，2001年被莫斯科航空学院授予名誉博士；曾出版著作4部，在国内外学术刊物上发表论文400余篇；作为项目主持人，曾获得国家及省部级以上科技进步奖13项。

来自哈军工的肖顺达教授继续着自动驾驶仪相关研制，曾为621型自动驾驶仪的调参课题进行过大量模拟试验。调参课题于1978年获全国科学大会奖。

来自哈军工的蒋宗荣教授，长期致力于稀土永磁电机研究。1982年，蒋宗荣教授课题组研制成功了3KVA三相400Hz的稀土永磁航空发电机。这是国内第一台航空稀土永磁发电机，获得了航空工业部"科技进步三等奖"。1983年，他探索稀土永磁电机走向民品的路子，选择织布机电机作为试点进行研制。1989年，研制成功国内第一台可批量生产的800W稀土永磁高效节能纺织电机。1993年，该项目荣获国家发明二等奖，也奠定了我国在这一领域领先世界水平的基础。之后，为提升油田"磕头机"工作效率，蒋宗荣教授课题组和相关单位合作研制大功率稀土永磁电机，后来稀土永磁电机在石油行业全面铺开，稀土永磁电动机成为油田专用电机之一。到1993年，稀土永磁电机年产值达5 000万元。

不胜枚举，不一而足。上述提及的几位教授和他们的故事，只是西工大老哈军工人的一个缩影。但，管中窥豹，可见一斑。

——西北工学院、华东航空学院、哈军工空军工程系三脉簇峰、强强融合，成就了西工大之大。

西北工业大学由成立于1938年的国立西北工学院和成立于1952年的华东航空学院（1956年迁西安更名为西安航空学院），于1957年10月在西安合并成立；1970年，原哈军工空军工程系迁并入校。

汉唐盛地悠久的文化滋养，老西工、华航和哈军工的优异资质与优良传统赋予西工大丰厚深邃的文化底蕴。老西工的"科学救国"精神、华航的"西迁精神"和哈军工"强军报国、忠诚奉献"精神同频共振中，形成了扎根西部、艰苦奋斗、求真务实、开拓创新、追求一流、献身国防的"西工大精神"。独具特色的"西工大文化"代代相传、内化于心，为学子们奠基一生；"西工大精神"穿越时空、辉映未来，塑造学子的灵魂。

"三实一新"是西工大人才培养的鲜明特色，也是西工大教育的骄傲。"三实一新"，即"基础扎实、工作踏实、作风朴实、开拓创新"，其本质就是强调"求实""求真"和"求新"，也就是教会学生如何做人、做事、做学问，期望学生既能仰望天空，又能脚踏实地，在不断突破、不断超越的扎实求索中追求真理，追求卓越。

——哈军工空军工程系并入西北工业大学史话

"以学生为根、以育人为本、以学者为要、以学术为魂、以责任为重"的办学理念深植人心。为国家重大战略需求培养高素质创新型人才是西工大肩负的战略任务，造就国防科技工业领军人才是西工大的光荣使命。近年来，西工大已将着力培养拔尖创新人才、急需紧缺人才、战略性后备人才提到空前的高度。

新中国成立以来，西工大一直是国家重点建设高校。1960年被国务院确定为全国重点大学；"七五""八五"均被国务院列为重点建设的全国15所大学之一，且是全国首批设立研究生院的22所高校之一；1995年首批进入"211工程"建设大学之列；2001年进入"985工程"建设大学之列；2017年列入"双一流"建设A类高校。西工大一直是国家高层次人才培养和科技创新的重要基地。

有着"军工基因"的西工大人，弘扬军工文化传统，为实现强国强军梦提供人才和科技支撑，为国防现代化和国民经济建设做出了重大贡献，在我国高等教育史上书写了崭新的篇章。

建校80年来，西工大已为国防科技事业发展和国民经济建设输送了19万多名高科技人才，培养了中国6个学科（铸造、航空宇航制造工程、飞行力学、航空发动机、水中兵器、火箭发动机）的第一位博士和中国第一批硕士试飞员。校友中有国家最高科学技术奖获得者师昌绪、"两弹一星"功勋奖获得者吴自良等45位两院院士及清华大学原校长高景德、天津大学原校长史绍熙等一批教育家，有47位省部级以上领导和58位将军，6位中国十大杰出青年等科技先锋和华为董事长梁华等企业精英。

在当今中国航空、航天、航海国防科技工业领域，西工大校友领军人才辈出，一大批西工大毕业生勇立潮头、追求卓越、大放异彩。在航空领域，一半以上的重大型号总师、副总师为西工大校友；中国航空工业成立60周年纪念表彰了10位"航空报国特等金奖"人才，其中6位西工大校友获此殊荣。航天领域，从早年的"航天三少帅"中的张庆伟和雷凡培，到中国探月工程总设计师吴伟仁等，一大批杰出校友担任集团公司、院所、企业党政领导干部及副总师以上职务。航海领域同样有大批杰出校友活跃在船舶工业、水中兵器行业的重要管理岗位与核心技术岗位上。一大批西工大校友成为行业精英、国之栋梁，在人才培养领域形成了令人瞩目、令人探究的"西工大现象"。

中国第一架小型无人机，中国第一台地效飞行器，中国第一型50公斤级水下无人智能航行器，中国第一台航空机载计算机……众多"新中国第一"诞生在西工大。西工大充分发挥"三航"特色优势，聚焦国家战略需求和世界科技前沿，取得了一系列重大科技成果，为我国国防科技事业和国民经济建设做出了突出贡献。在16个国家科技重大专项中，学校重点参与了大飞机、载人航天与探月等10个重大专项的论证及科研攻关，深度参与了两机专项论证，参与了神舟系列飞船研制，是"为中国首次载人航天飞行做出贡献单位"的两所高校之一。

西工大开我国无人机研制之先河，实现了中国第一个无人机技术与整条生产线出口，拥有我国唯一的无人机特种技术国家重点实验室和无人机系统国家工程中心。2017年，由西工大联合陕西西咸新区沣西新城等共同建设的西北工业大学"翱翔小镇"暨无人机产业化基地建设项目启动，这是我国最大的高端中小型民用无人机产业化基地。西工大人以"航空报国""科技强军"的赤诚爱国之心，谱写了一曲不辱使命、不负重托的壮丽凯歌。

自1958年研制成功我国第一架小型无人机，西工大人用一片赤诚和担当，书写了一段关于翱翔的精彩传奇。60周年国庆阅兵中，无人机方队全部3个型号、10架飞机均由西工大研制生产。庆祝建军90周年阅兵中，无人机方阵的3个型号、40架飞机均由西工大研制生产。两次参与阅兵，集中展示了一所大学为国家研制先进无人机的辉煌历史，彰显了西工大人为国防建设做出贡献的实绩和荣光。

西工大一直受到党、国家和军队领导人的高度重视和亲切关怀。西工大两次获得中共中央、国务院和中央军委联合褒奖，是全国唯一获此殊荣的高校。

风劲帆满海天阔，三航领军铸华章。今天，在创建世界一流大学和一流学科的新的征程中，西工大致力于提升服务国家重大战略需求、服务国防科技工业、服务国家现代化建设和推动世界科技进步的能力，不忘初心、坚守使命，勠力同心、开拓前行，以更加开阔的视野、更加昂扬的姿态、更加开放的胸怀、更加扎实的工作，为早日建成学科特色鲜明，在航空、航天、航海等领域具有重大影响的世界一流大学再创辉煌！

（吴秀青执笔）

第二章 军工英才

哈军工空军工程系创始人，革命家、教育家、杰出的国际主义战士唐铎少将

一、留法勤工俭学的革命岁月

　　唐铎原名唐灵运，字金城，1904年4月5日生于湖南省益阳县（今益阳市）岳家桥镇石牛坝村一个有着五兄弟、三姐妹（兄弟姊妹八人，他排行第七）的农民家庭。唐铎的父亲唐炳星是当地唐氏家族很受尊重的族长。他曾是清朝的一个武进士，也有过功名，因痛恨清廷官场的腐败，不仕而归田，务农之外兼开设一间蒙童书馆，教十多个蒙童。唐铎4岁开始就在蒙馆中识字念书。父亲见过大世面，正直敢言，思想开放，对幼年唐铎的成长影响很大。唐铎的母亲刘氏勤劳朴实，每天除了繁重的家务劳动，还要上山打柴、下地种菜，艰难地维持一个多子女的大家庭。唐家良好的家风，给童年唐铎的心里打下了烙印。

　　1915年，11岁的唐铎在父母的支持下，离家到90多里外的省城长沙求学。他先在方知小学读书，后转入湖南第一师范附小。在一师附小读书期间，唐铎与任弼时同班，一起听肖子暲（即肖三）老师讲物理和音乐等课程，一起参加肖子暲、陈绍休、李维汉等老师组织的童子军野营训练活动。在这里，他还见到毛泽东、蔡和森等，热血青年们经常集会，指点江山，纵论国是，探讨拯救中国之良策。唐铎因受到进步老师肖子暲、陈绍林、李维汉等人的

爱国主义教育，懂得了许多救国救民的大道理，逐步树立起了以身报国的远大志向。

1917年冬，唐铎从一师附小毕业。家中经济困难，无钱供他继续上中学。无奈，他只得返乡随父兄种田，并遵从父命拜了一位师傅学裁缝手艺。失学的痛苦时时折磨着这个胸怀大志的少年，他常常身在田垄，引颈远眺青山白云，心中渴望重返学堂，继续学业。

1918年夏秋时节，唐铎收到了新民学会会员陈绍林老师的信，要他去参加蔡和森等人组织的留法勤工俭学预备班学习。这天降的喜讯让唐铎欢呼雀跃，全家人也为他高兴。唐铎告别父母兄姊，匆匆赶往省城，与二十多名青少年会合，在陈绍林的带领下乘火车抵达河北保定。在保定，唐铎见到了蔡和森，两天后在蔡和森的带领下，乘骡子拉的大铁轱辘车来到河北蠡县（今高阳县）布里村，住进了留法勤工俭学初级预备班驻地。预备班为学员们开设了法语、国文、物理和工艺技术等课程，为他们赴法后勤工俭学作准备。1919年春，唐铎等人被蔡和森接到保定，进入保定育德中学附设的留法勤工俭学高级预备班学习。这一年春夏之交，预备班挑选了唐铎等几位同学到北京，经毛泽东、蔡和森的介绍，住进地安门外豆腐胡同9号——北大教授杨昌济即杨开慧之父的住所。杨先生很器重毛泽东和蔡和森，也很热心赞助留法勤工俭学活动，对渴望追求真理的贫苦青少年给予了积极的支持。

此时，"五四"运动已进入高潮。6月下旬，学生们听说中国代表将要在《巴黎和约》上签字，再次发起示威请愿活动。唐铎等同北京法文专修馆的同学一起，举着写有"誓死收回山东青岛，坚决拒绝签字"的标语旗帜，到总统府前游行示威。不久，中国代表拒绝在《巴黎和约》上签字的消息传来，广大爱国青年奔走相告，相互祝贺说："我们胜利了！祖国得救了！"这是唐铎第一次参加爱国政治运动，广大青年和民众那种高涨的爱国热情和为祖国独立、为国家主权而战斗的牺牲精神，在他的脑海中留下了极为深刻的印象。60年后唐铎回忆说："像我这样一个幼稚的农村青少年，正是在蔡和森等同志引导和教育下，在杨昌济老先生的亲切关怀与支持下，才参加'五四'爱国民主运动，经受'五四'

战斗洗礼的。这对我走上革命道路起了决定性作用,这是我终生引为自豪和感到无限幸运的。"

1920年5月,唐铎与老师肖子暲、陈绍林,还有当时他并不认识的赵世炎、傅钟等100多名青少年,同乘法国邮船阿芒伯西号,从上海出发,经过40多天的航行,最终到达法国,被分派到巴黎南部小城镇蒙塔尔纪公学补习法语。在蒙塔尔纪公学,他见到了已先期到达法国的蔡和森、向警予、蔡畅、李富春、李隆郅(即李立三)等人。当时,他们集中住在学校的一所学生宿舍里,学习生活虽然紧张,但还是生活得很有乐趣。有时他们还自己做点中国味道的饭菜,李立三就是炒墨斗鱼的"能手"。蒙塔尔纪公学副校长沙博博士是法国社会党人,十分同情这些中国学生,因此唐铎等人除了学习法语之外,还可以读到一些诸如介绍社会主义的小册子、法国共产党人主办的《人道报》,以及《时报》《平民报》等进步报刊。

在蒙塔尔纪市的中国留法勤工俭学学生中,有不少人是新民学会会员。唐铎虽然不是会员,但却参加了由新民学会会员李维汉、李富春、张昆弟等人组织的"工学世界社"。他还经常跟蔡和森等人去公园集会讨论各种社会问题,其中讨论最多的是中国的出路问题。期间,唐铎参加了留法学生于1920年7月召开的著名的"蒙塔尔纪会议",以及同年秋冬召开的"工学世界社"全体社员会议。在这些活动中,蔡和森旗帜鲜明地坚持唯物主义,走俄国人之路的观点,给唐铎以很大的影响。

唐铎在蒙塔尔纪公学补习了一段时间法语后,就到法国南部圣太田地区的列夫列芙汽车工厂当车工去了。本来,他想通过"勤工"挣些钱,再去学校读书,达到"俭学"的目的。但到1920年底,参加留法勤工俭学的中国学生已有1 600多人了,找工作十分困难,加之中法政府的联合压迫,大家处境十分艰难。由于找不到工作,当时相当多的人只好靠从华法教育会领取每天5法郎的维持费过日子。不料,1921年1月中旬,华法教育会突然宣布,断绝与勤工俭学生的经济关系。中国驻法公使也扬言要把找不到工作的勤工俭学学生遣送回国。这激起了广大留法勤工俭学学生的无比愤慨。于是,唐铎跟着蔡和森、

——哈军工空军工程系并入西北工业大学史话

李维汉、张昆弟、向警予等新民学会会员赶往巴黎，同巴黎的留法勤工俭学学生代表商议，决定以"生存权、求学权"为口号，要求由中国驻法公使馆发给勤工俭学学生每人每月400法郎的补助费，以4年为限，解决求学的实际困难。2月28日，从各地赶来的400多名学生代表一起涌向中国驻法国公使馆，向公使陈箓请愿。但陈箓已同法国当局勾结起来，派来大批军警四处驱赶学生。这次斗争虽没有达到预期目的，但也迫使公使馆和华法教育会答应延长发放3个月每人每天5法郎的维持费。

1921年9月，唐铎又参加了留法勤工俭学学生进占里昂中法大学的斗争。原来，国民政府吴稚晖等人以照顾勤工俭学学生为名，向法国政府索取庚子赔款的一部分，筹建了里昂中法大学。但在该大学即将开办时，吴稚晖却在国内招收了100多名有钱有势人家的子弟，拒不接收已在法国的勤工俭学学生。于是，蔡和森、赵世炎、陈毅、李立三、李维汉等人，在巴黎组织成立了"勤工俭学学生代表大会"，决定由各地勤工俭学学生抽调一批代表组成"先发队"，在吴稚晖带领国内学生到来之前，于9月21日集中到里昂，先发制人，占领校舍。唐铎受列夫列芙汽车厂全体勤工俭学学生的推举，作为代表奔赴里昂，同各地派来的100多位代表一起，到达里昂作为中法大学校舍的旧兵营。不料，9月21日中国驻法公使竟勾结法国政府出动武装警察，拘捕了这些学生代表，并囚禁在兵营里。唐铎当时刚刚16岁，第一次被囚禁，心中不免有些慌乱。但当他看到蔡和森、李立三、陈毅等人沉着、镇定地策划斗争，组织绝食，向记者揭露事实真相时，也就逐渐镇定下来，并坚定了必胜的信心。

1921年10月13日，法国当局以"过激分子""从事布尔什维克活动"等罪名，将他们这些学生代表强行遣送回国。当天深夜，学生代表们被押送到附近的火车站，乘火车到达马赛港，连夜又被赶上了开往中国的邮船。翌日黄昏，汽笛长鸣，一艘邮船驶向波光幽暗的地中海，包括蔡和森、陈毅、唐铎在内的104名留法勤工俭学学生代表，一群优秀的中国青少年怀着满腔忧愤被逐出号称自由、平等、博爱的法兰西共和国。

二、中国首批"志在蓝天的骄子"

唐铎回国后便投入了"大革命"洪流。曾任湖南督军兼省长、湘军总司令的民国大佬谭延闿与唐铎的父亲有交情，谭延闿为了网罗湘籍人才，资助唐铎等同乡到上海的中国公学商科读书，不久又进入中法通惠工商学校学习。在上海学习一年多后，因谭延闿去了广州，唐铎失去了资助，无法继续在上海读书。1923年春，唐铎便到广州找谭延闿，谭允诺他到湘军当军官。然而，唐铎志在云天，他认为发展航空事业是中华民族复兴图强的重要途径，执意要学习飞行技术，实现"航空救国"的理想。当时，孙中山大元帅府航空局在广州设立了飞机制造厂，经谭延闿介绍，在航空局局长杨仙逸的帮助下，唐铎来到广州大沙头那家飞机制造厂。杨仙逸鼓励唐铎说："你来广州投到孙中山先生的旗帜之下，是个有志气的青年。我非常欢迎你来学习航空技术。现时航空局只有一个飞机制造厂，你可到这个厂里先当实习生。"唐铎说："我志在飞行，从当学徒开始也干！"这样，从1923年春开始，唐铎便踏上了航空之路。

广州这座飞机制造厂聚集了一群献身中国航空事业的俊才。不久，航空局局长杨仙逸组织飞机制造厂人员，用从国外购买的飞机部件及设备，经过艰苦努力，自行装配了中国第一架双翼螺旋桨敞盖飞机——"乐士文号"。在观摩试飞的那天，唐铎有幸目睹了前来参加试飞仪式的孙中山先生与宋庆龄夫人。试飞的那架飞机上有两个座位，起飞之前，孙中山环视众人大声问道："在场的诸君，谁愿登机试飞？"全场鸦雀无声，无人应答。这时，站在孙中山身旁的宋庆龄出人意料地向前走了几步，面对孙中山，沉静而又坚定地说："我愿意！"孙中山微笑着点了点头。飞行员黄光锐走上前，给宋庆龄戴上飞行帽和眼镜。随后，宋庆龄端庄地走上飞机，坐进座舱。在众目注视之下，飞机起飞了。当飞机安全着陆时，大家像欢迎凯旋的英雄一样，热烈鼓掌，庆祝试飞成功。宋庆龄亲自登上这架双翼螺旋桨飞机，成为中国历史上第一位上天试飞的女性。后来，孙中山题写"航空救国"四字以资勉励；宋庆龄则用英文题词："这是中国制造的第一架飞机。"这次观看试飞，给了唐铎以极大的鼓舞。

1924年春，国共合作使广州成为"大革命"的中心，20岁的唐铎在飞机制造厂加入了中国国民党。同年9月，孙中山大元帅府在大沙头飞机制造厂附近成立了一所军事飞行学校，它是国共合作开创的中国第一个航空事业的摇篮。唐铎和黄埔军校第一期毕业生、共产党员刘云等10人被录取为第一期飞行学员，他们成为近代中国历史上首批"空中骄子"。刻苦学习一年后，唐铎熟练掌握了飞机驾驶技能。在此期间，他经历了东征陈炯明、平定刘（震寰）杨（希闵）叛乱，以及沙基惨案、廖仲恺遇刺等重大事件，目睹了帝国主义列强疯狂屠杀中国人民的血腥罪行，更加激发了他彻底铲除帝国主义，走俄国十月革命道路的坚定决心。

1925年夏，唐铎从军事飞行学校毕业时，广州革命政府选派刘云、唐铎等6人去苏联空军学校学习。8月底，在刘云和苏联顾问李靡的带领下，他们从广州动身，乘船到上海。途中唐铎给他的父母写了一封信，其中写道："此次出国留学为政府选派，一切费用全由政府发给。昨到上海，发给零用及制衣服费用少许……""因家中灾害，不忍坐视，故省出百元偷寄回家中，使父母兄嫂不得冻馁。区区之数，非敢云报答养育之恩……""儿子此回负笈远游，志在求学，家中各侄儿宜使出外谋生，切不可以死为惧，人生固一死也，在家岂有不死者？因噎废食实不明之甚也。"表达了唐铎报答父母养育之恩的孝敬之情，同时也展示了他"好男儿志在四方"的远大抱负。

唐铎一行乘海轮从上海起航，穿越烟波浩渺的大洋，月余才到海参崴，再换乘火车，于1925年10月抵达莫斯科。随后，他们瞻仰了列宁墓地，游览了莫斯科市容。一个星期之后，他们获准到莫斯科南郊的苏联空军第二飞行学校学习。从此，唐铎成了红色苏联空军学校的学员。

三、苏联求学的坎坷之路

唐铎在苏联空军第二飞行学校先后学会了安里奥式、布马式等三四种飞机的驾驶技术。并于1926年2月经刘云、宗孚、陈定远介绍，在莫斯科东方大学中共旅欧支部加入了中国共产党。当时的支部书记是刘伯坚，支部委员有刘云。唐铎与刘云、王勋、郭允恭、宗孚、陈定远6人组成了一个党小组，刘云任党小组长。

1927年春，唐铎从空军第二飞行学校毕业后，又被派到图拉省的谢尔普霍夫城一所苏联空军空中战斗学校继续深造，主要学习驾驶战斗机进行空战的技术。在这里，唐铎进一步掌握了伏奥凯尔·采3、伏奥凯尔的·11、伏奥凯尔的·13三种战斗机的驾驶和空中战斗技术。此时，国内传来了蒋介石背叛大革命、屠杀工农大众和共产党人的可怕消息，7月间又传来了"宁汉合流"、汪精卫叛变的消息。不久，苏联方面向中国留学生宣布：蒋介石来电报，要求中国留苏人员一律限期回国，到南京政府报到。同时还宣布：中国学生愿意回国的，绝不挽留；不愿意回国的，可以继续留下来深造。

在重大政治变动面前，唐铎感到从未有过的惆怅和失望，他拒绝回国为背叛大革命的蒋介石政府服务，但留下来继续学习意味着从此失去国内的经济支持，而且前途未卜。他茶饭不进，心神不宁，有许多夜晚遥望南天，耳畔依稀响起湘江和珠江的涛声，他怀念自己的祖国和家乡的亲人。经过反复思考，唐铎决定留下来，并把想法告诉了党支部委员兼党小组长刘云。刘云这时已转到伏龙芝军事学院学习了，但他依然关心着唐铎的抉择。听了唐铎的决定，刘云非常高兴。

1928年底，唐铎取得了空中战斗学校毕业证书，并被授予苏联空军中尉军衔。翌年初，学校领导又通知他到第三飞行学校和空中侦察学校去学习，这所学校位于萨马尔州的奥林布尔格，靠近伏尔加河。唐铎在这里学习的主要课程有两大类：一类是偏重理论的，如射击原理、射击武器、轰炸武器、瞄准设备的构造、原理、使用、维修技术等；另一类是偏重实践的，如空中侦察、空中照相、空中通信、空中射击、空中轰炸等。

1929年8月，唐铎从第三飞行学校和空中侦察学校毕业后，被分配到驻防斯摩棱斯克的空军第6旅第18飞行大队，任中尉飞行员。在苏联空军部队，唐铎开始进行了更加艰巨、复杂的飞行训练，如空中射击、投弹、测量、跳伞等，夜间则借助跑道两侧点燃的火堆光亮进行起飞和降落。而难度更大的则是进行穿云下降、看仪表着陆的训练。做这种训练必须全神贯注，观察各种航空仪表指示器，通过仪表数据计算来判断飞机的航迹和姿态，操纵飞机降落。一天晚上，唐铎刚刚驾机起飞，就遇到一股强大的气浪，飞机忽上忽下，就像一匹受惊的烈马难以驾驭。他只得加大油门，用尽全力向上飞行，躲过气浪的冲击，飞到浓积云层上面。而在降落时，由于难以把握，他临时处置，经请示地面指挥，飞到临近机场才安全着陆。

1929年底，唐铎利用休假机会，到莫斯科伏龙芝军事学院看望刘云。刘云告诉他，莫斯科的中共旅欧支部已经被撤销，因苏联不同意有外国党组织在苏活动，但各国共产党员可以个人名义分别加入苏共。为了不中断组织关系，唐铎立即向空军18飞行大队提出入党申请。经过中共驻共产国际代表的证明和五名联共（布）党员介绍，唐铎于1930年10月被批准为候补党员，一年后如期转为联共（布）正式党员。

1932年初，唐铎被派到莫斯科空军通信学校学习。在那里，他学习了无线电通信原理、飞机无线电接收机装置和操纵、无线电领航技术等课程，半年后又回到空军第6旅第18飞行大队。在领导的支持下，他采用无线电接收机进行了空中通信联系，还表演了无线电领航技术。这种技术是利用飞机上专用的电台，测定飞机与地面的位置来进行领航工作。唐铎的这些实践和表演非常成功，受到了旅首长的表扬，不久被授予苏联空军上尉军衔，并被任命为空军通信主任。

1933年8月18日，苏联最高苏维埃为纪念红色空军诞生15周年，规定这天为苏联红色空军节。在当天举行的庆祝会上，旅首长传达了一项命令：空6旅将派出部分飞机，在"十月革命节"16周年时飞越莫斯科红场上空，接受苏联党和国家领导人的检阅。由于唐铎飞行技术熟练，特别是无线电通信技术过硬，旅首长命令他担任长机驾驶员，作为100多架飞机的排头兵，飞在最前面。听到这一命令，唐铎欣喜若狂，激动得热泪盈眶。经过两个多月的训练后，唐铎随同旅长、大队长和战友们从斯摩棱斯克飞到莫斯科机场，进行编队。第16个"十月革命节"这天，晴空如洗，唐铎迎着朝阳，精神抖擞地坐进一架P-5

型飞机的长机驾驶舱,他旁边坐的是旅长,是这次接受检阅的航空飞行大队的总领队。起飞的信号发出了,唐铎立刻率先起飞。紧接着,100架银燕轰鸣着冲上蓝天,编队飞越红场上空。当天下午,斯大林在克里姆林宫设宴招待重要来宾和全体飞行人员,他举杯向大家致意,表示节日的祝贺。这是唐铎第一次见到斯大林,给他留下了难忘的印象。

1934年初,唐铎考取苏联空军的最高学府——茹可夫斯基空军工程学院,成为试读生,一年后经考试合格,转为学院本科学生。茹可夫斯基空军工程学院位于莫斯科列宁格勒大街,是十月革命后建立最早的一所红军高级工程学院,是列宁于1920年12月亲自签署命令批准成立的,并以"俄罗斯航空之父"、杰出的空气动力学家茹可夫斯基的名字命名。唐铎所在的空军兵器系,又称航空军械系,是专为空军进行空战研制武器装备的一个系。唐铎学习认真,成绩优异,很受老师的器重和同学的赞赏,因而被选为系里的党支部委员和党小组长。

1938年初,苏联"大清洗"——肃反运动带着血腥气味铺天盖地而来,竟殃及无辜的唐铎。有人举报,唐铎曾为苏联同学辨认过一份日文药品说明书。其实那不过是流传世界各地的日本"仁丹"广告,而"仁丹"两字本来就是中国字,唐铎念给同学听。这不经意间的一件小事,竟使唐铎大难临头,他被苏联内务部怀疑为"日本特务"突然逮捕,同时被开除党籍、军籍、学籍。天上掉下来的无妄之灾对唐铎的精神打击不言而喻,他忍辱含垢,在铁窗中度日如年。监禁一年之后,才允许唐铎提供证人。幸亏取得湖南一师附小的同学、中共驻共产国际代表团团长任弼时和在苏联文艺界有相当知名度的中国作家肖三的证明信件,又经共产国际执委会总书记季米特洛夫的帮助,唐铎才于1939年1月走出冤狱。孑然一身的唐铎何以为生?中国同志帮助他找了一份工作——为来莫斯科治病疗养的贺子珍等中共高级干部当翻译。后来又几经周折,他终于被苏共平反了。1940年夏,唐铎重新复学,插班到三年级继续学习。同年,因为唐铎在苏军服役长达15年,苏联政府授予他红星勋章一枚。遭受冤狱之灾的唐铎,倍加谨言慎行,处处小心。

——哈军工空军工程系并入西北工业大学史话

四、第二次世界大战中打击法西斯的空军英雄

1941年6月23日清晨，收音机里传来苏联外交部部长莫洛托夫沉重的演说："德国法西斯背信弃义，已向苏联发动了进攻……"这个惊天动地的消息使所有的人都惊呆了。顿时，茹可夫斯基空军工程学院内人声鼎沸，大家纷纷要求上前线。唐铎义愤填膺，他和同学们一起联名写信给斯大林，要求参战杀敌，但未得到上级的答复。不久，唐铎随茹可夫斯基空军工程学院东迁乌拉尔山区。

1942年8月，唐铎以优异成绩从茹可夫斯基空军工程学院本科毕业，获得航空军械工程师职称。不久，唐铎被分配到利比茨克一所空军高级军官学校，任空中射击教研室少校教官。唐铎任教的这所高级军校，是专门培训从前线空军部队抽调来的师团一级军官的。在这里唐铎执教三十多种课程，他学问渊博，教学中一丝不苟，深得校长的信任和好评，也赢得广大学员的尊敬。不久，他被晋升为中校主任教官。一年后，他与一位美丽活泼的乌克兰姑娘瓦·依·戈妮娜异乡邂逅，姑娘是同楼办公室的一位机要打字员，生于1915年。她一见到眉清目秀、气质不凡又忠厚朴实的东方小伙子就喜欢上了，随后他俩双双坠入爱河，明确了恋爱关系。

1944年6月下旬，空军高级军官学校领导宣布命令，多次请缨杀敌的唐铎被批准上前线反击法西斯，他被任命为白俄罗斯第三方面军第一空军集团军第74团实习副团长。在苏联生活了近20年的唐铎终于放下教鞭登上战机，已进入中年的唐铎像小伙子一样驾驶战鹰冲上蓝天。唐铎与30多位同事到达斯摩棱斯克州时，他发现74团的好多位军官、飞行员都曾经听过他的课，是他的学生。师生在前线重逢，令唐铎深感欣慰。

此时，苏联卫国战争的硝烟烈火已向俄罗斯西部席卷而去，苏联红军掌握了战场的主动权，要解放白俄罗斯全境，歼灭斯摩棱斯克以西的全部敌人。战争依然惨烈，尤其是空军，要昼夜不停地投入战斗。唐铎驾驶佩-2式轰炸机升空，几次战斗后，他又驾驶伊尔-2式强击机作战。有一次，唐铎同马利诺夫中尉飞行员驾机到双方交战的地区，轰炸退却德军必经的桥梁。飞临目标时，唐铎驾机勇猛地俯冲下去，机关炮扫向敌群，炸弹投向桥梁。须臾间战机升起，马利诺夫中尉瞄准桥面射击，敌人乱作一团，铁桥也在爆炸声里轰然垮塌。像这样的激烈战斗，唐铎一天要参加好几次。后来他回忆这段岁月时，不禁感慨万分："在那些日子里，飞机几乎都是带血作战的，因为每次作战回来，后面的战斗人员有的受伤，有的牺牲。在特别紧急的情况下，人们就把牺牲者抬下去，把飞机检修一下，换上另一个人，立即起飞参加战斗。"唐铎说："有一次飞机返程时，我正在跟机舱后部的射击手说话，说着说着，射击手就没声了。我还以为他睡着了，等飞机着陆后，才发现他已经牺牲了。"

在苏德战争中，唐铎参加了白俄罗斯战役、波罗的海战役、东普鲁士战役等。他是唯一曾在苏联、波兰和德国境内参加空战，与纳粹德国空军搏击长空的黄皮肤的中国人。1944年7月3日，解放白俄罗斯首都明斯克的战斗打响，已是副团长的唐铎率领3个大队24架伊尔-10强击机，以大纵队的团编队队形超低空出航。到明斯克城郊上空后，唐铎看到德军的坦克群正在向苏方前沿部队发起猛烈的反击。他立即指挥第2大队在城门以南，第3大队在城门以北，以马路为界分区域正面展开，自选目标狠狠地歼灭敌坦克。他自己带领第1大队8架飞机冲向敌人的预备队，用单机跟进圆圈队形，对敌坦克群进行轮番突击，数十辆坦克顿时变成了废铁。接着又多次进入用机枪"点射"，哪里有敌人，强击机就追到哪里。突然，唐铎发现一个敌指挥官带领大批敌人仓皇逃跑。这时，他飞机上的弹药打光了，他便降低飞机高度，用螺旋桨旋转，把敌人的脑袋削掉一大片。几个僚机飞行员也仿其样，用飞机螺旋桨砍敌人的脑袋。这次支援地面部队作战，唐铎和飞行大队消灭了德军数十辆坦克，仅唐铎自己就消灭了10多辆，有力地配合了地面部队。由于任务完成得十分出色，该团荣获"苏联近卫军"荣誉称号，唐铎荣获一枚列宁勋章。

1945年春天在东普鲁士战役中，唐铎创下了一天六次放飞的记录，与他同机出动的战友中，不幸的是有三名受重伤，一名牺牲，一名受轻伤，唐铎本人毫发未损，也没有损失一架飞机，这在整个苏德战争中是少有的奇迹。为此，唐铎在火线受到了上级的通令嘉奖。为了表彰唐铎的卓越战功，苏联政府先后

授予他卫国战争勋章、红旗勋章、列宁勋章以及攻占柯尼斯堡奖章、苏联红军建军30周年奖章等。

1945年6月，九死一生的唐铎奉命返回莫斯科，苏联人民正沉浸在胜利的欢乐中，唐铎为自己能投身这场人类伟大的战争、战胜了德国法西斯而深感自豪。战争结束后，利比茨克军校停办，唐铎被分配到乌拉尔地区的彼尔姆空军技术学校，于是他来到了彼尔姆市。不久，他被提升为中校主任教官，开始了稳定的教学生活，但此时的唐铎内心却很不平静。一是在卫国战争中他获得了苏联的最高奖赏，因而心情异常激动；二是他重返祖国的心愿却日益强烈，也使他焦灼不安。虽然直到1953年回国前，战功卓著的空军英雄唐铎却没有得以晋升，但在苏联严酷的政治体制下励志苦节20余年的唐铎对此坦然处之。

从前线回来的唐铎与一直等着他的心上人重逢了，有情人终成眷属，这对异国情侣组成了幸福的小家庭，唐铎为爱妻取了个好听的中国名字——唐瓦柳。苏联战后住房极为困难，在彼尔姆市安家的唐铎夫妇只分到筒子楼一间阴面的小屋。1946年大儿子唐维佳出生，两年后小儿子唐瓦佳出生，唐铎一家日子过得很拮据。

五、创建哈军工空军工程系

早在1939年1月唐铎走出苏联牢狱之后，他就向驻共产国际的中共领导任弼时提出返回祖国的请求，希望中共中央把他调回延安，他要参加抗日战争。但任弼时要他先完成学业，并说："现在延安还没有成立空军学校，你现在先把航空理论、飞机设计、空中战斗等项科学知识技术学到手，再回国搞我们自己的空军建设，肯定会有用武之地的。"1949年8月，中共代表团访问莫斯科时，代表团成员、中国人民解放军空军负责人刘亚楼、王弼会见了唐铎。刘亚楼对唐铎说："中国现在就快要成立中华人民共和国政府，要组建中国人民自己的空军了。中国已在苏联聘请大批专家，到时候，你唐铎同志要带这批苏联专家一同回国工作。"唐铎满心高兴地答应说："好！"

1949年10月1日，中华人民共和国成立了。那天，唐铎万分激动地对妻子唐瓦柳说:"我的祖国终于解放了,我作为炎黄子孙是多么光荣啊!我一定要回国参加革命和建设。"此时,唐铎的一些同学、同事纷纷被派往中国担任各种顾问,唯独没有他的份,唐铎为此坐立不安,焦急万分。于是,他写信给苏共中央和苏联政府,要求回国。苏联国防部于1949年至1952年期间,曾3次召唤唐铎到莫斯科商谈回国问题,每次都答应他的要求,但令他先回原单位工作,等候通知。与此同时,唐铎也写信给国内的常乾坤、王弼,请他们代他向中共中央和中国政府提出请求,调他回国。

1952年10月,刘少奇副主席率中共代表团赴莫斯科参加苏共第十九次代表大会。刘少奇亲自出面,向苏联最高层领导交涉唐铎回国事宜,对于已经取得政权的中国共产党的领袖,苏方不好再敷衍,他们也表示同意。但是,尽管唐铎望眼欲穿地等待苏方放行的通知,可是直到1953年元旦钟声敲响之时,一切仍是石沉大海,唐铎都要急病了。

1953年3月5日,斯大林猝然逝世,周恩来总理率中国党政代表团赴莫斯科参加葬礼。此次,周恩来严肃地向苏方提出唐铎回国的问题。苏联最高层以极快的速度做出回应,把准予唐铎返回中国的手续送到唐铎手中。正在莫斯科的李富春和蔡畅特意请唐铎共进午餐,表示祝贺。三位当年留法的老同学回忆起青少年时的峥嵘岁月,不胜感慨。

1953年4月9日,在遥远的西伯利亚大铁路上,正行驶着一列国际列车,火车的轰鸣声把两边松林上的残雪震得纷纷扬扬。在一间包厢中,坐着唐铎一家四口。两个年幼的儿子维佳和瓦佳,正缠着妈妈唐瓦柳讲故事。此刻,唐铎凝视着窗外,犹如一尊冷峻的雕像。对于这家人,正在经历的是一次非同寻常的归国之旅。在苏联生活了28年的唐铎终于踏上了他日夜盼望的旅程,记忆的闸门早已洞开,往事宛若浩渺的潮水,在他的脑际中奔流翻腾。列车穿出密林,驶入中国的边城满洲里,归心似箭的唐铎跳将起来,脱下穿了20多年的苏联军服,两行热泪夺眶而出,他拥着妻子,喃喃地说:"亲爱的,我们终于回家了!"他拉过孩子,指点着车窗外,大声说:"这就是咱们的祖国!"

与唐铎同乘这趟国际列车的还有一个应邀来华工作的苏联军事顾问团,团

——哈军工空军工程系并入西北工业大学史话

长恰好是唐铎在茹可夫斯基空军工程学院的同学和好友奥列霍夫。当然，此时两人的军衔相差甚大，奥列霍夫已是空军中将，唐铎仍然是中校。但是他们之间的友情依旧，一路上交谈甚欢。

4月18日，唐铎一家抵达北京后，军委总干部部领导赖传珠和徐立清会见了他。他们代表中共党组织告诉唐铎，经周恩来总理的推荐，中共中央军委对他工作的安排是到哈尔滨，协助陈赓院长创办军事工程学院（哈军工）。唐铎这才知道，以奥列霍夫中将为首的苏联军事顾问团此行也是到这所解放军工程技术学院工作的，他将与自己的好友共事了。

陈赓院长十分器重唐铎，他特地拉上与唐铎有校友之谊的徐介藩到旅馆去看望，并宴请唐铎一家。饭桌上唐瓦柳感到不理解，怎么一道菜没有吃完，又一道菜就上来了？陈赓笑着告诉她，不是让你都吃完，每道菜你都尝一尝就行了。两个孩子三口两口吃完就跑出去玩了，对他们来说，中国什么都新奇有趣。

4月29日下午，陈赓带着唐铎去中南海拜见朱德总司令。唐铎紧握着朱德的双手，哽咽地说："总司令，我终于回来了，28年了……"两行热泪扑簌簌地从他的双颊淌了下来。朱老总拉着唐铎的手问长问短，勉励他努力吸取国内外的先进科技经验，协助陈赓把军工学院办好。朱德又关切地问起唐铎的家庭生活、夫人和孩子的情况，他对陈赓说："学院要多关照一下，唐铎同志的爱人第一次到中国，生活上恐怕要慢慢适应呢，有什么困难学院要帮助解决。"陈赓说："请总司令放心。我看我们要做的第一件事，就是要把唐铎同志这一身苏式西服给换掉。"大家一齐笑起来，唐铎笑得最开心，白皙的面容泛起了红润，多年来压抑在心中寄人篱下的感觉荡然无存。

陈赓说："唐铎同志，周总理特别关心你的工作安排，我们请您出任空军工程系主任一职，不知您有什么意见？"唐铎激动地说："感谢周总理和陈院长，感谢组织上对我的信任！我在苏联干了20多年的空军，现在才开始为我们自己的空军做事了。"

唐铎马上以哈军工人的身份投入了工作。5月1日，唐铎夫妇俩跟随哈军工教育长徐立行等人一起，陪同苏联顾问团在天安门观礼台上观礼，喜悦之情，难以言表。5月5日,唐铎随陈赓等哈军工领导,陪同苏联顾问团到南苑,参观空军司令部举办的教学模型展览。从南苑回来,陈赓对徐立行和徐介藩说:"我得先回哈尔滨,好准备迎接顾问团。你们和唐铎同志负责陪同他们,周总理这几天要会见顾问团一行。你们还可以抽空儿陪他们去逛逛颐和园、看看故宫,到哈尔滨后就没有玩的时间了。另外,要照顾好唐铎同志,他可是一大家子呢,在北京该买什么,就买什么。"

5月13日下午,哈尔滨阳光和煦,晴空万里。陈赓带领院部系领导到火车站迎接奥列霍夫一行。西装革履、头戴礼帽的唐铎陪同奥列霍夫走出软卧车厢,陈赓迎上前去,与奥列霍夫亲切地拥抱,年轻的姑娘把鲜花献给顾问们,接站的干部们争着去拿顾问和唐铎一家的行李。

唐铎与负责空军工程系的徐介藩交接了工作,真正走马上任了。徐介藩调装甲兵工程系任主任。根据陈赓的指示,学院在秋林公司附近的大直街110号为唐铎安排了条件很好的住房,又配了专车,还派来一位生活秘书。

一天,唐铎看到陈赓院长住在小平房,就奇怪地问院筹委会副主任李懋之:"怎么不在外边给院长找一套好房子?"李懋之说:"这是咱们院长的老作风。战争年代,我们常住在农村,不管房子松紧,他都同参谋住在一个院子里,有事好及时处理,没事就给大家讲故事,我们打地铺,他也打地铺,他一贯与群众同甘苦、共患难啊!"唐铎半响没出声,最后喟然长叹:"一个百万大军的统帅,生活上丝毫不特殊,不摆一点儿官架子,这在苏联红军中几乎找不到。没想到,我刚回国工作,一下子就碰到了这样的好领导。"

唐铎不辜负陈赓的信任,他用火一般的工作热情和精深的专业造诣,承担起创办空军工程系和培养空军高级工程技术人才的重担。不久,他被补选为学院党委委员,并担任空军工程系党委书记兼系主任。他团结全系干部和教员,以最快的速度建设起飞机工程、航空兵器、飞机特种设备、航空无线电、空军机场建筑、航空气象等六个大的专业,1957年再创建了导弹、原子防护专业,1959年又扩建成了包括15个专业的哈军工"第一大系"(一系)。他还积极支持马明德、岳劼毅教授等人,从1953年起直到20世纪60年代前期,开创性地建成了中国第一个包含亚、跨和超声速风洞配套的八个"风洞群"。除了把哈军工学员培育成高级工程技术干部外，空军工程系还面对全军，轮训了人民空军团、师、军的机务主任等技术骨干，为我国空军现代化建设做出了重大贡献。1955年全军授衔，周恩来总理签署命令，授予唐铎中国人民解放军空军少将军衔。

唐铎戎马一生，养成了顽强如钢的军人素质。他特别重视体育，滑冰、滑雪样样出色。在苏联还养成了洗冷水澡和赤膊跑步、用雪擦身的锻炼习惯，他也这样要求他的学生。1954年夏，哈军工在郊区柞树林成立野营训练司令部，陈赓院长任命唐铎为司令员。每天早晨军号一响，年过半百的唐铎老当益壮，他穿着白色短裤，打着赤膊，带头跑步。男学员们都以唐主任为榜样，全都打赤膊；收操后又学着唐主任，洗冷水澡。开始学生们很不习惯，经常会冻得咬牙切齿，全身打颤，但坚持一段时间，大家感觉抵抗寒冷的能力增强了，身体素质明显提高了，出操时队列的口令声越喊越嘹亮。

唐铎自律甚严，同时他对学员的军容风纪要求也尤为严格。哈军工的学员至今还清晰地记得，唐铎主任经常亲自带人突击检查卫生，直到消灭最后一个卫生死角。每到星期天，学员们会结伴外出，唐铎就搬一张凳子，守在学员们必经的楼道口，要求每个人自我检查军容风纪，看军服是否平整，帽子是否端正，皮鞋擦得亮不亮，衬衫的领口、袖口是否整洁，甚至头发的长度是否合理，合格的就放行，不合格的赶回宿舍整理好了才能出门。一段时间以后，空军工程系的学员军容整洁、作风严谨，在军工大院里出了名。

1955年以后，政治运动一个接着一个，唐铎常感到难于理解，时常内心处于矛盾和困惑中。但他谨慎小心，努力跟着潮流走。对于办军校，他本来就有丰富的经验。1956年在哈军工第一次党代会上，他就提出取消不符合学生实际情况、空耗年轻人一年光阴的预科，但他的远见卓识并没有被采纳。1957年反右运动，他十分不理解，为什么这么多教员和学生响应党中央的整风号召，提了几句意见，就被打成右派？那时他已经不再担任系党委书记了，政治运动的事他不能干预，只能暗自叹息。1958年反教条主义，唐铎如坠入云雾之中。他是从苏联回国的，开始最高层说，哈军工要一切向苏联学习，他在系里自然经常讲苏军的现代化和正规化。但现在又颠倒过来,说这些都是教条主义,他忙不迭地检讨自己,连提倡学生用冷水洗脸、洗澡以增强感冒抵抗力一事,也成了他检查自己错误的事例之一。

唐铎坦诚正直,与人为善,平易近人。1958年春夏之交的学院四级干部会议,猛批炮兵工程系主任赵唯刚,他内心凄凄,会上不得不批;但他也体谅一个与自己经历相同的老同志的处境,会后便主动去找赵唯刚谈心,交换意见,希望帮助赵过关。他在大会上说:"我觉得自己的水平低,跟不上会议的发展。"这是唐铎的心里话,他越来越跟不上"左"潮滚滚的形势。

1960年以后,中苏两党关系急剧恶化,在全党全军"反修防修"的政治大环境下,凡有苏联背景的中国高级干部都不免受到牵连而不予信任,妻子是苏联人的唐铎已经感到阵阵冷风朝自己吹来。但唐铎夫妇多次向党组织表示:坚决拥护党中央的路线,反修防修,和苏联方面包括亲友断绝往来。1962年,苏联驻哈尔滨总领事馆要求唐瓦柳返回苏联,否则就撤销她的苏联国籍,唐瓦柳一口拒绝了返回苏联的要求。

1964年3月21日,在国防科委第109次办公会上,张爱萍副主任心情复杂地说道:"唐铎同志啊唐铎主任,你们可能听说了,要调到辽宁大学当副校长,命令已经下了,请学院办理手续吧。"与会的时任哈军工政委谢有法中将和院长刘居英少将对视了一下,低下头,谁也没说话。唐铎是哈军工建院初期的元老之一,德高望重,德才兼备,对空军工程系的建设贡献很大,学院怎么会同意放他走呢?无奈当时中苏两党关系已公开破裂,中国的"反修"运动正如火如荼。唐铎的夫人是苏联人,就凭这一条,他在高度保密的哈军工工作,处境之尴尬不言而喻。而在这前不久中央军委召开的一次会议上,林彪一句"那个,唐铎呀,还在军中吗?"就足以改变唐铎的命运了。

1964年3月底,军工学院政委谢有法向唐铎宣布了中共中央组织部的决定,调他到辽宁大学去工作。唐铎虽然毫无思想准备,但却坚决地说:"服从上级命令!我是一个共产党员,党指到哪里我就到哪里去工作。"在军工学院工作11年,唐铎忠诚于党的教育事业,呕心沥血办好空军工程系,现在却承受难以

名状的精神打击,被迫脱下军装,告别他挚爱的空军工程系了。然而,此时的唐铎也必须冷静地面对命运的急转弯,严格遵守上级决定及保密规定,他没有惊动任何人。上级要求唐铎在一周内做好搬家的准备,唐铎表示一切听从党组织的安排。五天后,一个春寒料峭、阴雨绵绵的日子,唐铎携家人悄然离开哈尔滨,到位于沈阳的辽宁大学报到。

六、"文化大革命"中的磨难与献身教育的宽广胸怀

1964年春,转业到辽宁大学的唐铎出任副校长、校党委常委,分管全校体育工作。唐铎有宽广的胸怀,几乎看不到他情绪上有任何波动,家还没有安排停当就马上投入到新的工作中。他对周围的人说:"我们是社会主义大学,要按照党的教育方针培养教育学生,使他们成为德、智、体全面发展的合格人才,所以要搞好学校的体育工作。"经过调查研究,唐铎向辽宁大学领导建议:学校要加强体育设施的建设,为学生锻炼身体提供一些方便条件,首先应修建一个游泳池。然而学校经费十分紧张,难以支持。唐铎提出靠全校师生员工参加义务劳动的办法修建游泳池,于是在他的倡议下,辽大游泳池破土动工了。

1966年夏天,辽宁大学个别领导主张游泳池的建设应停工,但唐铎极力坚持,游泳池的施工没有中断。他经常到现场指导,把工地当成办公室,从工程设计到上下水施工他都亲自考察指导。又经过一年多的建设,辽宁大学游泳池终于建成了。但唐铎这时却高兴不起来,他有不祥的预感:在怀疑一切、打倒一切的混乱中,磨难正等着自己。此后,唐铎被审查并关押多年。

唐铎专案组的工作人员走遍全国各地,向所有与唐铎接触过的人做了仔细调查,却没找到任何可以证实他是"苏修特务"的证据,反而证明了唐铎一贯忠诚于党和人民。唐铎以革命的乐观主义积极锻炼身体,准备出狱后更好地为党、为人民工作。他对专案组工作人员及看守从不责怪,还常常用自己的亲身经历讲些笑话或故事给他们听,而把对他的批斗、打骂置之度外,以一身正气展示了一个真正共产党人的尊严和品格。

1978年,唐铎被彻底平反,恢复了名誉,出任辽宁大学党委副书记、副校长。

在全国大规模拨乱反正、平反冤假错案的时候，唐铎负责辽宁大学平反冤假错案的工作。每天都有人来找他，谈冤情，递材料，老人家废寝忘食，认认真真、一丝不苟地处理大小案件。他叮嘱老伴说，中午我休息的时候，如果有人来找我，一定要叫醒我，人家有冤情才来找我呢。此时，唐铎仍然分管辽宁大学的体育教育工作。运动会上，他任总裁判，和其他裁判员一样也穿上裁判员服装，戴上小白帽，精神矍铄地健步走在裁判员队伍的最前面，接受大会的检阅。老英雄宝刀不老，博得了全场观众经久不息的热烈掌声。

1979年5月4日，在北京人民大会堂举行的"五四时期"老同志座谈会上，唐铎激动地说：身体是革命的本钱，有了强健的身体想干什么就能干什么。要注意身体，要运动，运动就是生命。我75岁了，每天早晨跑步，晚上跑步。我们老同志更要注意身体，至少要看到社会主义强国，看到"四化"的实现。唐铎也十分关心哈军工的老战友和老部下的平反情况。1979年11月，他千里迢迢赶到长沙，参加原空军工程系马明德等六位教授平反昭雪大会，沉痛悼念"文革"中被迫害致死的老战友们。

1980年1月，唐铎当选为政协辽宁省第四届委员会副主席。此时的唐铎已是两鬓银霜的老人了，风霜历尽志难磨，他仍以"春蚕到死丝方尽"的精神，把全部心血倾注在培育年轻大学生的身上，为祖国的四化建设献力献策。他的毅力丝毫不减，晚年还自学英文，他说是要跟上时代变化。同时，他还每天仍坚持长跑，下雨天打着伞也坚持跑步，在辽宁大学传为美谈。

1982年，由于年事已高，唐铎主动提出不再担任省政协副主席和辽宁大学的领导职务，作为忠诚的革命老战士和教育工作者，他依然壮心不已，关心着高等教育的发展和国内外大事。

唐铎从16岁离开家乡去法国勤工俭学，直到1978年才第一次返回家乡，当时他已经是74岁的老人了。1983年9月，国防科技大学举行哈军工——国防科技大学成立30周年校庆，唐铎应邀赴会。他特意携夫人唐瓦柳、大儿子唐维佳来到湘江之滨的长沙。校庆结束后，他一定要携家人回老家益阳看看尚健在的老姐姐和乡亲们。作为远方游子，他要了却久压在心头上的这桩60年的凤愿。这是他第二次，也是最后一次回家乡探亲。益阳县像过节一样欢迎老红军、老英雄的归来，乡亲们盛情接待令他们引为骄傲的空军英雄，数百名乡亲从四面八方赶来。年纪大点的亲戚告诉唐铎，老母亲在世的时候，一看到天上有飞机，就高兴地对乡亲们说："那是我家伢子开的！"沉浸在浓浓亲情中的唐铎回忆起童年往事，心情激动不已。石牛坝村老支书谢爱民说，唐铎回乡给人的印象是和蔼可亲。虽然离家几十年，但他还能讲一口地道的"石牛坝村话"。在家乡那段时间里，他不厌其烦地解答村民们的提问。谢爱民还记得，唐铎听说村里准备架设电线杆但还缺资金时，他主动提出去向上级有关部门反映情况，争取支持。几个月后，村里就架好电杆通电了。唐铎一家在家乡拜祭了养育他的那片红土地、感受了浓浓的乡情和亲情之后，与家乡的父老姐弟依依不舍地告别，心满意足地携家人返回了沈阳。

就在1983年的11月，唐铎抱病参加了传达贯彻党的十二届二中全会精神的省委扩大会议，在揭批"四人帮"及其在辽宁省党羽的发言中，由于控制不住激动的情绪，突发脑溢血倒在会场上。老将军的生命力相当顽强，延续了十多天后，医生也回天乏力，终告不治。11月20日晚11时30分，中国历史上最早的飞行员之一、中国共产党的优秀党员、革命家、教育家唐铎与世长辞，走完了他80年光辉的人生道路。

1984年1月12日，中共辽宁省委为唐铎举行了隆重的追悼会，陈云、蔡畅、李维汉、宋任穷、许德珩、张爱萍等党和国家领导人送来花圈，苏联驻华使馆武官特地赶来参加葬礼。悼词称赞唐铎是中国共产党的一位优秀党员、老一辈无产阶级革命的坚强战士和无产阶级国际主义的忠诚战士。刘居英、徐立行、李开湘、张梅等原哈军工老战友以及来自全国的100多名原哈军工学员赶到沈阳，与唐铎将军告别。

碧空万里颂忠魂，千古永垂唐将军！

2015年5月初，在访问俄罗斯，并出席俄罗斯纪念卫国战争胜利70周年庆典前夕，中国国家主席习近平5月7日在《俄罗斯报》发表题为《铭记历史，开创未来》的署名文章中提到："中国飞行员唐铎，作为苏军空军射击团副团长，鹰击长空，在同法西斯军队的空战中屡立战功。"在随后访问白俄罗斯前夕，5月8日习近平主席在《苏维埃白俄罗斯报》发表的署名文章中又提到：在第二次世界大战中，"唐铎将军曾驾机参加解放明斯克的战役"。唐铎将军的一生不仅为中国人民立下了丰功伟绩，而且在第二次世界大战中为消灭法西斯、解放苏东地区人民创建了历史功绩，他是杰出的国际主义战士，是世界反法西斯的空军英雄！

2004年8月，89岁的唐瓦柳在沈阳病逝。这位乌克兰女性，在中国生活了51年。她与唐铎将军在苦难中激励、相守、风雨同舟、相濡以沫、白头偕老的深情感天动地！唐铎夫妇跨国相恋、忠贞不渝的爱情故事也在中苏、中乌国家和人民中传为美谈！

参考资料：

[1] 陈梦青：《海外归来的中国将帅》，国防大学出版社。

[2] 邓雪华：《唐铎》，益阳人才网。

[3] 王伯益：《忆唐铎副校长》，辽宁大学网。

[4] 杨昂岳：《唐铎将军的传奇人生》，哈军工—国防科大网，2004年11月。

[5] 滕叙充：《名将名师》，当代中国出版社，2013年8月第1版。

[6] 杨军：《唐铎：苏联卫国战争中的"中国雄鹰"》，《湖南日报》，2015年5月25日。

（根据参考资料整理，黄迪民执笔）

——哈军工空军工程系并入西北工业大学史话

中国实验空气动力学与风洞研究的奠基人马明德教授

一、立志航空报国，翻山越岭不惧艰辛为抗战

马明德原籍安徽省滁县，1915年12月12日出生于北京。父亲马文蔚是北洋政府交通部的一个科长级官员。不幸的是，马明德幼年失恃。父亲痛心之余，更加重视对他的教育，6岁时就送他到北平笃志小学和崇德小学读书。马明德10岁时，父亲又送他到家塾学习古文、算术和英语等课程。塾师是前清举人和大学讲师，要求很严。1929—1934年，马明德在北平四存中学和崇德中学读书，其间日寇发动了"九一八事变"，抢夺我东三省，马明德和同学们一起曾多次参加反日游行示威。高中二年级时，平素与儿子谈话不多的父亲生怕儿子荒疏学业，就严肃地对他说，要好好读书，如能考取上海交通大学，就送出国留学。1934年，马明德果然考入上海交通大学机械系。1937年夏，马明德回北平家中度暑假，正赶上"七七事变"，古都陷落，马明德逃到天津，又乘船到青岛，转火车回到上海。8月13日，日寇大举进攻上海，上海交通大学由徐家汇迁入法租界。在战乱岁月的惶恐不安中，马明德于1938年毕业，获学士学位。8月，在父亲的资助下，他赴美留学。一年后，马明德以优秀成绩获得密歇根大学航空工程硕士学位。随后他前往美国东部

特拉华州的伯伦克飞机工厂实习，那是一家规模不大的小厂，却禁止外国人进入该厂的技术设计室。隔着玻璃窗马明德望望里面的美国工程师，他深感弱国留学生备受歧视的无奈和愤懑。如果攻读博士或在美国求职找工作，马明德都可以继续留在美国，但他的心早已飞回祖国，中华儿女正在抗战的烽火中流血牺牲，他不能只为自己的前程而留在美国，满腔爱国激情的马明德再也等不下去了。既然已经学到航空工程的基本理论，就要贡献给祖国的抗日救亡事业。1939年11月，马明德毅然离开美国，乘船返回上海。回到上海后，当时几所私立大学竞相礼聘他去执教，他却不堪忍受日寇刺刀统治下的亡国奴气氛，又不屑去英法租界过"孤岛蜗居"的日子，就婉拒了好意的聘请。

　　1940年6月，马明德和蒋祖绮女士在上海结婚。婚后第5天，他们便悄然离开上海，前往香港。在香港稍作停留就乘船去越南海防港，再乘陆路的小火车一路颠簸辗转进入云南省。马明德在昆明找到国民党政府管理航空的下属机构，要求去内迁到云南的中央杭州飞机厂工作。"愿意去就去吧。"国民党官员给马明德开了张介绍信，委任他为工程师组长。

　　为了躲开日军铁蹄，中美合作创办的中央杭州飞机厂，千辛万苦地搬迁到中国与缅甸交界的滇西小城垒允县。马明德为了痴爱的航空事业，无心在昆明留恋，又和夫人朝行夜宿，翻山越岭，饱尝艰辛，直奔中缅边界垒允县的大山，那里毕竟有自己国家的飞机厂呀。经过数日奔波，马明德终于见到了那个偏僻小县城里的飞机工厂。可命运似乎要折磨年轻的飞机设计师，就在几天前，日本飞机越过中缅边境，炸毁了这个可怜的飞机工厂。望着被毁坏的设备，马明德欲哭无泪。飞机厂的负责人告诉他，跨过边界向南50公里有个叫八莫的缅甸小镇，那里还有该厂的飞机发动机装配厂。马明德心中豁然开朗，他立即赶到八莫，到飞机发动机装配厂负责发动机试车工作。他全力以赴，建设试车工作台，按照美方设计的图纸，积极抓土建工程，每天和工人一起，满身泥土，满脸汗迹，在实际工作中打下坚实的航空工程技术基础。1941年10月，试车台安装完毕，在10月10日举行的落成典礼上，马明德受到美方厂长的嘉奖，这更增强了他的工作信心，也为自己能为抗日事业出份力而高兴。

1941年12月8日，太平洋战争爆发。1942年初，日寇从缅甸北进，相继攻陷仰光，战火烧到边境，八莫发动机厂奉命拆下主要设备，就地掩埋，人员北撤。至此，中央杭州飞机厂仅存的最后一个分厂也宣布解散了。来自浙江的工人们痛哭流涕。在危难的时候，马明德很冷静，他决心保住这批技术工人，有了能人，就不愁造不出中国的飞机。他说服这些工人并得到他们的拥戴，随后带领这批技术工人离开了八莫，奔赴贵州省大定县羊场坝，那里还有一个国民党航空委员会领导的"中国第一航空发动机制造厂"。马明德他们开着一辆勉强能跑的破卡车，载着一群妇孺家眷，冒着日本飞机的轰炸危险，翻山越岭，历尽艰险到了大定。与缅甸的八莫一样，这里也是蛮荒之地，生活十分艰苦。马明德把自己交给了中国的航空工业，义无反顾地带着妻女钻进大定的穷山沟里。

发动机制造厂设在羊场坝的乌鸦洞，马明德担任机工科技士。没干多久，他带来的那批优秀的技术工人受到排挤，最后连他自己也不能幸免。5个月后，大定厂方给了他一纸去广西柳州修理厂的调令。

大敌当前，国难当头，而国民党却热衷于勾心斗角，马明德拒绝了去柳州的命令。他多年来怀着修造飞机、打击敌寇、航空救国的愿望破碎了。他心力交瘁，无言以表，悲愤之下带着陪他吃苦受难的妻子和幼小的女儿，再履险途，辗转来到战时的陪都重庆。

这时，内迁重庆的交通大学正在筹办航空工程系，经过原中杭飞机厂同事许玉赞先生的推荐，马明德于1942年10月到交大航空工程系任教。他讲课生动，深入浅出，有问必答，平易近人，先后开出"应用空气动力学""飞机性能设计""发动机动力学"等课程。1945年日本投降后，马明德全家随交通大学迁回上海，继续任上海交通大学航空工程系教授。1946年，马明德翻译了美国V.L.Malleev著的《机械设计》一书，以后又陆续开出新课"发动机设计""喷气发动机原理"。课余时间，他喜欢和学生交往，后来成为著名空气动力学家的庄逢甘当时是青年学生，也听过马明德的课，与他结下了深厚的情谊。

1947年后,由于内战升级,物价不断上涨,为维持家庭生计,马明德在交大任教期间还先后在光华大学、大同大学、兵工学校和商船学校兼课,讲授课程多达八九门,每周最多达30学时,重压之下,他成为学识渊博的"多面手"教授。马先生曾自嘲:"自己变成了教书机器,也变成了多面手。"但这却为他以后建造风洞积累了多方面的知识基础。上海解放前夕,有人找马明德,动员他去台湾,他一笑置之。马明德有个弟弟,是中共地下党员,他与弟弟商量后,决心留下来,迎接解放大军。

上海解放后,1949年9月,马明德被调到中国人民解放军华东军区军事科学研究室,任研究员。他性格温和,工作认真,言语不多,与同事合作得很好。为解放浙江近海岛屿,他与岳劼毅教授等研究出了一种惯性驱动的潜水爆破装置。

二、投身哈军工,创建三座风洞

1952年中国人民解放军军事工程学院创办,院长陈赓决定请上级调入一批著名的科学家和有经验的教授。1952年8月,华东军区军事科学研究室全室专家赴京,参加军工学院的筹建工作,张述祖、岳劼毅、马明德等都是筹委会委员。他们协助草拟从各大学和研究所请调知名科学家和教授的名单,还草拟了从部队抽调一批具有理工科大学学历的青年干部来学院当助教的名单。1953年1月,张述祖、岳劼毅、马明德等到哈军工正式报到。

亲身体验了朝鲜战争中空军威力的陈赓院长十分重视哈军工空军工程系的建设,把这个系列为军工学院的一系。

有一天,陈赓院长向马明德了解风洞的问题,在请教过风洞相关知识后,陈赓问:"中国现在有风洞吗?"马明德摇摇头,叹道:"30年代浙江大学搞了一个,不久就不能用了。后来清华大学建了一个5英尺的低速风洞,抗日战争中被日本人破坏了。到现在,中国还没有一座可供实用的风洞。"陈赓又问:"国外风洞的发展水平如何?"马明德说:"这得先简单说说风洞发展史了。德国人在1908年建造了世界上第一座回流式风洞,鉴于小型风洞的误差总是影响航空科学的发展,每个国家都希望有大尺寸的风洞。又是德国人在1917年建造了世界上第一个大型风洞,德国当年有强大的空军,受益于他们的先进风洞技术。美国人在1927年建造了直径为20英尺的大型风洞,可以做整机试验,1931年又建造了更大的全尺寸风洞,不再是做模型试验,而是把整个飞机安装在风洞中进行研究了。从此,美国风洞成了世界上最先进的了,取得许多重大研究成果。比如,通过几百次吹风试验,很快就发现在发动机上安装一个重量很轻的整流罩,就能轻而易举地把飞机时速提高20英里。苏联也很厉害,早在十月革命胜利的第二年,就建造了第一座整机试验的全尺寸风洞。听说,斯大林称赞苏联风洞是'打败希特勒的一颗重磅炸弹'呢。"平时沉默寡言的马明德讲起风洞来如数家珍,滔滔不绝。陈赓听得入迷,最后语气坚定地说:"你和岳劼毅教授都是空气动力学专家,现在要考虑搞中国的风洞了,咱们军工学院一定要有风洞,从小型开始,得快点干。"

马明德笑了笑,他是个性格内向而平和的人,建造中国人自己的风洞是他梦寐以求的志向,可那需要很多的钱啊,军工新建,有那个能力吗?但不管怎么说,陈赓院长对风洞感兴趣,这已让马明德兴奋不已。他回想自己已近不惑之年,经历了坎坷的人生之路,是陈赓院长给了他信心之源,哈军工点亮了他的希望之火。马明德埋藏于心底那个建造风洞的夙愿,就像一堆被点燃的干柴,熊熊燃烧起来。

1953年初,陈赓院长特别批示空军工程系要加紧建设四个学科的实验室,其中之一就有空气动力实验室,即风洞实验室。在空气动力学研究试验的三大手段中,风洞始终占据主导地位。因此,作为一种标志,它往往被用来衡量一个国家空气动力学技术水平的高低。应该说,没有风洞,就谈不上航空航天科技的发展,就不会有飞机、导弹等武器的制造。

马明德教授是个善于埋头苦干的学者,对事业的执着追求远远超过对生活的要求。他很幸运,患难与共的贤内助始终支持他。春天,哈军工空气动力学教授会成立,岳劼毅教授任主任,马明德教授任副主任兼空气动力实验室主任。空军工程系领导鼓励岳劼毅、马明德两位教授:"陈院长已经下决心了,一定要把风洞实验室搞起来，系里也把基建规划上报院基建委了，你们就不要担心经费问题了，赶快弄出个建设方案吧。"由于马明德实践经验丰富，被推举为风洞建设的总指挥。他与另外三位核心人物岳劼毅、庄逢甘、罗时钧共同商议了风洞的建设计划。

马明德等四位教授的方案获得了唐铎主任和苏联顾问的大力支持，但技术细节尚需进一步研究。马明德拿出当年在云贵高原投身飞机制造事业的那股拼命精神，吃饭、走路都想着风洞，连做梦也是风洞，风洞成了他的命根子。在图书馆工作的蒋祖绮忧郁地观察丈夫的饮食起居，生怕他累倒了。

1953年夏天，为了调查哈尔滨市有关工厂的加工能力和当时市场上的金属材料，马明德四处奔波。幸好他有个好助手——毕业于上海交通大学的助教纪士坪。小纪常常劝马明德："马主任，你动动嘴就行了，跑腿的事儿交给我们来干！"也庆幸马明德交了个好朋友——院器材处长刘国霖。老八路刘国霖对马明德忘我工作的精神甚为敬佩，两个人在风洞研制过程中结为好友。只要马明德需要的器材，刘处长就全力以赴满足要求。当时摆在马明德面前的最大困难是螺旋桨的材料和制造工艺。新中国成立初期，中国尚不具备制造金属螺旋桨的条件，如果采用飞机上现成的螺旋桨，又难以与发动机、转速、风速完全匹配。螺旋桨做不出来，风洞建设就会告吹，怎么办呢？马明德苦苦思索。

一天唐铎主任来看望马明德，又把岳劼毅、庄逢甘、罗时钧三位教授请来，大家一起研究螺旋桨的问题。马明德说："我考虑很长时间了，又查了一些资料，走访一些单位，觉得可以用木头来代替金属，制造木质桨叶。"岳劼毅有点惊讶："木质桨叶的强度够吗？"马明德说："关键要选最坚硬的木材，比如核桃木，还要有一套特殊的加工工艺。"唐铎说："马主任这个设想是另辟蹊径，不错啊，系里再研究一下，为你们当当参谋。另外，你们还有什么困难，也及时提出来。"

马明德去找刘国霖要核桃木料，盛产木材的黑龙江偏找不到合格的核桃木，刘处长通过市计委找到陕西省，最后陕西特批几棵大核桃树，砍伐后急运哈尔滨。有了核桃木，还得进行特殊加工，沸水煮三天三夜后阴干才能使用。

此后，刘国霖处长又亲自跑鞍钢，去要优质钢材。核桃木与钢材的问题解决后，马明德又去找唐铎主任，这一次他焦急地说："主任啊，我缺人手，能不能给我调几个手艺好的老技工呢？""要什么样的老技工呢？""首先要找会刻制桨叶的高级木工，还要找高级钳工和车工，做平台得有好手艺才行。"唐铎满口答应。

时间过得真快，转眼秋天到了，经过大半年的调研和准备，1号、2号风洞的设计工作正式开始。马明德从系里调来他在南京时就十分熟悉的助教刘千刚，与纪士坪一起作为自己的左膀右臂。实验员们也积极参与，主动帮助打打下手。马明德和两位助手精心设计，精心绘画，纵向三分力台式机械天平的设计尤为费力，要绘出测风速、风向、阻力、升力等各种状态下的结构图。昼夜奋战几个月，两个风洞的全部工程图纸400余张终于完稿。

一天，马明德正在低头审查风扇总图，因为一直找不到高级木工来刻制桨叶，他心里有点烦躁。不知道什么时候陈赓院长走了进来，大家看到院长，都纷纷站了起来，马明德竟浑然不知，还在低着头审图。"嚛！成绩不小哇！"陈赓高兴地扫视着满屋摆的图纸说。马明德闻声站了起来，陈赓走过去，握住马明德的手，用力摇了几下说："我给你报喜来了，马主任！"马明德还没明白过来，风洞才开始建造，报什么喜呀？陈赓笑嘻嘻地说："你要的高级木工和车工，咱学院里可没办法解决，没有这样的能工巧匠呀！我给哈尔滨市委王一伦书记写了信，请市政府帮助在全市的工厂里寻找，现在找到两位，据说名气还不小呢！明天到你这里报到，所以我先给你报个喜讯噢！"马明德恍然大悟，感激地望着陈赓，光是嘿嘿地笑，心里有一箩筐话却说不出一句。"为了建造风洞，院长亲自帮助在全市寻找高级技工，我们的好院长啊，您工作那么忙，还挂念着这样小的一件事。我们不把风洞建造起来，怎么对得起您啊！"马明德在心里默默地念叨着……

哈尔滨市有名的巧木匠吴相亭和八级老车工姜延栋兴冲冲地来见马明德，虽然他们不知道风洞为何物，但党和政府调他们到哈军工工作，那种发自内心的自豪和荣光，使两位朴朴实实的老工人心花怒放，乐得合不拢嘴。马明德把风洞铁壳体的加工交给纪士坪去办，他自己集中精力和吴相亭等人研究桨叶的加工工艺。把坚硬的核桃木料变成合乎技术要求的螺旋桨叶片，这种复杂活儿，连见多识广的吴师傅也没有做过。马明德综合有关资料，和吴师傅反复做实验，使木料的抗拉力、抗阻力、抗扭力和木料的胶合、加温、脱脂、干燥等一系列技术难题逐一得到解决。然后又亲自带着实验员煮木料，指导吴相亭按着图纸刻制桨叶。经过近5个月的摸索，第一片合乎要求的木质桨叶终于刻制成功，这在中外风洞建造史上是个创举。接着吴相亭一鼓作气，将12片桨叶全部制成。与此同时，马明德指导车工姜延栋加工其他零件，又领着学院实习工厂钳工师傅在新竣工的1 500平方米风洞实验楼中安装风洞，吊装风扇，装配天平和电机。风洞壳体在哈尔滨铆焊厂加工，厂方不懂怎么干，一定要哈军工派人指导。马明德去了几次，而纪士坪则要天天和工人们在一起流汗，负责指导和监督壳体加工，这两个风洞壳体共用去了60吨钢板。

在建设1号、2号风洞的过程中，马明德先请庄逢甘教授这个理论专家进行风扇桨叶的空气动力计算和设计；并向殷之书教授请教了木质桨叶的选材、脱脂处理、干燥和黏合等工艺细节；再请车工师傅姜延栋和钳工师傅加工出桨叶断面的样板，然后请木工师傅吴相亭按各样板雕刻成六片桨叶。同时，马明德教授还亲自下厂检查台式天平和风洞钢制壳体的加工质量。在马明德教授指导下，实验室全体工作人员自己动手安装好了风洞。

马明德和他的助手们整整苦干了一年零三个月，其间所遇到的种种困难和付出的心血汗水，一言难尽。与马明德住邻居的顾懋祥副教授常常看到早出晚归、面容憔悴的"风洞教授"，总是说："你又瘦了，要注意身体呀！"从南京军事科学研究室一起来的老朋友张述祖、任新民、周祖同等教授也常常来看望马明德，都为他忘我工作的精神而感动。唐铎主任等空军工程系领导更是时时关心风洞建设，此时已到北京赴任的陈赓副总参谋长也常来电话询问，关心工程进展情况。

1954年11月20日上午，1号风洞首次试车一举成功，最大风速为50米/秒。40天后，2号风洞也试车成功。纪士坪负责风洞的流场和天平校测，他在轰然的巨响中，向马明德伸出大拇指，表示两座风洞的性能达到了设计要求，天平的性能良好。这是新中国成立后我国最早建成的两座实用型低速风洞。

1955年1月8日，空军工程系举行风洞实验室开幕典礼，并在实验室大楼刻石留念。在人们的热烈掌声中，院首长及各部、系、处、专科领导，各教授会主任和空军领导机关的代表走进会场。系主任唐铎致开幕词，空气动力学教授会主任岳劼毅教授报告实验室筹建经过，刘居英副院长代表学院党委向实验室全体同志祝贺，并宣读陈赓院长兼政委签署的嘉奖令，向为建设两座风洞做出突出贡献的马明德教授及相关的技工、实验员等七人通令嘉奖。当刘居英把奖品颁发给马明德时，马明德只说了一句话："谢谢院首长……"他鼻子一酸，顿时热泪盈眶，哽咽着说不出话来。刘居英亲切地说："我代表院党委和全院同志感谢您，感谢全室同志，你们为我们学院的科研事业，立下了头功！"开幕式后，与会同志参观了风洞吹风试验表演和陈列的各种仪器、实物、模型。当苏联顾问知道桨叶是木制品，以不可思议的口吻说："真令人难以置信，了不起啊！"

这是在哈军工建成交付试验的第一座大型实验室。随后在1号风洞里，及时给第一期学员开设了8门不同的空气动力教学实验课。在建成1号、2号风洞的同时，由岳劼毅教授主持设计的马赫数为2.0、实验段截面为80毫米×80毫米的3号风洞也随之建成，1956年初试车成功。风洞内装有中国科学院长春光学仪器研究所制造的第一台反射式纹影仪。这是我国第一座真空吸入式超声速风洞，在建造过程中吸取了北京航空学院的经验。岳劼毅、马明德两位教授在工作中配合默契，马明德设计了3号风洞的真空箱，又指导助手完成了风洞与真空箱连接的快速阀门的设计。

三座风洞的建成不仅展现了马明德教授在风洞建设中的才能和经验，更显示出他和教研室同志们团结合作的精神。教研室主任岳劼毅教授毕业于清华大学，并留学英国和德国，有很高的学术造诣。马明德教授毕业于交通大学，也曾留学美国，同样是学术造诣很深。马明德担任教研室副主任，他对岳劼毅教授的领导全力支持，他们之间没有一般的"文人相轻"，取而代之的是互相尊重。

两位主任密切配合、团结协作，同时又充分发挥教研室全体人员的作用，这是当时在风洞建设上取得突出成就最重要的因素。除此之外，马明德教授也十分注意发挥工人师傅的技能，解决风洞制作中的各种实际问题。在风洞建设中发挥重要作用的姜延栋和吴相亭两位师傅就是由马明德教授极力推荐，在黑龙江省领导和学院领导支持下，后来才调入哈军工的。

至此，这三座风洞已经可以承担空气动力教学的全部实验课了。后来，根据教学需要和苏联顾问的建议，又由刘千刚教员负责设计、制作了两座直径为0.75米、截面为八角形的闭口、开路式木结构低速风洞，配备了两台三分力天平。这两座风洞简称4号和5号风洞，先后为各期学员开设过9门不同内容的教学实验课。除了主持建设风洞之外，马明德教授还领导建设了一座水力学实验室，用于各种流动显示和流体力学教学实验。

以上几座风洞的建成，不仅保证了空军工程系教学实验的顺利进行，也在国内产生了较大的影响。为此，马明德被推举为中国人民解放军国庆观礼代表，并于1956年10月9日在北京受到了毛泽东、刘少奇、周恩来和彭德怀等党和国家领导人的亲切接见。1957年，他受聘兼任国防部第五研究院科学技术委员会特邀委员。

三、再建风洞群，助力飞行器设计

从1953年到1956年短短的三年多中，马明德和教研室的同志们一起建成了5座风洞。但是，马明德教授并没有丝毫满足和懈怠，他的目标是要用风洞为我国自行设计飞机和其他飞行器服务。

首先，1号风洞能否为飞机设计提供有用的试验数据，是国内飞机设计师们关心的问题。因为在该风洞内，常规飞机模型试验雷诺数的量级仅为0.5×10^6。经过认真研究，马明德教授提出：在没有大风洞的情况下，暂时可用比拟计算法使用1.5米风洞的试验数据来模拟大风洞数据。即先做一个展弦比为5的等弦长机翼，把试验结果与美国NACA的结果对比。再做一个有大风洞试验结果的真实飞机的模型来做对比试验。这样，320厂制作了雅克-18的缩尺模型来吹风，112厂制作了雅克-11的缩尺模型也来吹风，从而找出了小风洞与大风洞试验结果之间的关联。以后在1号风洞中分别为112厂和320厂做了歼教-1飞机、初教-6飞机的全机模型试验；又为歼教-1飞机做了飞机进气道的总压恢复特性及流场特性的试验、机身和机翼接合处整流罩外形的试验，以半机翼和单独尾翼模型进行了操纵面铰链力矩测量试验；还用模拟了质量和惯矩的座舱盖和副油箱模型进行了投放试验。在马明德教授指导下，112厂专为2号风洞设计加工了横向三分力天平，从而取得横向三分力数据。中国飞机设计师就这样利用1.5米风洞取得了自己的设计经验，提前7年，于1958年7月把自行设计制造的第一架高亚声速喷气式飞机歼教-1安全送上了蓝天。1号和2号风洞不仅为歼教-1等飞机的研制立了大功，同时1.5米风洞也是深具潜力的风洞，并成功地进行了多种先进实验技术的研究。

跨入20世纪50年代中期，跨声速风洞实验研究已经提到日程。1955年，苏联顾问建议向民主德国订购一座近声速风洞。马明德教授于1956年6月获准派刘国霖、纪士坪去民主德国考察，商谈技术条件和订货事宜。当时订购了一座近声速风洞（$Ma = 0.4 \sim 0.8$），但货到后被调拨给五院701所。1956年底，陈赓代总参谋长同意哈军工再派人去民主德国订购第二座近声速风洞。这时，马明德教授已经开始考虑大型超声速风洞的建设问题，遂于1957年春安排纪士坪在去民主德国订购第二座近声速风洞的途中，重点访问了莫斯科茹可夫斯基空军工程学院空气动力实验室，具体了解了超声速风洞情况。

第二座近声速风洞于1960年5月安装在哈军工（简称"7号风洞"）。其最大实验Ma数为0.95，试验段的横截面为540毫米×760毫米。1963年9月，在马明德教授指导下，该风洞被改造成跨声速风洞，实验Ma数达到1.2。这是我国高等院校第一座可进行型号试验的跨声速风洞。到20世纪80年代以后，又几经改造，实验Ma数达到了1.5，成为进行飞行器铰链力矩和抖振试验的重要风洞。

1958年初哈军工提出了设计马赫数$Ma = 2.5$超声速飞机（东风-113）的任务。为了进行高速歼击机的风洞试验，马明德教授提出建造600毫米×600

毫米暂冲式超声速风洞（简称"6号风洞"）和3.5米×2.5米回流式大型低速风洞（简称"8号风洞"）的建设计划，并于同年8月获得中央军委批准。

要建造这样的超声速风洞，当时面临很多困难，不仅缺少技术资料，而且缺少设计经验。从1958年8月开始，马明德教授与教研室的同志们从收集资料入手，一面认真讨论风洞总体方案、气源方案和风洞部件设计方案；一面边学边干，逐步展开6号风洞的部件设计工作。人手不够就吸收一些高年级的学生以勤工俭学的方式参加设计工作，整个工程则交由实验室副主任纪士玶具体负责。马明德教授和教研室主任岳劼毅教授虽然都有教学任务，但也天天都到现场参加方案讨论，指导实验段迎角机构、喉部可调的超声速扩压器的设计，解决设计中的具体问题。在三个月内共绘出风洞设计图纸（A4）约4 000张。

6号风洞的建设得到陈赓院长和黑龙江省委的大力支持。制作高压气瓶用的65毫米厚的锅炉钢板120吨，由陈赓亲自出面向中央请示后，与鞍山钢铁公司签订供货合同。共重120吨的6个高压气瓶和重50吨的风洞前室的生产加工，也是在黑龙江省委和哈尔滨市委直接过问下落实的。

1959年2月，6号风洞进入安装阶段。为了保证质量，由安装公司承建。马明德教授十分重视工程质量和施工安全，要求遵守现场强度实验和水压检验的制度，同时严格现场监督。管道安装工程进展较快，到1959年9月初全部完成了洞体安装工程。

1959年9月6日，6号风洞进行首次通气实验，9月14日进行了第一次试车。后来，排除了风洞漏气的问题后，于同年11月进行第二次试车，风洞实验Ma数达到设计值2.5，稳定工作时间为20秒。到1963年，在清华大学同行们的帮助下，实现了前室自动调压，精度可控制在0.1%以内，风洞稳定的工作时间延长了一倍。

1959年12月23日上午，周恩来总理视察了6号风洞。在听取了空军工程系主任唐铎的汇报后，他说："一定要有自力更生的精神啊！如果依靠进口洋设备，恐怕到现在也难建成一个风洞。"当周总理看到工作人员费力地开启和关闭阀门时，当即指示："你们要搞机械化、自动化呀！"至此，中国自行设计、建造的第一座 600 毫米 ×600 毫米吹气式超声速风洞（6 号风洞）在马明德教授的指导下基本建成。该风洞从 1958 年 8 月开始设计，到 1959 年 9 月胜利试车，仅用了一年零两个月的时间，这是一个高速度的记录。虽然还有缺点，但 6 号风洞仍是一座可进行型号试验的、有特点的超声速风洞。1960—1961 年间，6 号风洞还为 112 厂进行了大量的超声速飞机进气道特性实验。在实验中，使用反射式纹影仪，摄取到附着在进气道唇口的斜激波照片。这是中国超声速飞机在本国自制的超声速风洞中进行的首次型号试验。此后，1964 年，6 号风洞的四分量应变天平由栗土源与陈树清加工调试完成。1969 年，6 号风洞压气机站扩建完成。高压气瓶容积由 39 立方米增至 70 立方米。

就在 6 号风洞建设全面铺开之时，由于获得了大型低速风洞所必需的 500 千瓦直流电源设备，马明德和岳劼毅在三天之内就设计出 8 号风洞的气动轮廓图和实验大厅布局图，开始了 8 号风洞建设的第一阶段。8 号风洞的洞体采用钢筋混凝土结构，除实验段和动力段之外，整个风洞的壳体和支架基础均由钢筋混凝土浇灌而成。1959 年 3 月，完成了实验大厅和动力间的土建工程。

1960 年 10 月，马明德教授开始集中力量抓 8 号风洞的第二阶段建设。在这一阶段，他主要抓三个问题：一是加固混凝土洞体基础，二是设计和检验直径 4.5 米的大风扇，三是对六分量塔式天平进行设计、加工、安装和校正。为了解决人力不足的问题，在空军工程系党委支持下，马明德从飞机强度专业调来 56 级即将毕业的 20 名学员，以六分量塔式天平为毕业设计课题，来完成各项风洞设计任务。1961 年年底，国防科委为了加快 8 号风洞的建设，命令六院七所派 15 名技术人员前来支援，加强了 8 号风洞的电气、风扇和塔式天平等系统的设计力量。这批技术人员后来大都成为建设四川 4 米 ×3 米和 6 米 ×8 米大型低速风洞的技术骨干。

从 1961 年到 1963 年，马明德教授为 8 号风洞的试车做了大量准备工作。着重对风洞的动力部分，包括风扇叶片、风扇的六个桨叶与铸钢桨毂拼装成的组合体、直流电动机安装等进行了多项静态和动态试验。1963 年 8 月，8 号风洞试车成功。风扇工作平稳，最大风速达到 60 米 / 秒。同年 9 月，张爱萍副总参谋长到 8 号风洞视察并题词:"天下无难事,只怕有心人。"

1960 年 10 月,马明德教授开始抓 8 号风洞的塔式天平设计工作,并要求及早向实习工厂提交天平加工图纸。当时马明德强调指出,保证天平精度的主要途径不在于进一步提高天平部件的加工精度,而在于提高关键部件的可调性。他又告诫说不要怕天平的平台质量大,质量大的天平振动小。

1962 年 10 月天平开始总装,到年底又开始调试。但在开始调试时,就出现了由校正架变形而引起的干扰,通过重新设计高精度的滑轮加载系统,消除了支架变形的影响。后来,又出现了天平各分量间的较大相互干扰,干扰值竟然达到被测定量的 1%~3%。虽经修改了该系统和天平的全部力矩接头,干扰值仍居高不下,天平校正工作遇到了困难。这时,马明德教授很镇静,仍坚持从理论上寻找产生干扰的原因。他果断地改变了调试人员的组成,从曹鹤荪教授领导的机翼颤振小组借调来理论水平较高的年青教师李凤蔚到天平组工作。在马明德教授的支持和指导下,李凤蔚认真地研究了天平机构和当时采用的调试方法,根据气动弹性力学的原理,提出了六分力塔式天平的简化数学模型——弹性力学矩阵。根据本方法所提供的假设和公式,通过多分量天平校正,先求出塔心偏离的各分量,据此调整天平塔心的几何位置,可减小塔心的偏离量。重复运用这一方法,可逐步减小塔心的偏离量。经过几次塔心调整,天平干扰值就可减小到原测定量的千分之一。根据这一方法,到 1965 年 3 月,圆满地解决了天平塔心调整问题。此后 30 年来,国内有 6 个单位以 8 号风洞的塔式天平为蓝本设计了各自的天平,但其精度都低于 8 号风洞的塔式天平。

1965 年 9 月,8 号风洞完成了流场测量和标模试验,证明风洞流场合格,天平工作稳定可靠。中国第一座 3.5×2.5 米量级低速风洞从此正式投入使用。在四川 4×3 米低速风洞建成之前,它在全国处于领先地位。

由于国内许多单位都争用大型低速风洞,1965 年 4 月,国防科委决定把哈军工风洞群中的 6 号、7 号和 8 号风洞独立出来组成空气动力研究室,主要进行生产试验,由六院和哈军工共同领导。这一决定等于宣布:哈军工已创建了中国第一代大型的可以进行型号试验的相互配套的低、跨、超声速风洞群。

8号风洞不仅为我国自行设计的第一代超声速战斗机歼–8进行了主要的常规空气动力试验，还为歼–8模型进行了难度很大的有尾喷流情况下的全机测力试验，从而确定了尾喷流对飞机空气动力，特别对俯仰力矩和平尾效率的具体影响（这在国内是首创），从而保证了歼–8飞机的试飞安全。

8号风洞在国内第一次对水轰–5模型成功地进行了滑流试验，为螺旋桨滑流对空气动力的影响提供了实验数据。到1990年为止，除上述两个型号外，通过8号风洞安全上天的自行研制的飞机和导弹共有26个型号。

1986年，中国著名飞机设计师、工程院院士顾诵芬在名为《空气动力学对飞机研制的支持》的报告中评论8号风洞说："我国自行研制的高空高速歼击机上天前的低速气动力数据，大部分是在该风洞试验中取得的，它们为新机的上天做出了较大的贡献。"又说，"中国的风洞建设是与飞机研制密切结合的，为飞机型号的研制做了很多贡献。"

哈军工风洞群的建成充分反映了马明德教授等哈军工人不断追求，自力更生，以制造出我国自己的飞机为己任的责任担当。这就是哈军工人"强军、报国、忠诚、奉献"的革命精神的生动体现。

四、推动实验空气动力学发展，培养骨干人才

1964年初，聂荣臻元帅提出组建空气动力专业组（编号为第十六专业组），统一全国的空气动力研究，并规划中国大型战略风洞的发展建设计划。钱学森为组长，马明德为副组长。下设理论和实验技术两个分组，马明德兼实验技术分组组长。在专业组工作期间，马明德主要抓了三件事：

一是在对国内外风洞进行充分调研的基础上，协助钱学森完成了中国大型战略风洞建设规划的论证。1964年5月在北京的论证会上，马明德建议成立国家空气动力研究院，以便统一规划，集中建设。这就是现代"中国空气动力研究与发展中心"（CARDC）最早的规划。他又建议，全国风洞应该大、中、小配套，对现有的风洞一定要提高控制、测量和自动化的水平。

二是通过1965年在哈军工召开的风洞建设经验交流会，建立全国风洞试

验技术经验交流和协作攻关的组织,这就形成了后来的"7210会议"——全国风洞试验技术交流会。每两年开一次会,持续了近30年。"7210会议"制度极大地促进了中国实验空气动力学的发展,尤其在洞壁干扰、支架干扰、带动力实验、动态实验、现代测控技术、现代压力测量和流态显示技术及新型风洞技术等方面的研讨和交流,极大地促进了中国实验空气动力学和风洞试验技术的快速发展。会议期间,代表们参观了哈军工的风洞群,大家十分赞赏马明德教授的实干作风和战略眼光。在1965年的交流会上马明德教授还提出,要尽快确定检验各家风洞质量统一的标准模型,这就是中国风洞的"DBM标模"的先驱。

三是通过系统地交流信息,促进了全国风洞测控系统的自动化。

在这期间,马明德教授还担任了中国航空学会的主要领导职务。1964年,马明德教授在北京主持召开了一次航空学会的研讨会,会上请钱学森先生作专题报告。

1967年,国家正在建设空气动力研究与发展中心,国防工办曾发调令,要将马明德教授调去指导和加强该中心的建设。但是,当时学院领导却没有让马明德离开学院,使马明德遗憾地错过了献身这一重大工程的机会。

在建设风洞群的同时,马明德教授从未中断飞行力学的教学工作和兼任的教学行政工作。1956—1958年,马明德主讲了"飞行力学"课程,教学内容完全选自国外新教材和国外最新研究成果。他讲课生动活泼,思路开阔,深受学生欢迎,至今仍保存当时听课笔记的学生大有人在。为了体验基本飞行动作,他曾带学生到空军航校进行感觉飞行。在此期间,他编写了《飞机空气动力计算》《飞机纵向安定性和操纵性》《飞机横向安定性及操纵性》等教材,共38万字。这是新中国成立后当时最新的飞行力学教材。

从1957年2月起,马明德兼任空军工程系工程科主任,他对学生的情况了如指掌。1957年11月到1958年底,马明德参加了空军工程系七科(导弹专业)的筹建工作。不仅与苏联专家一起到对口单位进行了调查研究和考察,还兼任该专业飞行原理组组长,编写了40学时的导弹飞行动力学讲稿。随着风洞群的兴起，空军工程系又新建立了空气动力专业。

1958年，哈军工开展了东风-113超声速歼击机的研制工作。空军工程系的很多教师、高年级学员都分布在全国各地的飞机制造主机厂和附件厂参加项目研制。马明德教授作为研制工作领导小组的成员，不辞辛苦奔赴各厂，检查指导东风-113超声速歼击机的设计工作。

1961年4月，马明德被任命为新成立的空气动力专科主任。同年，马明德光荣加入了中国共产党。

1961年到1962年，马明德为新建立的气动专业讲授飞行力学课，并编著了铅印讲义《飞行动力学》。书中系统介绍了突风响应、飞机弹性的影响、惯性交感和飞机的传导函数等新概念。当空军初次遇到滚动失稳事故时，该书对空军分析人员提供了基本思路。在该书的编写过程中，马明德指导其他教师对弹性飞机的稳定性问题进行了开拓性研究，并用该方法研究了风洞天平的动态特性。

马明德教授在专业发展上高瞻远瞩，他请曹鹤荪教授协助，在教研室培养年轻教师开展气动弹性的研究和教学工作。他很关心青年教师的进修，曾指导他们学习振动力学。20世纪60年代初国家困难时期刚过，那时正是苏联专家撤退时期，青年教师学的俄文用处不大了，而英文水平还不够。马教授在白天繁忙工作后，每周还主动抽两个晚上给大家补习英语，逐段讲解埃特肯（Etkin）飞行动力学原著。这本书的内容反映了当时国外飞行动力学的较高水平。青年教师们在补习英文的同时，提高了自己的专业水平。当时正处在"国家困难时期"，副食供应困难的哈尔滨，人人都营养不够。马教授白天累了一天，晚上还来讲课，真是太不容易了！回忆起来，令后辈感慨万千。马教授培养的学生们后来有多人成长为飞机、导弹的总设计师，还有多人在空气动力实验和理论研究方面做出了重要贡献。在十多年的风洞建设、调试和使用中，马明德教授也培养了一批优秀的实验空气动力学专家。

几年后，当国家批准了马明德教授参加的大型风洞论证，并制定了长期规划的"大三线国家级大型风洞基地"建设项目时，马教授已仙逝了。哈尔滨的风洞研究室派出一批技术骨干奔赴大三线山沟里投入火热的建设中，"哈尔滨风洞"的经验充分发挥了作用,后来一部分人还在三线留了下来。"大三线国家级大型风洞基地"的司令员先后有三任是马明德教授的学生,办公室主任也是哈尔滨风洞研究室调过去的。从他们的指挥风格和工作作风上可以看到马明德教授的影响,他们代替马明德教授,实现了在国家级大型战略风洞基地建设中大干一场的宏愿。

马明德教授同样重视年轻实验员的提高,他认为:"我们不但要有世界水平的研究员和教授,而且要有世界水平的实验室工程师和技术员。"因此,他还精心制定了培养实验员的长远计划。

1964年马明德兼任哈军工空军工程系副主任,抓全系的教学和科研工作。同年末,他被选为中国人民政治协商会议第四届全国委员会委员。

五、坦荡的胸怀,崇高的人格,深切的怀念

正当马明德教授即将为国家战略风洞建设做出更大贡献之时,1966年,"文化大革命"开始,马明德的全部教学和科研活动被迫中止了。1969年1月13日,马明德教授去世。1978年12月底,国防科学技术大学党委做出"关于马明德同志的平反决定",并郑重宣布推倒强加于马明德同志身上的一切污蔑不实之词,在政治上予以平反昭雪,恢复名誉。1979年1月22日,在长沙国防科学技术大学隆重举行了马明德同志追悼大会。国防科委副主任钱学森教授专程来长沙致悼词,高度评价了马明德对航空科学技术事业所做出的贡献,特别是对国防科委风洞实验基地规划的贡献。马明德的学生们也无不深深地怀念他。

马明德教授是一位热爱祖国、热爱党、品德高尚、技术精湛的空气动力学家,既有渊博的理论知识,又有丰富的工程经验。他能虚心倾听和采纳多方面的意见,善于团结各方面的教授、专家,并发挥他们的才能。他既是专家,又是联系广大知识分子的"党政干部",与周围老教授关系甚好,是难得的党内老专家。他还能发掘年轻人的创造力,大胆起用德才兼备的青年人。在领导具体的技术工作中,他能坚持面对面的领导,循循善诱,言传身教,严格把关。

——哈军工空军工程系并入西北工业大学史话

他决策果断，善于抓住机遇，善于根据国家的发展需要提出工作目标，是积极推动大风洞建设的难得人才。风洞建设事业，是"前人栽树，后人乘凉"的艰苦事业。他不去设计飞机而投身于艰苦的风洞建设，服务于飞行器试验，表现出甘当人梯、无私奉献的崇高精神！

马明德教授从不计较个人的得失，心胸坦荡、平易近人。为了建设哈军工空军工程系，1953年初马明德举家从上海北迁哈尔滨。漫长的严冬气候，缺少新鲜蔬菜，加上马夫人又身患哮喘，这样的生活变化给马明德教授带来了较大压力。马明德教授本身体重不到50公斤，又有经常头痛的毛病。但他事业心极强，始终以乐观的精神毫无怨言地辛勤工作。

1964年，马明德教授的小女儿以优异的成绩高中毕业，当他得知小女儿准备报名下乡时，心情是矛盾的。一方面，他想让女儿报考航空专业；另一方面，他自己也是共产党员，应该支持女儿响应国家下乡的号召。开始，他在做女儿的思想工作，反复跟女儿说，"苏修就是欺侮我们国家没有超音速飞机"，希望女儿能学习航空专业，将来在这方面报效国家。后来他看到女儿的决心已定，还是高兴地送女儿下乡插队了。女儿下乡后，《哈尔滨日报》发了一条消息《教授的女儿下乡》，报道了马明德小女儿等三位教授子女下乡插队的事迹。

马明德教授在消除工程风险和难点方面经验丰富，为了及早抓住工程的难点，他早在工程开工之初，就对整个工程进行技术分析，排查隐患，提前对难点进行评估，研究解决对策。对重要的零部件，一件不漏地进行强度计算和分析，绝不以主观认为"差不多了"的思想遗漏检查，因为这些地方常常会是以后出问题的地方。有的问题涉及预研问题，预研尚无结果的问题不能立项；对边研究边实验的新问题，做起来更要特别小心。

现在，马明德教授所创建的哈军工风洞群（当时是一个研究室）已发展成为"中国航空工业空气动力研究院"，它拥有已建成的7座和后建的2座共9座高、低速风洞，其中具有国际先进水平的较大风洞有7座。进入20世纪80年代后，由于加快了由常规试验技术向特种试验和动态试验技术、由定常测量技术向非定常测量技术的转变，研究院的试验能力有了空前的提高，为中国各类飞行器研制完成了数十万次的高、低速风洞试验，先后获得部级和国家科技进步奖 100 多项，被命名为对中国航空工业做出重大贡献的单位。

马明德教授是中国航空技术界的奇才，是中国实验空气动力学及风洞研究事业的奠基人之一。他呕心沥血 12 年，在艰苦条件下建成的闻名全国的哈军工风洞群已成为中国风洞发展史上的一个重要里程碑。他参与规划的中国大型战略风洞群，已在中国空气动力研究与发展中心建成，也已成为中国风洞发展史上的另一个更重要的里程碑。1956 年以来，中国自行研制的许多飞行器都是通过他所建成或曾参与规划的风洞进行试验而升上蓝天。在全国有关院校、研究所和实验基地，都可找到他的足迹与影响。马明德教授的过早离世是中国空气动力学，特别是实验空气动力学研究事业的巨大损失，我们永远深切怀念他。

主要参考资料

[1] 滕叙兖：《名将名师》马明德一章，当代中国出版社，2013 年 8 月第 1 版。

[2] 钱学森：《马明德追悼会悼词》，国防科技大学出版社，1979 年。

[3] 曹鹤荪：《一位忠诚于党的教育和科学事业的战士——马明德教授》，《中国空气动力学发展史》编辑小组编务通讯，1984 年。

[4] 纪士坪，田学诗：《20 世纪中国知名科学家学术成就概览第一分册"力学卷"》马明德一文，中国科学出版社，2014 年 5 月第 1 版。

（根据杨堃、罗时钧对纪士坪、田学诗《怀念马明德教授——纪念哈尔滨军事工程学院建校六十周年》等参考资料修改整理，黄迪民执笔）

——哈军工空军工程系并入西北工业大学史话

毕生奉献国防教育　呕心培育航空英才
——记岳劼毅教授

一、成长岁月与求学经历

　　1915年11月，岳劼毅出生于陕西省长安县（今西安市长安区）的一个知识分子家庭。其父岳云韬，字少农，是清末秀才，在西安一所中学里教书，曾任中学校长。岳云韬曾参加过陕西辛亥革命，民国初期当选为国会议员，但他并不主张孩子们参与政治活动。岳劼毅兄弟三人，在父亲的严格要求下学习成绩都很优异。

　　岳劼毅是家中最小的孩子，自幼天资聪慧，勤奋好学。在父亲的严格教诲下，他学习十分刻苦、努力，养成了酷爱读书的好习惯和力求上进的志向，也为其在教育和科学研究领域取得优异成绩奠定了坚实的基础。岳劼毅自幼随父亲到北京。1925年，10岁的岳劼毅进入北京的中学学习。次年，他进入北京师范大学附中学习。长兄岳劼恒由政治救国转向科技救国的追求，对岳劼毅的成长产生了重要的影响。1931年，"九一八"事变爆发，东北三省沦陷。正读高三的岳劼毅虽然在准备考试和升大学，但是他仍积极参加抗日集会和游行活动。他甚至准备投笔从戎，报名参加中国空军，但最终由于视力的原因没有被空军录取。在此期间，岳劼毅乘坐一位已参加中国空军的同学驾驶的飞机,在杭州西湖上空飞行。这是岳劼毅第一次乘坐飞机,在空中俯瞰美丽的西湖,感受祖国河山的壮美。

1932年,岳劼毅以优异的成绩毕业于北京师范大学附中。同时,他有幸被北京大学和清华大学两所中国著名大学录取,最后他选择到清华大学机械系深造。

1932年秋,岳劼毅进入清华大学机械系。他学习十分刻苦,勤于思考,勇于提出质疑。大学三年级时,他就已经有自己的独立见解,对教授在授课过程中出现的错误,直言不讳地提出自己的看法。他十分注意锻炼身体,时常活跃在足球场上。在清华学习期间,岳劼毅获得150元的奖学金,加上家中贴补的60~70元,基本够用。据他回忆:"那时大多清华学生都一样简朴,黄昏时分近半数学生在操场锻炼,晚间大部分学子都在图书馆读书,这个情景是北平任何大学不曾有的。"

1935年,日本军队加紧了对中国华北地区的侵占,危城之下的清华园不再平静。12月9日,北平15个学校6 000多名学生走上街头,涌向新华门,向南京国民政府军政部长何应钦请愿,岳劼毅也勇敢地参加到清华大学学生的请愿游行队伍中。

1936年夏,岳劼毅毕业于清华大学机械系。在其长兄岳劼恒的帮助下,远涉重洋赴英国留学。他立志学习航空,准备到当时航空工业最发达的英国深造。10月,岳劼毅开始了在英国伦敦帝国学院航空系的学习。他读了一年就拿到了毕业文凭。1937年淞沪会战期间,中国空军飞行员沈崇诲驾机勇撞日寇旗舰"出云号"的壮举,深深地震撼了岳劼毅。牺牲时年仅26岁的沈崇诲是他清华的学长,这也更坚定了岳劼毅立志学习航空的信念。1938年6月,岳劼毅认为航空工程重要的是工程实践,于是他接受了一位学友李登科的意见,通过大使馆介绍到飞机工厂实习,并且通过这所工厂的相关人员的介绍,他到另外两家更大、更有名的工厂实习。他感到"虽然那里的设计和实验都是保密的,但是所闻所见都很新奇,还是学得了一些东西"。

为了掌握更多的航空空气动力学设计的奥秘,在德国朋友的劝告和帮助下,

1938 年 9 月，岳劼毅来到德国工科最高学府——阿亨工业大学（亚琛高工）航空工程系学习。尽管在德国有很好的学习环境，但是 1939 年中国的抗日战争已经到了危急关头，岳劼毅觉得"祖国情况比较严重，要是过许多年才能回去，也许没有为她服务的机会了，经过长久的考虑，最后决定回国……"1939 年 8 月，岳劼毅提前结束在德国的学业，回国参加抗战。

二、留学归来为抗战

1940 年岳劼毅从欧洲回到祖国。8 月，他回到阔别已久的家乡——陕西。时值西北唯一的工科学府——国立西北工学院需要教师，9 月，岳劼毅来到位于陕西城固古路坝的国立西北工学院任教授。

岳劼毅回国后，与吕凤章、杨彭基、卞学鐄、徐华舫、屠守锷等清华大学毕业的学者共同发起"中国航空促进会"，探讨自行设计、制造飞机的路子。他们筹办工厂，制造滑翔机和小型飞机等，并出版刊物。1940 年，为了便于国内航空科技人员学习英美的航空科学，吕凤章、岳劼毅、杨彭基共同编写了由中国机械工程学会出版的航空科学词典《英德法华航空工程名词》。

1941 年 7 月，岳劼毅到陕西蔡家坡西北机器厂工作。1942 年 9 月至 1943 年 7 月，他又到位于四川乐山的武汉大学机械系任教授。

1942 年，交通大学以国家需要为己任成立了航空工程系。1943 年 9 月至 1945 年 2 月，岳劼毅就职于重庆的交通大学航空工程系，成为中国航空界一位年轻的教授。

1945 年 3 月至 1946 年 7 月，岳劼毅应清华大学老师的邀请来到云南昆明，在西南联大的清华航空研究所任教授。

1946 年 9 月至 1949 年 7 月，岳劼毅任浙江大学机械系教授。在杭州西子湖畔，他迎来了杭州的解放和即将诞生的新中国。

三、新中国远程火箭工程的开创者

1949 年 5 月上海解放，陈毅市长等领导指示三野司令部派出干部，在地下党的配合下，广泛联系上海的专家、教授，请他们参与新中国建设。德国留学回国的弹道学专家张述祖，出面组织了十多位兵工专家聚会，并通过了给陈毅市长、粟裕司令员的报告，表达了大家愿以平生所学奉献给我军建设的愿望，同时希望兴办类似兵工大学这样的军事技术学校，为部队培养技术人才。陈毅市长阅后批示：教授们的意见很好，我们的确需要这样的兵工学校，为了防止这些技术专家失散，可以先建一座"庙"，把专家们集中组织起来……随后，华东军政大学筹备军事科学研究机构，并为科学家们提供了较充足的研究经费。8月底，华东军政大学邀请教授们去军政大学任职。9月下旬，张述祖与岳劼毅、马明德、任新民、赵子立、沈正功、张禄康、鲍廷玉、钟以文、张宇建、何乃民、周祖同、金家骏等人来到南京。华东军政大学为这些研究人员专门成立了军事科学研究室，不久，研究室又归属华东军区司令部领导。岳劼毅在南京华东军区司令部军事科学研究室任研究员。10月初，陈毅市长参加完开国大典后，在返回上海途中特别在南京停留，接见了华东军区司令部军事科学研究室的全体专家，鼓励大家搞一些新试验，为以后的登陆作战作准备。

1950年2月，第三野战军粟裕司令员专门给军事科学研究室全体人员作形势报告，指出逃到台湾的蒋军残兵败将没有多大的战斗力，我们只要能成功地抢滩登陆，就能战而胜之。粟裕司令员要求专家们下大力气研究登陆抢滩的器材设备。在陈毅、粟裕两位首长的领导和关怀下，科研课题集中到研究攻台登陆作战前破坏敌海岸防御设施的系列武器上。随后，军事科学研究室成立了火箭船、无线电控制水陆两用坦克和小艇三个研究组。"舟山群岛战役"结束后，又将三个研究组调整为火箭、车辆、化学及无线电控制四个研究组。

1950年春天，岳劼毅和马明德负责研制水陆两用坦克指挥车。这种水陆两用坦克指挥车实际是一种遥控的爆破装置。他们设计的这种水陆两用坦克，既可以乘人驾驶，也可以遥控作战，执行爆破任务。在陆上运行靠履带，在水上推进靠螺旋桨，遥控靠无线电控制，所以设计任务很繁杂。为了抓紧时间，岳劼毅利用一辆旧坦克进行改装并对原有的变速系统按需要进行重新设计。为了早日研制成功，岳劼毅和马明德花了很大精力。岳劼毅在极短的时间内拿出了图纸，然后联系南京江陵军工厂进行制造。由于各个部分设计相互独立，所以装配的时候难免连接部分会出现配合问题。岳劼毅主动承担责任，及时修改设计，保证水陆两用坦克能抢时间早日问世。研究组在南京下关长江上的草鞋峡做了汇报试验，即无线电操纵的炸药船爆破敌人工事试验和无人驾驶坦克冲滩爆破敌人工事试验。试验非常成功，华东军区首长陈士榘在电话里对张震兴奋地喊道："赶快设宴摆酒！"首长们高度赞扬了参加设计制造和试验的专家。但是水陆两用坦克作为一种绝密武器，从没有被公布和报道过。

此后，因抗美援朝战争中国空军装备的需要，华东军区司令部军事科学研究室领导提出要搞空气动力学试验风洞，岳劼毅仔细地分析了当时的需要和条件以后，觉得上风洞条件不具备，耗资较大，且在当时条件下的应用方向仅在教学方面，因此并不需要耗费大量的资金进行此工程。适逢当时任新民等完成了火箭船的试验任务，岳劼毅更加感到我国发展火箭的时机已经成熟，经过长时间的思索，他向华东军区司令部军事科学研究室提出："在临时任务之外，专重研究长程火箭，对本室人力均较适宜，而此项研究，中国迟早必须进行，且必须从头摸索。"

在岳劼毅等人的坚持下，他们这些从海外回来的知识分子在南京玄武湖畔开始钻研火箭发动机和远程火箭空气动力学原理。有的同事还把德国 V-2 导弹的情况写成文章，刊登在华东军区的军备技术内部刊物上。同时，专家们还自己动手装配火箭发动机，在中华门外的金陵兵工厂里进行试验。

今天来看，专家们当时的工作或许相当简单和粗糙。但是，历史不应该忘记他们，张述祖、任新民、岳劼毅、马明德、周祖同等二十余位专家是新中国的军事高科技——火箭工程的开创者，他们积累下来的知识和人才，为以后中央军委正式提出远程火箭的研究开了先河。而南京华东军区司令部军事科学研究室是中国航天科技发展历程中鲜为人知的点燃圣火的地方。

尽管华东军区司令部军事科学研究室是国内第一个提出中国要搞远程火箭计划的群体，并且进行了预研，但是这项绝密的军事科研项目留下的公开资料很少，我们仅从岳劼毅档案里面存留的他为坚持远程火箭研制所做的检查和解释里面了解到这些情况。正是有了这些基础,这个专家群体进入哈军工以后,与钱学森就研制导弹问题进行了一次又一次的深入交流,并促成了中国远程导弹研究计划的实现。

四、与马明德教授等共同创建哈军工"风洞群"

1952年8月,岳劼毅作为中央军委正式批准的筹备委员会成员之一,离开南京华东军区司令部军事科学研究室,参加到中国人民解放军军事工程学院的筹建工作中。由张衍负责,与黄景文、岳劼毅、马明德、周祖同等组成中国人民解放军军事工程学院招生委员会,具体负责选拔200名助教和学员的工作。

1952年8月至1970年6月,岳劼毅任中国人民解放军军事工程学院教授,兼空军工程系空气动力学教研室(早期称为空气动力学教授委员会)主任。从助教训练开始,在所有的教学环节上,例如撰写教材、准备实验工作,承担教学任务及教学组织管理等工作,岳劼毅都花费了大量精力。

在哈军工任教期间,为了培养新中国的飞机和导弹气动设计以及原子工程研制人才,岳劼毅教授先后为空军工程系撰写了空气动力学基础、传热学、工程热力学教材,为导弹工程系撰写了爆破空气动力学等教材,并主讲这些课程。

20世纪50年代初期,中国开始发展自己的航空事业。为了开展我国飞行器空气动力试验的需要,岳劼毅作为哈军工空气动力学教授委员会主任,积极领受了建设风洞的任务,并主持了中国第一个完整风洞群工程的建设。

1953年上半年,在岳劼毅主任和马明德副主任主持下的哈军工空气动力学教授会上,拟定了先建两台直径为1.5米的回流式低速风洞和一座80毫米×80毫米的吸入式超声速风洞的规划。从绘图、加工、安装到试车,仅用了一年零四个月。两座风洞各有特点,其中一座的实验段是开口的,称为1号风洞,主要用于纵向三分力试验;另一座是闭口的,称为2号风洞,主要用于侧向三分力试验。这是哈军工建成的第一座大型实验室。1号风洞及时给第一期学员开设了8个空气动力教学实验课,同时也为我国航空工业研制飞机提供了实验手段。

在建设1号、2号风洞的同时,超声速风洞的研制工作也在岳劼毅教授的主持下开始，真空箱的安装工作于 1954 年 12 月中旬完成。但超声速风洞的测量急需纹影仪才能发挥作用，可是该仪器当时国内还没有，岳劼毅教授立即着手为超声速风洞设计了 80 毫米 ×80 毫米的纹影仪，使得这套超声速风洞很快在教学工作中发挥了作用。

在设计建造 80 毫米 ×80 毫米超声速风洞（简称"3 号风洞"）时，根据苏联顾问的意见，直接从大气中吸入空气，所需 65 立方米的真空箱由马明德教授亲自绘图设计。风洞设计马赫数为 2.0，装有我国自制的第一台纹影仪。1956 年初，该风洞安装试车成功。此外，又根据教研室苏联顾问的建议，制作了两座直径为 0.75 米、截面为八角形的闭口和开路式木结构低速风洞。这两座风洞，简称 4 号和 5 号风洞，它们先后开设了 9 个不同内容的教学实验课。

随着中国航空事业的发展，急需以实验方法开展跨声速空气动力学的研究。然而，当时跨声速风洞技术尚未公开，我国空气动力学试验手段仍然缺乏。1955 年秋，教研室苏联顾问建议向民主德国订购一座近声速风洞。岳劼毅积极响应并主动和德方联系。1956 年 6 月，学院获准派人去民主德国直接商谈近声速风洞的技术条件和订货合同。因为岳劼毅早年曾在德国留学，所以他不仅领导这一工作，而且在翻译文件、接待德国来的学者等方面做了很多工作。此后，考虑到大型超声速风洞建设的具体问题，岳劼毅教授等还酝酿派人到苏联学习。1957 年春，纪士坪再次赴民主德国访问的途中，重点访问了莫斯科茹可夫斯基空军工程学院空气动力实验室，具体了解超声速风洞的情况。

虽然在岳劼毅、马明德的操办下，1956 年 6 月哈军工向民主德国订购了德国的近声速风洞，但是 1959 年 3 月到货以后，由于五院 701 所的导弹试验更为急需该设备，便将它实际安装在北京航空学院内，而未安装到哈军工，但它却成为中国第一座跨声速风洞的前身。1956 年底，陈赓代总参谋长考虑到哈军工研究跨声速空气动力的需要，同意向民主德国订购第二座近声速风洞。1960 年 5 月，该风洞到货并安装在哈军工，简称 7 号风洞。在岳劼毅、马明德的指导下，1963 年 9 月该风洞又被改造成跨声速风洞，马赫数达到 1.2，是中国高等院校的第一座大型跨声速风洞。

1958年初,哈军工在科学实践中提出了设计 $Ma=2.5$ 的超声速飞机的课题,岳劼毅、马明德立即提出兴建600毫米×600毫米大型超声速风洞(简称"6号风洞")和3.5米×2.5米回流式的大型低速风洞(简称"8号风洞")的计划。8月,在学院领导的支持下,该计划获中央军委批准。

首先开始建6号风洞,从定方案画图纸开始工作。由于人手不够,除吸收高年级学员以勤工俭学的方式参加设计工作外,又请教研室其他同志负责解决马赫数为1.5至5.0的8对喷管设计问题,而整个工程则交由实验室副主任纪士坪具体负责。虽然当时技术储备不足,参考资料也很少,但是大家都边学边干,夜以继日地工作。岳劼毅和马明德都有教学任务,但每天都来现场讨论方案、指导设计,根据具体情况解决具体问题。在6号风洞建设中,由于受到陈赓院长和黑龙江省委的大力支持,工程进展较快。1959年9月6日,6号风洞进行首次通气试验。11月,经改进风洞喷管段和试验段的密封系统,风洞实验马赫数达到设计值2.5。至此,中国自行设计、建造的第一座600毫米×600毫米吹气式超声速风洞基本建成。

在困难条件下自行设计的6号风洞和全盘引进苏联成熟技术的AT-1风洞相比,显然有不少缺点,但无论如何,自力更生建造的6号风洞是一座可进行实验的、有特点的超声速风洞。其主要特点是,该风洞前室可承受35个大气压,可进行增压试验。从1960年到1961年,6号风洞为112厂设计室进行了大量的超声速飞机进气道特性试验,这是中国超声速飞机的首次型号试验。有一张历史照片说明了国家对当时在哈军工进行的空气动力学风洞试验的重视,这是在6号风洞建成吹风之后,周恩来总理、叶剑英元帅和彭真同志曾亲临参观视察,岳劼毅在现场介绍了风洞的建设情况。

随后空军工程系获批准,可以利用发动机实验室的500千瓦直流电源设备建设大型低速风洞,于是岳劼毅和马明德教授又立即抓紧时机进行设计,岳劼毅、马明德、王德荣三天就绘出了8号风洞的轮廓图,并决定采用钢筋混凝土洞体结构以节省钢材。在设计中马明德教授大胆采用了较大的扩散角和较短的收缩段的方案,岳劼毅作为空气动力学教研室主任支持了该方案。此后,在两位教授和全体研制人员的共同努力下建成了 8 号风洞，截面 2.5 米 ×3.5 米，这是当时国内最大的低速风洞。

在经验不足、人手不足、资料不足、财力有限的困难条件下，岳劼毅教授和马明德教授在教学之外，从 1953 到 1965 年，经过 12 年的努力，在哈军工共建成大小风洞 8 座，构成了一个拥有从低速、跨声速到超声速整个速度范围的、兼顾教学和科研的"风洞群"。这是中国风洞发展史上第一个以研制飞行器为主的配套风洞群，是我国风洞发展史上的一个里程碑。8 座互相配套的强大风洞群不仅确保了教学任务的需要，而且承担了雅克 –18、歼教 –1、初教 –6、轰 –5、歼 –6、东风 –113、东风 –107 等飞机模型的测力测压试验，吹风数万次，取得大量有价值的实验数据，为中国新型飞机和导弹的研制做出了历史性的贡献。

1964 年 5 月，国防科委决定将哈军工的 7 号、8 号风洞编入"国家队"，以承担国家重大的型号试验任务。1965 年 4 月，国防科委又决定把哈军工风洞群中的 6 号、7 号和 8 号风洞组成空气动力实验研究室，主要进行生产试验，由六院和哈军工共同领导。

五、治学严谨，身体力行

岳劼毅教授长期担任教学工作，到哈军工后担任空气动力学教研室主任，不但自己担负着繁重的教学任务和编写教材的工作，而且为教研室建设、人员培养花费了大量精力。

岳劼毅教授讲课特别注意概念，尤其对复杂艰深的空气动力学基础等课程，他有句口头禅：讲气动课程如果能够不用公式把基本概念讲出来，那就算讲成功了。

从 1960 年起，哈军工的培养目标有新的改变，对教学、科研提出了更高的要求，同时学校又设置了许多新专业，对空气动力学也提出了许多新的课程要求，并且要编写许多新的教材。教研室原有的教师较少，只有岳劼毅、马明德、罗时钧、杜棣荣、刘千刚、纪士玶 5 人，加上哈军工一、二期毕业的学员各1人,总共也只有8人,远远满足不了教学任务的要求,急需补充人员。于是,从1960年5月起,分别从四期(应1961年毕业)和五期(应1962年毕业)学员中分期分批抽调优秀学员补充到教师队伍中来。四期抽调了6人,五期也抽调了6人,加上1960年和1961年从北航等外校调入的6人,总共增加了18人。

由于大量的教学工作等着他们去完成,许多人很快就担负起讲课任务。如何提高这些新教师的水平,从而提高教学质量,这一艰巨的任务也摆在教研室领导的面前。岳劼毅和马明德、罗时钧三位教授花了大量精力,组织培训、听课等一系列活动,提高教师的教学水平和讲课质量,并且从一开始就严格要求新教师,在教学作风、教学态度、讲课的严谨性及对学生耐心辅导、建立新的教学关系等方面做了大量细致的工作,大大提高了新教师的教学水平和职业道德,使教研室呈现出欣欣向荣、蓬勃向上的局面。新教师都能严格要求自己,一心扑在新的繁重的教学工作上,使空气动力学教研室在全系树立了良好的形象,很好地完成了繁重的教学任务和编写新教材的工作。岳劼毅不但放手给年轻教师压担子,同时也在工作上关心他们。年轻教师左培初由西北大学数学系抽调到哈军工,对于气动基础概念还有些生疏,由于一边给新学员作辅导一边作教材校对,压力很大,没多久就瘦了20斤。对于他校对的教材,岳劼毅主动拿过去又校对了一遍。原先应由他画的图表曲线,岳劼毅对他说,"你又没有学过工程制图,还是我来吧!"于是就把这些事情全都接过去自己做了。

在生活上,岳劼毅教授对青年教师十分关心。左培初从家里带来两斤毛线,他想拿到街上去找人编织。岳劼毅看到了就说,我爱人在家里闲着也是闲着,你为什么不拿到我家交给她去织,还拿到街上去干什么!尽管左培初后来没有把毛线拿给岳劼毅的夫人织毛衣,但是这些话语一直温暖着他的心。

岳劼毅教授治学要求非常严格,对讲义要反复讨论,青年教师在上讲堂之前都要反复试讲,有的甚至试讲到晚上十一二点。出考试题,他要求青年教师都先做一遍,然后把学生的做题时间延长三四倍,再作为试卷发放。对于一些不踏实的学员,岳劼毅就把分数给得严一些,让学员改掉浮躁的毛病。岳劼毅

——哈军工空军工程系并入西北工业大学史话

教授的严格治学使年轻的教师终生难忘，也使得学员们获益不小。

1970年7月，哈尔滨工程学院航空工程系合并到西工大，岳劼毅来到西安在西工大飞机系空气动力教研室任教授，在教学、科研等方面做出了出色的成绩。1977年，我国恢复了高考制度，西工大空气动力教研室选定美国原版教材作为空气动力学基础教材。此时岳劼毅教授虽然已近古稀之年，但他主动第一个开始主讲这门课程，此后，他一直担任本科生和研究生的空气动力学教学任务。岳劼毅兢兢业业，为本科生和研究生主讲空气动力学课程，积极为国家培养航空工业所需人才。

岳劼毅教授的讲课在哈军工时就是一道亮丽的风景，哈军工空军工程系并入西工大以后，他在西工大讲授的空气动力学基础课程更是这样。随着上课铃声响起，岳劼毅教授走进教室，一篇讲稿也不拿，身着干净整齐的衣服走上讲台，整整一节课，只有他一丝不苟的讲课声和在黑板上书写的漂亮板书。板书优美整齐，讲述动人而严谨，下课铃声响起，刚好讲到这一节的最后一句，一句也不多。

岳劼毅教授在课堂上的潇洒自如是认真备课的结果，他去世后留下了八本手写的教学笔记，一笔一画，十分整齐工整，就像排版印刷的一样。岳劼毅教授就是这样用辛勤的劳动，使学生们也养成一种严谨的作风。听过岳劼毅教授讲课的哈军工和西工大的学生都对此有难忘的印象。

20世纪70年代初，中国空军发展代号为4号的垂直起落飞机，航空部和空军从西工大抽调一批教师到沈阳飞机制造厂参加预研。已经是花甲老人的，岳劼毅教授还与年轻人一样，跑北京查资料，进绵阳的空气动力学实验基地做试验，不以为苦，反以为乐……

1972年，原第六研究院成立了国防科委航空气动力协作攻关办公室，同时也成立了空气动力学专业筹备组。"航空气动力手册"是飞机总体设计关键性的研究项目之一，在国外，无论是苏联或是法国、英国和美国，都花去大量的国防科研经费，始终将航空气动力研究工作的重点集中在"航空气动力手册"的编制研究上。岳劼毅教授承担了国防科工委"7210任务"的"《航空气动力手册》

第一册"的主编工作,带领并帮助西工大503教研室的一些年轻骨干教师,很好地完成了这一任务。这是我国第一部较大型的《航空气动力手册》,对设计部门非常有用。后来,该《航空气动力手册》获得了国防科工委的科技进步二等奖。

由于辛勤而努力的工作,岳劼毅教授获得"为国家航空工业做出突出贡献荣誉证书",并享受国务院颁发的特殊津贴。

六、淡泊名利,刚正一生

岳劼毅教授热爱祖国,热爱党,为人襟怀坦荡,刚毅正直,淡泊名利,以身作则,对人真诚、热情,平易近人。几十年以来,他为年轻人的成长呕心沥血,治学十分严谨,要求十分严格,为我国空气动力学的发展做出了重要贡献,为祖国培养了大量航空科技人才。

岳劼毅教授一生朴实而低调。"文革"前他曾担任全国政协委员,"文革"后政协还请他继续担任委员,但他觉得政协委员还是请年轻人为好,因此拒绝担任。直到西工大老党委书记刘海滨拖着一条在红军时期战斗中伤残的腿亲自到他家劝说,他才答应继续就任。岳劼毅教授在任全国政协第四届委员后,又连任全国政协第五届委员,同时还兼任了陕西省政协常委(1978—1988年)。

岳劼毅为人耿直,不符合事实的话绝对不说。在过去多次政治运动中,有人逼他讲一些不符合事实的话,他从不附和。"文革"中更不迫于压力而随意承认"罪行",被造反派称为"又臭又硬"。所以,尽管一时会被有些人误解,但是后来落实政策,返还他的"材料"却非常之少,这也从侧面证明了他为人刚正的一面。许多哈军工人都记得在一次哈军工领导指示后,有关负责同志特别请他讲讲意见的情景。他说:"我不爱讲假话,讲了真话又说我和领导对立,所以这次我就不讲了。"哈军工的第一代党政领导都知道岳劼毅教授刚正不阿的性格和倔强的脾气,也就一直在各种运动中保护着他。

2007年初,岳劼毅教授患病,他没有惊动任何人,也没有给组织提任何要求,由家人安排住进了陕西省人民医院,以至西工大的相关领导和各有关部门均无人知道他患病住院的消息,直到有人专门找到他女儿询问时才知晓他已患病住院，其高风亮节令人感动。

2007年10月23日，岳劼毅教授在西安因病去世，西工大失去了一位著名的空气动力学教授，中国航空工业失去了一位杰出的国防教育家。

主要参考资料

[1] 滕叙兖：《名将名师》书中岳劼毅一章，当代中国出版社，2013年8月第1版。

[2] 纪士玶：《为我国空气动力学发展做出重要贡献的马明德教授》，《中国科学技术专家传略航空航天卷：中国科学技术专家传略》，宇航出版社，2002年第1版。

[3] 岳劼毅：《自传》，1951年7月20日写于南京，西北工业大学档案室。

（根据杨新铁、杨埜同名文章等参考资料整理，黄迪民执笔）

中国第一位导弹总设计师梁守槃

一、求学奋斗，为圆"航空救国"梦

梁守槃 1916 年 4 月 13 日出生在福建省福州市，其父梁敬錞早年曾任北洋政府司法部秘书，晚年担任台湾"总统府"国策顾问。童年的梁守槃在北京家中的私塾读古书和当时的小学教科书。1927 年考入北京四存中学，后转学到天津南开中学、北京师范大学附中、上海沪江附中和上海光华附中，1933 年 6 月高中毕业。当时"科学救国""工程救国"的呼声高涨，他立志钻研工程技术，考取了清华大学机械系航空组，步入"航空救国"之路。

1937 年梁守槃从清华大学毕业，获工学学士学位。当时正值全面抗战爆发，他在南昌空军机械学校高级机械班短期受训后，被分配到航空会研究室任绘图员。中国当时不能自己生产军用飞机，航空的主要装备都是美国货，而美国则以"不偏袒中日任何一方"为借口，提出中国抗日战争所需的武器装备要"现款自运"，这显然有利于日本侵略者。目睹这种屈辱的外交局面，梁守槃痛感只有发展中国自己的航空工业，才能摆脱他国的控制，建立起中国的国防。

为尽快掌握航空工程的先进技术，1938 年 8 月，梁守槃赴美国麻省理工学院攻读航空工程研究生，用了不到一年的时间就获得了硕士学位。在美国期间，他一边学习专业课程,一边考察和探索美国发达的原因。给他深刻印象的是,学校的研究工作总是走在工厂的前面。实验室里性能先进的仪表,主要由教授们自己设计制造而不是从工厂购买。后来,这类仪表成为商品在工厂生产,也是以学校的产品作为蓝本的。在美国,知识力量是控制并影响着美国市场生产的,这一点对梁守槃影响甚深。在他后来的工作实践中,他不请工业设计单位代为设计实验室,而是通过自行设计关键部分和不能在市面上买到的东西,再加上市面上已有的产品,综合装配,完成各项试验设备。

原本梁守槃还可以在美国继续攻读博士或者找一份合适的工作,但此时第二次世界大战已经爆发,日本帝国主义发动的全面侵华战争仍在继续,亿万中国民众正在受苦受难,他决心把学到的知识贡献给"抗战"事业。于是1940年2月,梁守槃毅然返回战火纷飞的祖国。

回国后,梁守槃在昆明的西南联合大学航空系和机械系先后任讲师和副教授。在昆明,梁守槃认识了一位北京姑娘傅鹤,她原是北京有名的贝满女子中学教师。北京沦陷后,她因一个学生有反日倾向而被日伪鹰犬盯梢,不得不躲避到天津,后来辗转到上海和昆明。从相识到相爱,梁守槃和傅鹤结成终身伴侣。后来梁守槃回忆说,那时自己的业余爱好除了长跑外,便是打桥牌了,刚好傅鹤也爱打桥牌。两人联手,成为牌友中的常胜搭档。

抗战时期,国民党空军在贵州省大定县羊场坝建立了一家航空发动机制造厂,这对志在航空科技的梁守槃有相当大的吸引力,他做梦都想真刀真枪地造飞机,打日寇。1942年8月,梁守槃辞去大学教职,在夫人傅鹤的陪伴下,离开昆明,钻进大定县的穷山沟里。发动机制造厂设在羊场坝的乌鸦洞,梁守槃出任设计课长。他和同事们仿造美制航空发动机,学到一些生产知识。1944年,在仿制工作告一段落时,梁守槃与同事们千辛万苦地筹划,想设计一个小型的航空发动机作为教练机之用。在当时的条件下这是可行的,他们向厂方报告,请求批准。但国民党空军的答复是:"你们设计的发动机能保证比美国的强吗?如果不能保证,还不如买美国的。"一瓢冷水当头泼来,把梁守槃他们的一腔热情和无数艰辛全冲光了。面对当时中国政治的腐败,梁守槃报国无门。他对中国航空工业的前途感到非常失望，他彷徨、无奈，只能仰天长叹。1945年8月日本投降后，工厂里一塌糊涂，梁守槃拂袖而去，偕夫人到杭州的浙江大学航空工程系任教授，埋头做起了学问，为培养航空事业的后备人才而努力。

二、个性鲜明的哈军工空军工程系教授

1949年5月杭州解放，各行各业一派欣欣向荣。梁守槃心情舒畅，工作积极，6月，他担任浙江大学航空工程系主任。梁守槃领导和组织系里的同事们建立了航空发动机试车台；同时总结多年的实践经验，编写了一部分教科书，填补了当时中国航空科技教材的空白。1952年新中国教育界进行"院系调整"，9月梁守槃来到南京，参与了由交通大学、南京大学和浙江大学三校航空工程系合并而组建的华东航空学院的筹建工作。

1952年10月3日，刚由浙大进入华东航空学院的梁守槃接到由邓小平签字的国务院调令，调令上调三个人去哈军工任教，除了他还有曹鹤荪和另一位教授。华东航空学院虽然不愿放他们走，但中央调令不可违。后来梁守槃才知道，那个时候他的清华大学学长岳劼毅教授在哈军工筹委会里向陈赓推荐了他，他是重点延聘的教授。于是，梁守槃回到上海家里整理行装，负责调他的哈军工老干部黄景文带助手登门拜访他。不苟言笑的梁守槃说了一句不冷不热的话："如果你们不是拿来邓小平同志签的调令，华东航空学院是绝不会放我走的。"向梁守槃告辞后，黄景文的助手嘀咕了一句："这位教授好像缺乏点热情。"黄景文不以为然："热情是在心里，不是挂在脸上的，你不了解这位梁教授，他可了不起，是我国航空专业的著名专家啊。"

梁守槃于10月底离开上海赴哈尔滨，火车在天津转车。在天津站上，同被调往哈军工的专家任新民已为他买好了去哈尔滨的火车票，这是梁守槃和任新民的初次相识。梁守槃脾气倔强，性情耿介，有话直说，绝不拐弯抹角，从来不隐瞒自己的观点，在创建哈军工的"老教授"中是最有个性的一位。

哈军工空军工程系（一系）成立之初，梁守槃出任航空发动机教授会（102）主任，负责航空发动机实验室的建设和教材准备工作，在苏联顾问的眼里，这

位身材矮小、身体单薄、相貌憨厚的教授会主任,更像是一个文化不高的小职员,因而并不太看重他。梁守槃是个不善言辞的实干家,他主持各种活塞式发动机和涡喷发动机的试车台建设,对苏联专家提出的一系列设计参数,梁守槃仔细看过却不予评论,依然根据自己的经验带领助手们搞设计和安装。系主任唐铎悄悄问他:"要不要找苏联专家们帮助?"梁守槃淡然一笑:"不需要。"梁守槃自行设计的试车台简单合理又好用,苏联专家要求发动机座的高度为5米,梁守槃给砍成了2米,不仅保证了试车台的质量,而且节约了大量建设费用。梁守槃的过人才华和能力令苏联专家刮目相看。

  1953年5月底,梁守槃的一份请调报告摆在陈赓院长的办公桌上,梁教授的报告很简单,只是说目前教授会的工作不好开展,请求学院允许自己调回南京华东航空学院。看过报告,陈赓怏怏不乐,皱起眉头沉思良久,这件事给了他不小的震动。

  陈赓让负责老教师工作的王序卿处长去空军工程系找来有关干部,亲自询问情况,听了一阵很不满意,他批评道:"你们说来说去,都是梁教授的不是,什么不尊重苏联专家啦,什么顶撞系里和专科的领导啦,个性太强爱发牢骚啦,不安心在军工工作啦……怎么不说说他工作认真,有很高的理论水平和实践经验?我看他的创造精神是我们老教师中比较突出的。冰冻三尺,非一日之寒,现在发展到梁教授提出要调回南京,难道问题还不严重?"

  陈赓了解了梁守槃的过去,这位从美国麻省理工学院留学回来的学者有着传奇的经历,当年为了抗战,他钻进贵州大山里一个叫"乌鸦洞"的地方,在旧中国唯一的飞机厂里历尽艰辛搞设计,爱国之心不言而喻。这样一位航空界难得的人才,才37岁,年富力强,为什么哈军工留不住呢?问题出在哪里?对梁守槃的个性陈赓早有耳闻,他是位从不唯唯诺诺的狷介之士,一系有的工农干部有点怵他,于是陈赓决定亲自找梁守槃谈话。

  梁守槃接到系领导的通知,一上班就到王字楼院长办公室见陈赓,秘书告诉他,院长正在等他。陈赓为梁守槃泡了一杯茶,他吩咐秘书,今天上午不见任何人,也不接任何电话,然后关起门来,和梁守槃并肩坐在长沙发上。梁守槲一身合体的蓝色中山装,正襟危坐,面色凝重。陈赓面带微笑,语气轻松:"守槃同志,今天把门关起来,就咱们两个,你畅所欲言,我呢,洗耳恭听,心里有什么意见,都告诉我,好吧?"

梁守槃点点头,清清嗓子,似在斟词酌句。还是陈赓先找了个话题:"我听说你们102的那个顾问同志考你了?"梁守槃"哦"了一声,随即打开话匣子:"这位苏联专家似乎对我们中国人的业务水平有误解,认为我们不如他,一见面,他首先让我写出一个常用的气体流动中的能量转换公式,我马上给他写出来,没有考倒我。他又对我们正在建的发动机实验平台横挑鼻子竖挑眼,可他的意见并不完全正确啊,我也没有客气,对个别项目据理力争。""你做得对。"陈赓很欣赏梁守槃的独立自主精神,"在科学面前,我们只服从真理,我相信我们中国的科学家不会比任何国家的差。"

梁守槃喝了口茶,这才从容地说起他想调走的原委:"我想调走绝不是对个人的职位不满,我很感谢院领导对我工作上的支持。大半年来,我对一些行政人员的所作所为越来越不满,例如,我经常听到一些干部说,教员和保姆是平等的,宿舍的管理人员还动员一些教员家的保姆闹罢工,争待遇,与女主人分庭抗礼,说什么'你为什么要听她的?''她那是剥削,要和她斗争!'虽然我的内人还没有来哈尔滨,这些都是别人家的事。但我们102教授会的工作就受到影响。院长您想想,如果一个教员家里总是小孩子哭、老婆嚷,他又怎么能安心备课和安排实验室的设计工作?"陈赓一边听一边记,这种认真态度和民主作风让梁守槃精神放松,口无遮拦地讲了下去,"认为教员的身份和保姆相当,那么学生对教员的看法,就可能像家里的小孩子对保姆的看法。把教员看作是一批理论脱离实际的空谈者,怎么能使学生们虚心向学,认真听课?我们老教师是雇佣人员,怎么能领导助教和实验员搞好教授会的建设?又怎么能在陈院长您的领导下,做好自己的本职工作?"陈赓给梁守槃续水,他很少插话,一直在倾听意见。"我的最大意见是政治上乱扣帽子。"梁守槃提高了声音,"在一些讨论教学工作的会议上,我们根据自己多年的教学经验提出合理的意见,往往被有些干部说成'又是资本主义国家的一套'，不予考虑，甚至怪我们'多话'。现在苏联专家来了，所提意见和我们过去所说过的大体相同，于是又从头搞起，说是应该学习苏联的先进经验。那么我们中国教员的经验还算不算'先进'？不仅不算，还给我们扣上'资产阶级思想'的政治帽子。"梁守槃点名道姓地讲了一些具体事例，语言尖锐，理直气壮，一吐为快。

静听了两个小时的陈赓放下钢笔，摘下眼镜，揉了揉疲倦的双眼，神态平和地站起身，在办公室里踱步，他思忖一会儿，用温如醇酒的语言，把自己的想法娓娓道来。"守槃同志，"陈赓话里带着歉意，"我们早就应该坐在一起谈谈，这么长的时间，让你的意见郁结于心，实在是我们院领导的官僚主义。我现在就先说这个把教员当保姆的问题。"陈赓似乎觉得这个问题近乎荒唐，他笑了起来，复又情辞恳挚地说："中央决定成立军事工程学院，目的在于为国防事业培养人才，而要实现这个目标，关键的关键是教员，特别是我们的老教师。我们绝对不允许把教员当作保姆看待。我是读过私塾的，旧社会的家馆先生，那是被当成上宾的。目前，我们学院仍有一部分干部，思想僵化，戴着有色眼镜，对教员的看法十分错误，这是要给予批评的，必须尽快纠正他们的错误观念。但是，守槃同志，这些同志打了多年的仗，有的还是军长、师长，老子打下的天下，文化水平不高，可骄横得可以。有时他们对老教授不够尊重，也请你们原谅，思想观念的转变要有一个过程嘛。"

梁守槃插话说："院长言重了，我只是希望我们努力工作的心情能够得到理解。"陈赓接着说："说句老实话，当你们有某一个建议不符合我们原来的设想时，我们的一些干部同志难免会在心里产生反感。如果你们认为自己是对的，可以在思想上坚持，但不要在行动上反对。当事实的发展证明你们的意见正确时，我们会改过来，而且不会忘记原来的建议人。以后，老教师有什么好的建议，可以随时提出来，只要对教学和科研有益，我们一定采纳。我们调专家来军工，不仅仅只是让你们教书，将来还要根据形势的发展和个人的工作表现，调到有关国防工业部门和部队机关做领导工作，促进解放军的机械化和现代化，成为技术兵种的奠基人。"

陈赓谈了两个多小时，梁守槃怕他太累，刚要起身告辞，陈赓言犹未尽，又谈到中国专家如何与苏联专家相处的问题。最后陈赓说："我们刚刚建国，现在的地方政权也成立不久，存在着许多不能令人满意的地方，有的甚至很严重。但一切错误和缺点，必定会逐步得到改正的，不能过于着急啊。"一个上午的恳谈，梁守槃深受感动，心中的烦闷也早抛到了九霄云外，他问陈赓："我可以撤回我那份请调报告吧？""当然了！"陈赓把请调报告还给了梁守槃说，"别走了，咱们一起干吧。"

空军工程系系主任唐铎也十分器重梁守槃，常常来看梁守槃的工作。有一次他问梁守槃在哈军工的工作是否安心，梁守槃直言道："我爱人的工作问题一直没解决，我们还两地分居，所以我不愿意长期留在军工，但是我在军工一天，就一定把工作做好！"

1955年夏天开始的全国肃反运动，使哈军工相当多的老教师程度不同地受到冲击，从旧社会过来的、在外国留过学的，都成为怀疑对象而需要组织审查、摸底，自己也要在会上说清楚。空军工程系连开了两天斗争庄逢甘教授的会议，领导通知梁守槃做好准备，第二天的会就轮到他了。在某些政工干部看来，梁守槃曾在国民党空军的航空发动机厂工作过，那可就是历史问题，更不用说其家庭背景多么复杂了。经历过解放初期知识分子"思想改造"运动的梁守槃冷静地等待着政治运动的疾风暴雨。没有想到，第二天上班，系里派人到他的办公室说会不开了。以后也没有人再向梁守槃提肃反审干的事。过了好久才知道，在北京仍担任解放军副总参谋长的陈赓院长打来电话，严禁开老教师面对面的斗争会。在陈赓的保护下，哈军工老教师有惊无险地度过肃反运动。

1956年初，在陈赓的主导下，哈军工扭转了全院知识分子评军衔过低的状况，第二次为全院教员授军衔和晋升军衔。7月12日，国防部长彭德怀专门为哈军工签署一道命令——《中华人民共和国国防部命令，国衔军字第三七一号》，该命令的标题是《授予梁守槃等二十名军官军衔》，其中三位技术上校，航空发动机教授会主任梁守槃排在第一位，另两位是马明德和任新民。在当时，这是军队院校里教授的最高军衔，说明陈赓和哈军工党委领导们选贤任能，重用英才。身穿戎装才三个月，梁守槃就奉命调往北京的国防部五院，哈军工的同事们舍不得他走，老同事董绍庸教授等人与他一起到照相馆合影留念，大家都身着便装，留下了深情的友谊，也留下了永久的纪念。

三、中国第一个火箭发动机试车台的诞生

1956年9月，当钱学森受命筹建中国第一个导弹研究院时，在"哈军工"空军工程系担任教授会主任的梁守槃被点名调到北京国防部第五研究院，成为最初的十个研究室之一的发动机室主任，开始了他为祖国航天事业献身奋斗的历程。

梁守槃早年在清华大学航空工程专业学习，后赴美国麻省理工学院深造，并取得航空工程硕士学位。1940年回国后，尽管后来他在贵定航空发动机厂谋得一个设计课长之职，但他主持设计的飞机发动机不能获得批准试制，无法实现他"航空报国"的梦想。不想16年之后，在新中国"向科学进军"的号召下，他却在新兴的航天领域找到了报国的用武之地。在国防部五院创建初期，没有资料，没有设备，只有30多位科技专家和156名刚毕业分配来的大学生，在钱学森的倡导下，梁守槃担任班主任，组织授课，进行培训，把大学毕业生们领进了航天的大门，逐步掌握了火箭、导弹的基础知识，并自己动手，设计建造第一座火箭发动机试车台。

1957年春节，梁守槃和任新民、庄逢甘一起到仍担任哈军工院长兼党委书记的陈赓大将家里拜年，陈赓问梁守槃："来五院后安心吧？"梁守槃道："安心！其实我去年参军后就安心在哈尔滨了，军工答应分给我一个大房子，把我爱人从上海调来，后来刘有光副政委告诉我，什么都不用了，要调你去北京！"陈赓笑道："看来军工动作太迟了，否则就能把你留在军工。"

由于有在哈军工的工作经验，梁守槃任五院发动机研究室主任时，驾轻就熟地组织设计和建成了我国第一个火箭发动机试车台。他的口头禅是"自力更生"，意思就是在全面学习苏联的大气候下，不被动地依赖苏联专家，而要多动脑筋，发挥中国人的聪明才智，去研制中国的导弹。梁守槃的观点当时不合

时宜，常与五院领导发生争论，最有代表性的是他与一分院副院长林爽的一次争论。

林爽说："你老说自力更生，怎么自力更生？"梁守槃说："我说的自力更生，就是依靠我们已经知道的理论来搞研制。"林爽接着说："你连导弹什么样看都没看过，你的理论岂不是夸夸其谈？"梁守槃回答："当初德国人搞V-2时，地球上还没有人看见过导弹，德国人是1936年搞的……"林爽又说："那人家的水平高啊！"梁守槃再回答："他再高也是1936年的德国技术水平，我们现在是1956年的中国技术水平。我不承认，中国人1956年的技术水平不如德国人1936年的技术水平。我没有说现在中国技术水平比德国高，但我也不承认我们落后20年还不够。德国人做的时候，地球上没有人做过，现在我们说中国人没有做过，但地球上有人做过。我们不能这点自信心都没有。"

1957年底苏联专家来到五院后，看到火箭发动机试车台，称赞道："这个台子不错，完全可以建成使用。"后来，"东风一号"导弹发动机就是在这个台子上试车成功的。

四、通过"反设计"学习导弹设计的总设计师

1957年，我国通过谈判争取到苏联援助P-2近程地地导弹的仿制权，1958年5月接收相应的资料。1959年3月梁守槃被任命为这个仿制型号的总设计师，负责仿制P-2导弹的技术抓总和技术指挥工作。他认为，仿制必须严格按图纸一丝不苟，但不能不动脑筋地全盘照搬，否则不仅学不到技术，而且还会被别人牵着鼻子走。他提出采取"反设计"的办法，按照已知的技术指标进行设计计算，然后将自己设计的结果与导弹实物相比较，以此检验设计是否符合实际要求。如果有误差有欠缺，就进行改进，最后达到实际效果。这样在完成仿制任务后，就可以独立自主进行设计了。

梁守槃总是相信中国自己科技人员的能力，相信自己的智慧和力量。在同苏联专家的合作中，他坚持自己符合实际的技术见解。在研制导弹上的环形气瓶时，苏联专家提出只有进口他们国家生产的钢材才合格。梁守槃从分析工艺

——哈军工空军工程系并入西北工业大学史话

资料中发现，中国已经掌握了通过回火工序得到热轧钢的技术，且中国热轧钢加工的环形气瓶完全符合要求，因此可以不用从苏联进口。在反设计中，梁守槃根据动态平衡分析，提出不需要原来那么大的尾翼，建议用调节控制系统的传动比实现动态稳定的办法，达到气动外形稳定的要求。苏联专家最后也点头同意用这个方法设计，后来取得了比较好的效果。

1960年，当P-2导弹仿制完成并决定对拆装的苏制导弹进行试验发射时，在苏联专家撤走前发生了关于采用何种推进剂的争论。苏联专家认为，中国的液氧含可燃物质太多，使用中有爆炸的危险，应使用苏联生产的氧化剂，但苏联又迟迟不供应给中国。梁守槃憋着一口气，不信中国生产的液氧就不行。他经过查找资料，一遍一遍计算和分析比较后认为，中国生产的液氧完全符合指标要求。他十分自信地指出："说中国的液氧不行，是有人对原资料理解有误，把杂质的气态容积当作了液态容积，因而出了上千倍的差别。况且，十几吨液氧中的杂质，是不可能集中到一点同时氧化的。"梁守槃确信中国自己的液氧可以使用，不会出问题，这个意见也得到了钱学森等人的支持。果然，在这一年的8月12日苏联专家撤走后，梁守槃的意见被采纳，一个月后使用国产液氧作氧化剂的仿苏制P-2导弹发射成功。两个月后，1960年11月5日，我国依靠自己的力量仿制的第一枚1059地地导弹从酒泉发射基地升起，发射试验获得圆满成功。聂荣臻元帅在祝捷会上兴奋地说："在祖国的地平线上，飞起了我国自己制造的第一枚导弹，这是我国军事装备史上一个重要的转折点。"梁守槃和广大科技人员、工人一起用自己的自信和努力，使中国导弹的研制发展迈出了可喜的第一步。

五、敢入"虎穴"的火箭发动机所所长

1960年，正值新中国成立以来国家经济最困难的时期，五院只能保证近程弹道导弹的研制，其他项目都被暂停。当时又处在政治运动不断、"阶级斗争为纲"的年代，"出身"不好且有海外关系等，都成为影响梁守槃的政治因素，甚至第一枚导弹"东风一号"发射的时候，作为总设计师，他竟不能到发射场

参与工作。幸亏聂荣臻元帅发话："梁守槃可以用，不应把他排除在外。"聂帅这句话使梁守槃留在中国的航天事业里。但那时候他不能再直接参与导弹研究了，他被调到了发动机过程研究所任所长。

梁守槃怀着报答聂荣臻元帅知遇之恩的心情就任这个所长，他要全力以赴把工作做好，不能辜负聂帅的期望，否则，别人会说聂帅看人看错了。这一时期，梁守槃领导和主持了发动机和推进剂的研究和试验，连续取得一系列重大而关键的科技成果。

在火箭发动机中使用偏二甲肼作燃料，可以提高比冲，但苏联专家说，这东西虽有较高的比冲，但有剧毒，而且是积累性的，使用这种燃料等于"抱着老虎睡觉"，太危险。1960年秋苏联专家撤走之后，梁守槃承担这个课题的研究工作，他知道，只有闯出新的燃料之路，大推力火箭发动机才有可能研制成功。"不入虎穴，焉得虎子"，他下决心探探"虎穴"。

梁守槃先找军事医学科学院的朱鲲教授，共同商定对这种推进剂及其燃气的毒气测定方案，以及万一中毒的治疗方法。秋去春来，日落日出，梁守槃守着"虎穴"。经过一年的大量研究实验，证明这种推进剂是非积累性中毒，即随着人体自身新陈代谢过程可以自行排出体外，而且他们还找到了"解毒"的特效药。梁守槃领导大家完成了各项分析操作规程和理化性能的测定，最终偏二甲肼这只"老虎"被他们降服。

随后，梁守槃继续研究煤油与这种燃料的混合使用，可代替需用20公斤粮食才能提炼1公斤的混胺-02，作为中、小型火箭发动机的燃料。这一成果为国家节省了大量粮食，获得了1964年国家科委颁发的一等奖。

梁守槃不仅是一个脚踏实地的实干家，还是一位长于巧思的发明家。他常常在静室中独坐，脑际中一个犹如闪电的奇想掠过，随之而来就是解决科研难题的方案。1960年秋苏联专家撤走后，我国地地导弹转入独立研制，一切都要靠自力更生来设计和发展，摇篮中的中国航天事业面临夭折的风险。梁守槃作为总体设计部主任，对自行设计的新型号导弹提出了增大弹体直径、延长发动机验证试车时间、修建全弹试车台等意见，以便考验导弹整体结构性能和各系统的相互协调情况。经过一些波折和反复，大家都接受和采纳了他的这些意见。在钱学森的主持和广大科技人员的共同努力下，经过多次失败和改进，1964年6月我国自行设计和研制的新型中近程地地导弹发射取得成功。

后来，梁守槃还主持和承担了大推力火箭发动机和推进剂的研究课题。他力排众议，独树一帜地提出可以把几个离心式涡轮泵并联起来，不必每次都设计新泵。这个大胆的设想与苏联专家临走前的观点正好相反，不少人以怀疑的目光看着他。但后来经过多次的试验证明，梁守槃采用涡轮泵的并联方案是可行的，用几个离心式涡轮泵并联，的确改进了导弹的速度和射程。正是他的这一突破性设计成果，一种在世界率先出现的新型导弹在中国诞生了。他还提出了可贮存液体火箭发动机试制双层金属容器的设想等，在许多技术领域都取得了突破和成功，梁守槃为独立自主、自力更生发展中国航天技术探索出了一条新路，也为中国航天事业的继续提高和发展奠定了坚实的基础。

六、"海鹰二号"反舰导弹自主创新的传奇故事

为了改变中国"有海无防"的历史，1961年9月1日，国防部五院成立了三分院，即后来的七机部三院，三分院的主要任务是研制海防导弹。当时中央正在实施全面调整政策以扭转大跃进运动所造成的困难局面，对知识分子的政策也出现宽松温和的氛围。此时，梁守槃重新受到重用，被任命为三分院副院长，分管技术工作。他首先提出了研制海防导弹的发展规划。

1965年，中央军委下达了研制射程为100公里的岸对舰导弹计划，以保卫京津地区。1965年4月，梁守槃被任命为海鹰2号岸舰导弹总设计师。当时海军装备部主持了方案论证会议，南昌320厂先提出研制射程为70公里的岸舰导弹方案，他们认为在辽东半岛和山东半岛两岸部署，就能封住渤海口。而代表七机部三院与会的梁守槃副院长提出不同的意见，他说："如果敌人把你的一边打垮，封锁也就不可能了。"他请求上级允许三院研制射程为100公里的岸对舰导弹。两个研制单位都有很强的技术实力，两种意见又相持不下，决策者最后决定：两个方案同时上马，展开竞赛。谁先搞出来，谁的好，就用谁的。

由 320 厂研制射程为 70 公里的岸舰导弹，命名"海鹰一号"；七机部三院研制射程为 100 公里的岸舰导弹，命名为"海鹰二号"。

三院的科技人员在梁守槃的组织领导下，日以继夜地开展设计和研制工作。当时主要技术难题在燃料箱上：一是结构，二是耐腐蚀性。要增加射程，燃料箱就要加长，但太长了弹体又不行。梁守槃经过深思熟虑，把悬挂箱体改为承力箱体，减轻了结构重量。最终，导弹重量增加了不到二分之一，射程却增加了一倍。

但储存火箭发动机燃料硝酸和过氧化氢的容器有特殊的要求，既要耐高压，又要耐腐蚀，原设计拟用外国进口的不锈钢。外国断绝了供应，国内又找不到可替代材料。高压耐腐蚀容器问题再一次困扰着研究所的才子们。时任总设计师的梁守槃知道，渤海湾的战士们日夜期盼着早日装备自己的海防武器，自己必须尽快越过这道门槛儿。在苦苦思索中，他爆出智慧火花：忽然想到了篮球，它为什么既有弹性又耐磨？篮球是双层结构嘛，里层是保证弹性的内囊，外层是耐磨的皮革。两者结合起来各自发挥特长，成就了篮球的良好性能。梁守槃微笑着踱出办公室，布置助手们试制双层篮球式油箱，里层采用耐腐蚀性能好的铝材，外层用强度高、耐高压的钢材。试验后，果然成功，一举突破了技术难关，解决了当时的材料供应难题，为国家节约了大量外汇。

1967 年 12 月，320 厂的四发"海鹰一号"被运到海边，前两发打出去没了踪影，人们以为是天气太冷，雷达工作受到了影响。到了翌年春暖花开的 5 月，又打了一发，还是不行，320 厂的领导和技术人员一筹莫展。在总结会上，梁守槃要来设计图纸分析，认为问题不在导弹本体上，而是在发射环节上。入秋，导弹发射场的上空明净碧澄，见不到一丝云彩，"海鹰一号"与"海鹰二号"共赴靶场。而此刻，参试人员的心头却压着厚重的愁云。一辆急驰而来的军用吉普车在发射架前戛然停下，人们的目光落在从容下车的梁守槃身上——"梁总来了，可能有办法了！"人们小声议论。

梁守槃详细询问了飞行试验的有关情况，又在导弹发射架前瞅了一阵，默默地绕弹三圈，然后一声不响地钻进吉普车，绝尘而去。回到住处，他拿起笔

——哈军工空军工程系并入西北工业大学史话

计算了起来。最后，他吩咐工人师傅用钢锯把导弹架的导轨锯去了1.2米，再把导流槽的底板尾段向下弯40°。就这么简单？现场的科技人员惊奇不已，不少人嘴上不说，心里却在暗笑。梁守槃说："试一下不就知道了吗？"结果奇迹出现了，修正发射架后，"海鹰一号"直冲晴空，向海天呼啸而去，击中目标，发射成功！"海鹰二号"用那个锯后的发射架发射，七发六中，首试成功！

这个故事越传越神，越传越远，连聂荣臻元帅都知道了。1968年10月10日，聂帅亲自到发射场看导弹发射，果然发射成功。聂帅看着梁守槃，温和的目光中充满着赞许，笑问他其中奥妙。梁守槃憨憨地笑笑，好像在和聂帅谈家常："我一说您就明白。有人以为试验失败是因为导弹内雷达质量不过关，其实呢，雷达本身没问题，问题出在导弹发射时，受到导向梁的牵引，产生俯仰运动，使雷达在弹内剧烈跳动，撞在壳体上而损坏。锯短发射架，调整倾斜度，就是不让导弹发射时发生俯仰摇摆，减小震动。"后来梁守槃说，"那时我们的一些技术人员还是按照仿制的办法，照本宣科地搞设计，加上缺乏工程经验，出问题、走弯路是自然的。"他觉得应该感谢"海鹰一号"的研制者们，正是他们的失利，才为"海鹰二号"提供了成功的经验。

解决雷达撞击问题之后，又出现导弹的提前入水问题，梁守槃对导弹末端制导段的飞行弹道进行分析，证明末端制导雷达天线回调角太小，导致导弹俯冲过程中弹体下沉量过多。于是他决定改变雷达设计，使天线回调角随射程而变化。后来再发射时，导弹就准确命中了目标。技高人胆大，梁守槃以深厚的理论基础和实践经验，一丝不苟地认真细致分析问题，才能独具慧眼、"手到病除"。他这种以国家利益为重，只钻研解决问题、不计个人损益的工作作风，也赢得各兄弟单位的赞扬。

梁守槃率领三院的科技人员，用行动走出了一条中国人自己发展反舰导弹的路子。他主张完成"上游1号"仿制后不必再搞仿制了，而应挖掘潜力，自行设计一种岸舰导弹。设计中，梁守槃提出采取三项重大技术措施：一是将原来的悬挂式箱体改为承力式箱体，并将弹翼固定在箱体上，这样可以减轻结构重量，增加推进剂箱体的容积；二是由于加大了弹体刚度，弹身长度可以增加，从而加大了射程；三是凡是可以沿用已有的引进设计，一律不改。经过梁守槃与科技人员、工人的共同努力，从方案论证开始，到改造生产车间，再到发射第一枚岸舰导弹，只用了两年半时间，就达到了原定的计划要求。

七、推动飞航导弹技术迈上新台阶的中国"海防导弹之父"

早在1963年，正值一些发达国家有人主张停止冲压发动机研制工作之时，梁守槃和他的同事提出了继续开展冲压发动机的研制工作，作为低空超声速导弹动力装置的建议。这对刚刚起步的中国导弹事业来讲，是一个大胆的设想。梁守槃分析了发动机技术发展的趋势，认定冲压发动机对导弹与航天事业是大有用处的。他针对那种认为"连技术先进的美国都在收缩下马的项目，我们中国就更不具备条件"的观点，据理力争。

当时美国等发达的工业国家，对实现导弹超低空、超声速飞行的问题都感到"头痛"，从当时的技术条件来讲，太难了。中国航天界，反对这个项目的声音更是十分强烈："苏联不搞，美国不搞，就你们三院癞蛤蟆想吃天鹅肉。"建议项目下马的意见如一波又一波的大浪压向梁守槃瘦弱的双肩。告状信到了国务院第七机械工业部王秉璋部长的手上，王部长让秘书把信抄了一遍，隐去写信人的名字送给梁守槃，请他回答信中的质疑。梁守槃像学生答考卷，认认真真、一条一条地回答，写好后先送给钱学森副部长阅。钱学森批了一句话：同意梁守槃同志意见。

梁守槃以顽强的毅力，顶住各种要求半途而废的议论。1970年，国务院和中央军委批准我国自行研制低空超声速反舰导弹，梁守槃受命主持这项艰巨的研制任务。他的团队顶住了各种压力和困难，几经挫折，仍坚持研制。1982年3月，梁守槃又被任命为海防型号导弹武器系统总设计师，担负起整个飞航导弹的技术责任。在研制工作中，他与技术人员进行分析计算，试验验证，力求解决出现的各种问题，起草修改工作程序，按预定方案坚持不懈，终于研制成功。这种被命名为C101的新型号导弹，在巴黎博览会上被誉为"最令人惊讶的超声速反舰导弹"。从1963年算起，前后长达二十多年的苦熬苦干，一步一步到达胜利的彼岸，采用冲压发动机的低空超声速掠海飞行的导弹 C101 终于研制成功，实现了世界上第一次海防导弹的超声速掠海飞行。

我国的反舰导弹除从液体火箭发动机发展到冲压发动机外，还发展到了固体火箭发动机。虽然由于"文革"的影响，研制进展比较缓慢，但梁守槃不迷信引进外国产品和资料，他总是相信自己的力量，认为我国的技术是可以过关的，不必花费更多的钱去买外国的东西，况且关键技术是买不来的。在 C101 导弹研制成功后，他又集中精力领导独立发展命名为 C801 的固体战术反舰导弹。这种导弹的研制成功，又填补了这一领域的空白。

1984 年国庆阅兵大典，当 C801 导弹方队的一辆辆军用卡车威武凛然地驶过天安门广场时，无数中国人为之扬眉吐气。外国记者见到这种导弹不禁惊呼：中国"飞鱼"！它被称为相当于法国著名的"飞鱼"导弹而迅速为世界瞩目。因为，在 1982 年的"英阿马岛之战"中，阿根廷用法国的"飞鱼"导弹重创了英军特混舰队中一艘名叫"谢菲尔德"的巡洋舰，它还未被拖回英吉利海峡，便沉入大西洋海底，从此法制"飞鱼"导弹声名大噪。而中国"飞鱼"的出现，着实让西方国家的军事家们认真评论了一阵子，国外专家惊叹中国在海防导弹研制中取得的长足进步。这就是梁守槃和他的同事们研制的中国固体战术反舰导弹，它实际花费的研制费用仅相当于法国"飞鱼"导弹的五分之一。

因此，航天老将梁守槃当之无愧地被人们誉为"海防导弹之父"。

八、科学严谨，直言相谏，耄耋之年仍献计献策

梁守槃不仅在科学技术上深有造诣，而且具有独立思考、科学严谨、敢于直言的治学态度，还有对导弹研制试验中的重大技术问题进行决策的才华，并且十分重视航天科技工业的发展方向、发展战略、发展规划和技术途径等制订工作。早在 1964 年，他在当时国防部第五研究院三分院的干部大会上，作了《关于技术工作中的几个问题》的报告，阐述了技术工作中存在的认识问题及解决这些问题的意见，引起了很大的反响。聂荣臻同志看了这篇报告后，亲自做了

批示:"梁守槃同志的这篇讲话很好,提出了一些很现实、很具体、很生动的问题……对我们科学技术工作的发展有重要的意义……很值得提倡。"时至今日,他当年提出的科技人员要"三严"——严格、严密、严肃的作风培养问题,导弹设计中的继承性与先进性的关系问题,保证技术指挥线畅通等问题,仍然具有重要的现实意义。

梁守槃还多次提出关于航天科技工业管理体制和机构设置方面的建议,提出了注意总结导弹型号研制工作的经验教训,亲自起草和修改了导弹研制程序,他的这些建议与意见,大多数已被领导或相关部门接受、采纳,在促进航天科技工业发展中发挥了积极的作用。

20世纪80年代中期,他作为航天部科技委的副主任,曾分管航天科技工业2000年发展战略的制定工作。他以严肃认真、积极负责的态度组织了这一工作。中国航天科技工业2000年发展战略制订工作的圆满完成,凝集着他的一份重要贡献。

进入20世纪90年代以后,他还十分重视研究航天科技工业的经济效益问题,较早地提出了导弹型号研制工作要搞经济核算和经济承包责任制,极力反对包盈不包亏的假承包,努力探索导弹工业增强经济实力的新道路。

梁守槃作为一名老专家,难能可贵的是他从不隐瞒自己的观点,也绝不去迎合某一观点,更不哗众取宠,称得上"实事求是、坚持真理、修正错误"的楷模。他的另一个特点就是从不推诿,属于自己范围内的工作,一定提出明确的意见,敢于决策,善于决策。

梁守槃为发展中国航天事业做出了卓著的成绩,多次立功受奖,曾荣获航空航天部劳动模范称号,获得过国家科技进步特等奖,然而他对这些荣誉都淡然置之。在航天界,人们尊称梁守槃、任新民、屠守锷、黄纬禄为"航天四老"。1994年,"四老"在北京钓鱼台芳菲园,共同领取国家为他们颁发的"求是"杰出科学家奖。那一天,芳菲园里气氛欢畅,梁守槃难得穿上西装,在轻歌柔曲中,夫人傅鹤把一朵鲜花小心地别到他的胸前。颁奖仪式结束后,"四老"合影,梁守槃没有忘记和夫人合照一张相。然后他们相扶着走回休息室,茶几

——哈军工空军工程系并入西北工业大学史话

上有花生、瓜子。梁守槃剥了两粒花生放在嘴里，慢慢咀嚼起来，嚼得很香，似乎把数十年历尽的艰辛和坎坷都抛到脑后，享受这片刻的宁静。

1993年，年事已高的梁守槃退居二线，晚年他出任中国航天科技集团公司和中国航天科工集团公司的高级技术顾问。进入晚年后，梁守槃身体硬朗，精神矍铄，思维清晰，坚持孜孜不倦地工作，关注祖国航天事业的发展，特别是发挥自己的余热推动飞航导弹技术再上新台阶。他担任航天两大集团的高级技术顾问，凭借自己高超的技术造诣和丰富的科研经验，常常在型号论证会或科研试验现场又顾又问，出谋献策，提出技术措施，发表研制意见，培养队伍和人才，继续发挥一个"永远相信自己力量的航天总设计师"的作用。比如，谈到中国自行研制的导弹，梁院士显得格外兴奋。他说："以前，毛主席说过，原子弹和导弹东西都不大，如果你没有，别人就说你不算。什么叫不算，不算就是人家不需要考虑你。中国得要'算'。"梁院士谈了这样一件有趣的事，一次，他对外交部一位副部长说："我们给你惹麻烦了，美国人来交涉啦。"这位副部长笑着回答说："你们搞了导弹以后美国人才来找我们，这表示我们反而站在主动地位了。要是你们不搞导弹，美国人就不来找我们了，认为中国人无所谓，那么，我们反而被动了。""什么是'威'？他怕我就是我有威风。美国看中国有了导弹就要求中国人不要出口导弹，这就说明了我们在这一方面已经有了'威'。"说到这里，梁院士的声音突然放大，显得粗犷而雄浑，渗透着无比的自信和自豪感。

梁守槃是我国航天技术的开拓者之一，是中国科学院院士、中国航天两大集团的高级技术顾问。梁守槃一生中有近60年在为新中国航天事业的腾飞和发展不懈奋斗，特别是在领导研制导弹武器方面呕心沥血、殚精竭虑，倾注了自己的全部智慧和满腔热情，为壮国强军的宏伟事业奉献了自己的一生。2006年4月13日，在人们的祝贺和赞誉中他度过了90岁的寿辰。2009年9月5日，梁守槃在北京病逝，享年93岁。航天大师虽然驾鹤西去，但是中国海防导弹喷出烈焰、飞掠碧海的神奇画面已永远定格在历史中，那红色的火焰就是梁守槃燃烧不息的爱国心。

主要参考资料

[1] 滕叙兖:《名将名师》书中梁守槃一章,当代中国出版社,2013年8月第1版。

[2] 刘登锐:《太空探索》2006年第06期。

(根据参考资料整理,黄迪民执笔)

——哈军工空军工程系并入西北工业大学史话

哈军工教育教学的掌舵人、空气动力学家与教育家曹鹤荪

一、贫寒家境中立志求学

1912年9月15日，曹鹤荪出生于江苏省江阴县（今江阴市）城内西大街司马坊一个平民家庭，家境贫寒。父亲历任几所中学的会计，收入不高。1919年至1924年，曹鹤荪在江阴县澄翰初级小学和礼延高级小学读书，品学兼优，小学毕业时，名列第一。他不仅课外跟书法家李建初先生学习书法，还请姑夫薛德炯先生补习英语。当时军阀混战，国内经济萧条。1924年，他因齐卢战争去杨舍镇姨母家避难，巧遇久居日本的舅父陈大同。陈大同向十多岁的曹鹤荪介绍了日本工业、科学、文化和教育等方面的进步情况，并与中国的落后状态作了分析对比。从此在曹鹤荪幼小的心灵中深深埋下了立志求学，为科学救国和教育救国而奋斗的种子。

1925年，曹鹤荪考入江阴最有名的南菁中学。由于家境贫寒，担任中学会计的父亲常常表示：他有子女5人，曹鹤荪是老大，初中毕业后要赚钱养家。但曹鹤荪立志要上大学，他充分利用初中的三年时间，提前自修了高中一、二年级主要课程。1928年曹鹤荪初中毕业，立即以同等学力考取上海南洋中学高中三年级插班生。他父亲才改变初衷，支持儿子继续升学。次年曹鹤荪又以高分考入素以门槛高而闻名的上海交通大学电机工程系。进入交大第一年,第一次物理月考,全班约有85%不及格。该课由裴维裕教授讲授,物理实验由周铭教授指导,老师严格的基础训练,为学生以后继续深造打下坚实的基础。一年级暑假来临之前,曹鹤荪突患伤寒病,不得不休学一年。

1931年,"九一八"事变激起全国抗日高潮。曹鹤荪加入到了交大学生的罢课行列并赴南京请愿。大学四年级,他选修了电力门。为了增加电力专业的感性知识,三年级暑假,他去南京下关、戚墅堰和常州等地的发电厂实习。所写的实习报告被中山文化教育馆评为第一名,获奖学金200元。

1934年夏,曹鹤荪从交通大学毕业,经他的老师寿俊良教授介绍,进入上海一家经营电缆和电厂设备的英商开能达洋行当职员。一般有大学文凭的新职员月薪只有60元,但开能达洋行破例,给品学兼优的曹鹤荪100元的月薪。他终于可以挑起养家的担子了,父母一展笑颜,为此欣慰不已。

不久国民政府教育部受航空委员会的委托,公开登报招考留欧公费生赴意大利学习航空工程。曹鹤荪再也抑制不住埋藏在内心深处的出国深造愿望了。当时国内各大学尚无航空系,志在蓝天的曹鹤荪立即去报考,然而出国考试极为严格,最终从200余考生里只录取25人,寒门子弟曹鹤荪再一次显露出他的过人才华,成为赴意大利的公费留学生。

当时的意大利政府与中国颇为友好,帮助中国在南昌建立了一家飞机修理厂,25名留学意大利青年学子先集中到南昌飞机修理厂受训。出国之前,航空委员会技术处处长钱昌祚给每人规定了学习方向,指定曹鹤荪学习空气动力学理论。

是年秋,曹鹤荪一行漂洋过海抵达意大利,先在那波里东方语言学校学习意大利语。仅用四个月,他就通过了考试,提前进入都灵大学航空工程研究生院学习。位于阿尔卑斯山以北地区的都灵大学是意大利最古老最有声誉的大学之一,创建于1404年。经过五百多年的历史陶冶,学校师资力量雄厚,具有高素质的教育水准。航空工程研究生院不设硕士学位,毕业的研究生都授予博士学位。空气动力学由意大利年轻有为的空气动力学家费拉里(C. Ferrari)教授讲授,但没有讲义。曹鹤荪上课细心作笔记,回到宿舍及时整理,最后又与另一位意大利研究生合作,编写了该课程的讲义。

此外,曹鹤荪还接受一项专题研究工作:根据翼剖面升力分布的改变对翼剖面形状作相应修正。经过两年的学习,曹鹤荪完成规定的课程并通过学位考试,随后去罗马附近的意大利航空城空气动力学实验室实习两个月,并参观了由2 850马力的多级压缩器驱动的连续式超声速风洞,其实验段截面为400毫米×740毫米。1936年秋曹鹤荪获得都灵大学的工学博士学位,接着又在都灵大学理学院学习数学物理、数学分析和外弹道等课程。1937年,求知若渴的曹鹤荪决定自费去德国哥廷根大学,继续进修空气动力学理论。但就在即将结束柏林大学的德语班课程时,中国爆发了"七七"事变,曹鹤荪接到航委会的召回命令,立即中止学习,启程回国。

二、献身航空,创建交大航空工程系

在从意大利回国的轮船上,曹鹤荪认识了同行的交通大学化学系主任徐名材教授。徐教授很欣赏年轻有为的曹鹤荪博士,两人深入交谈,为祖国遭受日寇铁蹄践踏而忧愤不已。他们每天一起眺望海天,迎来日出,送走日落,在整个航行过程中结下了深厚的师生友谊。

轮船抵达香港后,曹鹤荪登陆换火车到达广州,随后日夜兼程急赴南京,到航委会报到。战时的南京兵荒马乱,人心惶惶,航委会一时没有分配曹鹤荪工作。但没过几天,日军进攻上海,"八一三"事变爆发。曹鹤荪先要解决在南京的落脚问题,正好他的姑姑和姑父这时在南京住。曹鹤荪的姑父叫薛德炯,与其兄一起留学日本。薛家昆仲是当时中国编译界和出版界的名人,都在审查教科书的正中书局任职,分别是数学组主任编辑和生物组主任编辑。表弟薛鸿达小曹鹤荪五岁,正在上海交大读书。"八一三"事变爆发后,正中书局一官员逃往香港,让薛家昆仲帮助看守他的一栋小洋房,姑姑和姑父热情接待留学归国的曹鹤荪,让他搬到小洋房住。

可能是上苍的有意安排,一个亭亭玉立的国立药专女大学生也住在小洋房里，她叫薛任，是薛鸿达的堂妹。两位有亲戚关系的年轻人彼此很快熟悉起来，每天都有说不完的话，双方都有那个意思，只是没有挑明而已。一个月后，航委分配曹鹤荪工作：去四川成都的空军机械学校任教。此时，因为国军在淞沪会战中失利，日军将逼近南京，国民政府开始向武汉搬迁，国立药专也随政府迁往武汉。曹鹤荪与薛任结伴西行，此时他们已经是难舍难分的情侣了。曹鹤荪送薛任一程，在九江分手，他上岸去南昌取行李、书籍等物品，然后赴四川，薛任则去武汉国立药专上课。

伴随着西行的难民潮，曹鹤荪好不容易到达大后方的成都市，到空军机械学校报到。这是一所颇受蒋介石重视的军校，曹鹤荪当上教官，一身笔挺的军装让他心里特别别扭，发薪水的时候还要扣党费，他抗议道："莫名其妙，我不是国民党员，为什么要扣党费？"学校的长官回复说："你进了学校，自然就成为党员。"曹鹤荪很无奈，只能屈身就任，他是满腹经纶的留欧学者，自然不能当普通教员，学校委任他当基本学术组组长，参加该校高级机械班的组建工作，并在该班讲授理论空气动力学。该班招收工科大学电机系、机械系和土木系毕业生入学，学制一年，具有研究生班水平，后来不少人通过该班走上航空研究事业而颇有建树，如黄志千、谈镐生、梁守槃等。

武汉沦陷后，国民政府内迁陪都重庆，全国著名高校纷纷迁往大后方，薛任也随内迁的药专到重庆歌乐山读书。曹鹤荪和薛任虽说都在四川，但俩人却难得见一面。日寇占领上海时，上海交大曾在法租界暂栖身，但日伪政权要染指这所著名学府，爱国的交大人克服重重困难，内迁重庆，经教育部批准，于1940年9月在重庆成立了上海交大分校。这一年夏日的一天，曹鹤荪到重庆为高级班招生，那天他和薛任在街上等车，正好碰见上海交大同期同系老同学、从美国MIT博士毕业后回国参加抗战的张钟俊。故人意外重逢，两人格外激动。张钟俊告诉他上海交大校友筹建重庆交大分校的情况，并说："徐名材老师找你找了好久，快来交大吧！"曹鹤荪喜出望外，他对薛任说："我不送你回学校了，我得赶快去见徐先生。"

曹鹤荪跟着张钟俊去见徐名材。已被任命为上海交大分校主任的徐名材正

——哈军工空军工程系并入西北工业大学史话

为主持筹建分校而忙得不亦乐乎,同时,他还在资源委员会任职,在社会上有广泛的人脉关系。一见到几年没有消息的曹鹤荪,徐名材非常高兴,连声说:"快来重庆吧,我聘你为交通大学分校教授,和我们一起办交大,我正缺少你这样的人才呢!"曹鹤荪有点担心说:"我那个学校是军校,怕他们不放我走呢。"徐名材说:"你就别管了,我们用上海交大校友会的名义借调你,你赶快去备课,马上要给新生开课了。"

在成都教了两年书的空军教官曹鹤荪来了个不辞而别,留在重庆不回去了。然而,这些书生想得太简单了,不久,军事法庭派人来找曹鹤荪,调查他为何违反军纪,擅自离开不归队。这让曹鹤荪紧张了一阵,以为军方要把自己关起来。不过,成都的军校倒很宽容,说曹鹤荪回校就行,工资照发,不给处分。曹鹤荪只好向徐名材告别,返回成都。徐名材不死心,他偏要把曹鹤荪调过来,通过官场的朋友帮忙,找到"中统"的大头目徐恩曾,终于疏通了关节,成都的军校同意借调曹鹤荪两年,但两年后,也就没有人再去追问此事了。曹鹤荪终于甩掉令他讨厌的"老虎皮",回到母校任教,这是他人生旅途中的一大转折。

位于重庆小龙潭的上海交大分校办学条件很差。第一年曹鹤荪先教一年级物理,次年改教二年级应用力学和机构学。教学担子很重,但他乐此不疲。1941年,薛任从药专毕业,他俩终于完婚,有了一个小家。1942年太平洋战争爆发后,汪精卫伪政权接管了上海交通大学。上海交大的重庆分校正式改名为交通大学,搬迁到九龙坡,兴建了简易校舍,规模随之扩大,正式成立了电机工程、机械工程、航空工程、造船工程、土木工程、运输管理和工业管理7个系及航海、轮机和电信3个专修科。

当年在上海时,交大曾在机械系设立过航空门,但没有正式建立航空工程系。这次在重庆,校领导问曹鹤荪,能否办个航空工程系?曹鹤荪的夙愿正在于此,他胸有成竹地说:"一定能办成,现在请学校赶快筹集教材、教具,至于教员,我来找。"曹鹤荪全力以赴筹建航空工程系,他除了从一起留学意大利的同学里选教员,也从汇集在重庆的航空专业人才中延聘教员,如岳劼毅、马明德、季文美、许玉赞等既有真才实学又具"倔强精神"的年轻教授都聚集到他的旗下。在抗战最困难的时期，继中央大学、清华大学和西北工学院之后，交大航空工程系在两幢简陋的木板房里诞生了。当时的航空工程系没有开办经费，没有教材，没有实验室，只有一个靠四处奔走弄来的报废飞机、发动机和仪表拼凑起来的实习室。30岁的曹鹤荪被任命为该系代理主任，成为交大历史上最年轻的系主任。

1944年季文美教授倡议，在航空工程系成立了"交大航空模型研制会"（简称航模会），刚来交大的杨彭基教授也常到航模会现场指导。郑显基同学担任首任会长，以后会长相继由张汝瑛、朱宝鎏等同学担任，积极分子有马龙章、吴耀祖、周懿荣、王学让、陈国钧、乔无期、顾诵芬等同学，他们多次参加全国省、市的比赛，屡获团体总分第一名。同学们在这种条件比较困难的课外活动中确实得到多方面的锻炼，特别是锻炼了"倔强精神"。

1944年春，受中国航空建设协会的委托，国统区五所有航空工程系的大学组团去美国和加拿大考察航空建设与航空教育，曹鹤荪代表交大参加。出国前，要到中央训练团受训一个月，结束的时候，要求这些教授们集体参加国民党。曹鹤荪因为态度消极被主管"三青团"的大人物康泽叫去训话。康问："你为什么不参加国民党？"曹答："我已经参加过了。""谁人介绍？""没有人介绍。""有党证吗？""没有。""那不算，还要参加一次。"这真让一直远离政治的曹鹤荪哭笑不得。1945年夏日寇投降，8月28日曹鹤荪一行考察返回重庆，那天的机场很是热闹，原来是中共领袖毛泽东应蒋介石之邀抵达重庆，共商国是，正好让曹鹤荪他们碰上了。

日本投降后，熬过艰难岁月的交大师生开始踏上回上海的胜利之旅。曹鹤荪和薛任抱着一岁多的长子承佳，望着滚滚东去的长江，感慨不已。当时，徐家汇校区还留有投降后的日本士兵和战马，遍地都是垃圾和弹药。交大校长吴保丰、总务长季文美尚在重庆，先到上海的教务长李熙谋已兼任上海市教育局副局长。曹鹤荪与同船到达的王达时教授等组成交大临时校务委员会，处理回沪后恢复秩序和开课的工作。原上海交大的师生，则先并入上海临时大学，以后陆续回到徐家汇母校。

交大航空工程系的办学经费依然拮据。不仅兴建直径1米的木制低速风洞的愿望无法实现，也无钱请工人把航空委员会新拨的一架刚退役的C-46运输机和一架教练机从上海机场运回学校。但航空工程系师生有那么一股倔强精神，曹鹤荪一动员，助教贾日升、吴耀祖就带领全体四年级同学，自带干粮，从20公里外的大场机场把飞机推回了学校。这两架陈列在停机坪上的飞机不仅使航空工程系声威大振，而且深深激发了同学们献身航空的凌云之志。

曹鹤荪治学严谨，提倡"业精于勤"与"行成于思"。在担任航空工程系主任期间，他始终坚持优良的交大传统。通常亲自讲授两门主课：除一门是理论空气动力学外，另一门则为应用力学、流体力学、振动力学、工程数学或机构学，视情况而定。他讲课清晰流畅，引人入胜，很注重基本物理概念，力求反映事物的内在矛盾。他不仅强调数学的解析描述与推导，而且强调理论来自实践又服务于实践。在讲授理论空气动力学课程时，注意介绍工程上的近似计算方法，对不是主线上的问题只是点到为止，引导同学多看参考书。许多同学反映："他教给大家的不是空洞的理论，而是能解决实际问题的钥匙。"

1947年曹鹤荪应中华自然科学社《科学世界》杂志主编李国鼎之邀，主编该杂志之《航空专号》（《科学世界》之17卷4-5期）。他请当时航空界有名专家王德荣、范绪箕、叶蕴理等25人撰写专论共27篇，图文并茂，约24万字，实为一小型航空百科全书。此外他还利用余暇，翻译了美国教材《机构学》和《应用力学》。1951年他自编《流体力学》，由上海龙门书局出版，并再版一次。1952年与大连工学院张理京合作译订《工程数学》，该书原作取材新颖，颇适合工程师之需求；译文不仅严谨流畅，且订正了原文多处疏误；加以印刷精良，故可称译本之楷模，深受师生欢迎。1966年前，该书在"哈军工"图书馆流通率很高，并多次重印。

1948年底，曹鹤荪接任上海交通大学教务长和交大教授会主席之职。他担任交大教务长时间虽很短，但是处理了几件大事。

1949年1月21日，在兵败如山倒的危局下，蒋介石被迫宣布"引退"，南京国民政府各部已开始向广州撤退，蒋管区物价飞涨，民不聊生。上海各高校经费长期拖欠，学校师生员工生活毫无保障。上海各大学联合成立的教授会推举复旦大学陈望道、暨南大学刘大杰和交大曹鹤荪三位教授赴南京找政府交涉。几经周折他们终于找到了代总统李宗仁。李宗仁对三教授颇为礼遇，尽管国民党政府摇摇欲坠，他还是表示愿尽力帮助上海教授度过艰危，他让三教授快把上海教授的名单造册报上来。三教授连夜赶回上海，组织力量填写教授名册后再火速送到南京。李宗仁痛快地批准下拨教授应变费1亿元金圆券。三教授带着李宗仁的批件回上海，交给教授会。上海的银行得到批件后说，没有这么多流动资金，要开国库取钱。于是，分三天向教授们发钱。每个教授、副教授都领到了十个月的工资，解除了上海教授们的断炊之危。

1949年3月，曹鹤荪获悉交大纺织系主任陈维稷和苏延宾两教授在家中被捕，他与校长王之卓一起去警察局，一番口舌，把他们保释出来。后来才知道他们是民主建国会成员。同年4月26日深夜，大批军警冲入交大各学生宿舍，搜捕上了黑名单的学生自治会成员、共产党员和靠近党的积极分子。次日曹鹤荪在校长办公室看到名列黑名单的自治会成员史霄雯、林雄超、黄怡诚等七位同学，他不顾自己的安危，同校长王之卓商议好，白天把学生藏在办公大楼的顶阁内，天黑后同总务长王龙甫一起用校长的小汽车，分两批把他们从后门送出学校，保护了进步学生。1949年春，交大部分师生跟随国民党政府迁往台湾，而曹鹤荪则坚定地留了下来，迎接上海的解放。

三、哈军工教育教学工作的掌舵人

1952年春，教育部和重工业部建议在南京成立华东航空学院，9月曹鹤荪被任命为华航筹备小组成员，10月8日由交通大学航空工程系、南京大学航空工程系和浙江大学航空工程系合并的华东航空学院正式成立。11月，曹鹤荪又接到由邓小平签字的调他去哈尔滨中国人民解放军军事工程学院任教授的调令，他毅然北上。到哈尔滨后，他被指派为院教育部教务处处长，负责全院教务工作。他首先参加组建全院基础课、专业基础课和专业课教授会(教研室)的工作。随即狠抓教师队伍的建设,负责把从全军抽调来院的大学毕业生培训为助教的工作。在本科教育方面,认真落实苏联顾问提出的经毛泽东主席批准的第一期学员的教学计划,又与苏联顾问一起草拟了第二期学员的教学计划。在提高教学质量方面,有计划有步骤地开展教材编写和实验室、专修室的建设工作。学院创办之初,人员来自各方:一部分为以第二高级步校为主的有战斗经验的各级管理干部,他们中有延安抗大的办学经验;另一部分为周总理出面从各大学、研究所等几十个单位调来的有教学经验、有真才实学的60余位正、副教授,他们中有按欧美模式办中国大学的经验。由于经历不同,两方有时分歧很大。陈赓院长尊师重道、礼贤下士,提出"将相和"的"两老"办院原则——既尊重"长征两万五"的老将军、老军人、老战士,亦尊重"十年寒窗苦"的老专家、老学者、老教授。曹鹤荪认识到统一教学指导思想的工作十分艰巨,十分重要。为了办好"哈军工",曹鹤荪在徐立行教育长领导下,停止一切讲课和原定的教材翻译及编写等技术工作,集中全部精力,认真落实苏联顾问提出的教学计划。作为教育长的助手,他在教学工作中强调高等技术教育必须突出培养学生的独立工作能力。不同意"老师抱着学生走",不同意在业务学习上推广"一帮一、一对红"的互助经验。强调入学标准要高、基础知识要厚、对学生要求要严,强调要把好入学关、升留级关和毕业关。"哈军工"第二任院长刘居英后来说:在学院创办初期,曹鹤荪起到了组织好教学工作的作用;在学习苏联经验方面,在老干部与苏联专家之间,曹鹤荪起到了重要的桥梁作用,为教学工作迅速走上正轨做出了贡献。

20世纪50年代到60年代,曹鹤荪全身心投身于国防教育事业,在繁忙的教学行政工作之余,先后开设了"弹性塑性力学"和"气动弹性力学"等课程。当时国内并无现成教材,他便自己动手查找资料,编写教材。1957年他随中国军事院校代表团访问苏联、波兰和捷克斯洛伐克等国,考察那里的军事技术教育情况。1960年,他兼任教务部副部长后,学院教学工作已走上正轨。1961年,他参加了学院教学组织工作条例（即80条）的起草与修订工作。1962年他建议严格按升留级规定淘汰一批因降低招生标准而多招收的学生。

在学术研究方面，从1958年开始，气动弹性力学问题在飞机设计工作中就突出了出来，空军工程系请曹鹤荪开设这一门跨学科的新课，并指导卢叔全、李凤蔚和杨永年三位年轻助教开展这方面的教学和学术研究工作。曹鹤荪接受任务后帮助三位助教先学矩阵，再以讲授和讨论的方法逐章学习比斯普林霍夫（R. L. Bisplinhoff）等人写的《气动弹性力学》打基础，然后以非线性颤振为主攻方向，1962年卢叔全和李凤蔚都写出了相应的研究论文。1963年"哈军工"十周年院庆暨第四届学术报告会上，曹鹤荪宣读了综述论文《板的颤振》，其后又侧重抓颤振的实验研究和仿真计算方法。在曹鹤荪的鼓励与支持下，李凤蔚设计并制作了模型，在1.5米风洞中进行了二元及三元机翼的颤振实验，研究并开发了相应的实验课。曹鹤荪与卢叔全在空军工程系自动化专业的模拟计算机上进行颤振仿真计算。他们还与航空工业部歼七飞机设计组也建立了技术合作关系，深入分析气动弹性现象对歼七飞机的偏航力矩系数、对侧滑角的导数值的影响。1964年，李凤蔚又应用气动弹性力学的矩阵方法，创造性地解决了3.5米×2.5米低速风洞（在1965年至1975年间为全国最大风洞）塔式六分力天平令人头痛的塔心调整问题，消除了各分力间的干扰，使天平精度大大提高，对保证该风洞按时通过国防科委验收及顺利投产起了重要作用。该方法也成为日后国内大型风洞同类型天平调试、校准的理论基础。

1956年，曹鹤荪在行政工作之余，在教学方面，给海军工程系开设了弹塑性力学课。1960年曹鹤荪给空军工程系本科生开出了气动弹性力学新课，次年1月，出版了《气动弹性力学》一书。1966年6月"文化大革命"开始，气动弹性力学研究工作中断了。在"文革"中，曹鹤荪因被错定为"执行资产阶级办学路线的反动学术权威总代表"，受到严厉批判。极"左"的批判正好从反面说明曹鹤荪的办学指导思想是正确的。1967年他不仅被隔离、审查和批斗，原有的生活居住条件也都被剥夺。1969年解除隔离审查，次年他

参加了《英汉航空与航天技术辞典》的编纂工作并任主编。他自费2 000余元陆续购买了多种字典、词典，且不顾高血压，夜以继日地伏案工作达7年。该辞典1976年出版，1978年获全国科学大会奖。1978到1984年曹鹤荪被任命为国防科技大学副校长（1978—1980年兼任训练部部长）。随着国防科技大学培养方向的变化，他提出理工结合的专业设置思想，提倡编写高水平的教材。他负责抓研究生的培养工作，制定了一套规章制度，获得国家教委的好评。

曹鹤荪长期从事国防高等教育和空气动力学、弹性塑性力学等方面的科学研究工作，精通英语、意大利语、俄语、德语，是国内公认的空气动力学权威之一。空气动力学重点研究飞行器的飞行原理，是航空航天技术最重要的基础理论之一。气动弹性力学是研究空气动力与飞行器结构弹性变形相互作用及其对飞行影响的学科。曹鹤荪在这些领域的研究和教学中，表现出特有的预见性和敏锐的洞察力，取得了丰硕的科研成果，多个项目填补国内空白。他著有《风洞干涉》《流体力学》等专著和教材，发表高水平学术论文数十篇，并荣获何梁何利基金科学技术进步奖。1979年10月中国宇航学会在北京成立，在第一次代表大会上，钱学森当选为名誉理事长，曹鹤荪等当选为副理事长。此外，曹鹤荪还担任中国空气动力学研究会副理事长、中国航空学会常务理事。

曹鹤荪是国务院学位委员会1981年批准的首批博士生导师之一。在当时学校缺少仪器和实验室的条件下，他带了当时任讲师的瞿章华、胡其芬为博士研究生，如今，瞿、胡两人都已成为博士生导师。曹鹤荪领导的导师组力求以20世纪80年代科技发展水平为起点开展研究工作，在国内率先开展了高超声速化学非平衡流的数值研究，对稀薄气体动力学中直接模拟方法和计算流体力学中并行计算方法的研究起步较早，并形成了自己的特色。曹鹤荪领导的导师组先后培养博士生12名，硕士生50多名，获部委级科技进步二等奖7项，发表论文20多篇。1984年，曹鹤荪光荣地加入中国共产党，实现了他为共产主义事业而奋斗的夙愿。1985年《中国大百科全书》的编纂工作开始后，曹鹤荪担任了"航天、航空卷"编委和综合分支主编，同时还是该书"力学卷"编委。1985年，在瑞典斯德哥尔摩召开的国际宇航科学院建院25周年纪念大会上，曹鹤荪被提名并经过评委评定当选为国际宇航科学院院士。

1986年，曹鹤荪应邀去法国参加国际宇航学会的学术会议并领取院士证书，当时无人同行，他在上飞机舷梯时突然觉得头晕，差一点昏厥过去。后来，经医院检查，才知道他患上了小脑萎缩症。多年来，曹鹤荪致力于国防科技人才的培养，高度重视学术梯队的建设，以他渊博的知识、扎实的作风和严谨的治学态度，培养出一支优秀的力学教学科研队伍。他培养出的大批科技人才如今都已成为国防科技战线上的技术骨干或学术带头人。进入20世纪90年代后，曹鹤荪由于年迈和身体原因在家休养。1998年10月29日，曹鹤荪因病医治无效，在长沙逝世。

主要参考资料

[1] 滕叙兖：《名将名师》书中曹鹤荪一章，当代中国出版社，2013年8月第1版。

[2] 纪土玶：《曹鹤荪传》，中国科学技术协会《中国科学技术专家传略·航空航天卷1》，中国科学技术出版社。

（根据相关资料整理，黄迪民执笔）

——哈军工空军工程系并入西北工业大学史话

空气动力学家与航空教育家
罗时钧的科学人生

一、著名空气动力学家钱学森的第一位博士研究生

1923年4月1日，罗时钧出生在江西省南昌市一个书香门第的家庭。受家风熏陶，他自幼聪颖好学，饱读诗书。小学时代，日本侵略军强占我国东北，继而又发动了全面侵华战争。日寇侵占了中国大片领土，在华夏大地上日机狂轰滥炸，极大地刺痛了年轻的罗时钧，他的家国情怀、悲愤之心升华为强烈的民族自尊，从而立下了"航空救国"的人生志向。

1941年罗时钧以优异的成绩，被保送进入重庆的中央大学航空工程系学习。抗战胜利后，罗时钧大学毕业，因品学兼优，被留校任助教。1947年9月，罗时钧远赴美国，考入明尼苏达大学航空工程系。他急于学成归国，报效祖国，苦读一年，即攻下了硕士学位。1948年9月，罗时钧考入美国加利福尼亚理工学院航空系，师从著名空气动力学家钱学森，攻读博士学位，主修空气动力学，辅修数学，是钱学森的第一位博士研究生。在钱学森的指导下，罗时钧开始研究"容克"飞机因尾翼抖振失事的空气动力机理，他深刻领悟导师钱学森研究理论流体力学的方法，顺利完成了博士学位论文，深得钱学森器重。1950年夏，他提前完成了博士论文，获得航空与数学博士学位。

此时新中国刚诞生不久，人民政府号召海外学者返回祖国参加建设，在导师钱学森的鼓励下，27岁的罗时钧归心似箭，然而此时朝鲜半岛炮火连天，国际政治大背景给罗时钧的归国带来了变数。

二、艰难的归国历程，坚定的报国信念

1950年8月28日，罗时钧和著名原子物理学家、中央研究院院士赵忠尧教授、生物学博士沈善炯结伴，从旧金山登上驶往香港的美国邮轮"威尔逊总统号"。在这艘邮轮上，有一百多位中国旅客，其中大都是留学生、学者，既有后来成为中国"原子弹主将"的邓稼先院士，也有后来对中国核事业作出重大贡献的赵忠尧院士。在洛杉矶码头，美国移民局官员登船，盘问赵忠尧教授并搜查了他的行李。

"威尔逊总统号"按照既定的航程，在停靠夏威夷檀香山之后，便驶向下一站——日本横滨。中国留学生们长长地舒了一口气，因为离开夏威夷，意味着他们彻底离开了美国。

9月12日，客轮抵达日本横滨港，突然，船上响起广播，说是由于有的客人在横滨下船了，要调整房间，要求以下三名旅客——赵忠尧、罗时钧、沈善炯带随身行李，搬到指定的房间……

然而，等待他们三人的是美国中央情报局的官员。"你们看这船上有一百多个中国人，有哈佛大学的、麻省理工的，为什么偏偏找加州理工学院的？"手里拿着名单的美国官员说："钱学森，你们都知道的！"

接着，强迫他们到厕所脱光衣服，随身行李中的实验记录等重要东西全部扣留。中央情报局的官员威胁说，摆在他们面前的有三条路：要么回美国去，要么去台湾，如果美国、台湾都不去，那就在日本坐牢！

三位中国学者断然拒绝前两种选择，于是被押解下船，投进了曾经囚禁日本甲级战犯的东京巢鸭监狱。他们被剃成光头，理由是为了防止把臭虫带进监狱，他们的身上被洒满刺鼻的农药"六六六"黄色粉末，并被一一编号，成为

真正的囚徒。在近四个月的时间里，三位学者失去了人身自由，受尽了折磨。

由于美方找不到任何可以定罪的证据，准备把他们移交给台湾国民党当局驻日本的机构。三位学者愤怒抗议美日当局的非法关押，坚决不与台湾发生任何关系。台湾当局派人来做说服工作，许以高薪厚禄，甚至出示台湾大学请他们去当教授的聘书，都被罗时钧等三人婉言拒绝。

赵忠尧、罗时钧、沈善炯三人被非法拘押的事件震动了世界，中国科技界和国际友好人士强烈抗议美、日、蒋反动当局的强盗行径，并积极营救三位学者。在新中国政府的多方努力和国际舆论谴责下，美、日当局无奈，只好释放了罗时钧等三人，送他们上了开往菲律宾的轮船。在菲律宾期间，台湾当局仍不死心，又派人缠着他们劝降，然而以失败告终。三位学者通过坚决的斗争，终于脱离了菲律宾的险境，乘上了开往香港的轮船。1951年春，罗时钧等三人光荣地踏上罗湖桥，回到伟大祖国的怀抱。

三、第一部中文空气动力学教材的诞生

回国后，罗时钧被安排在中国科学院数学研究所从事力学研究工作。1952年秋，奉命组建中国人民解放军军事工程学院的陈赓将军，点名聘请罗时钧和庄逢甘等到学院任教。11月罗时钧和师兄弟庄逢甘一起奔赴严寒的哈尔滨市，这两位留美教授尚不满30岁，是教授中的年轻小伙子，当时都没有成家。

罗时钧不仅学问好，积极上进，且为人正派，谦和内敛，质朴厚道，深得陈赓院长的器重。学院初创，基础课教员不足，罗时钧服从全局，愉快地出任数学教员，开始为一期学员讲高等数学；后来，他在空军工程系主要讲授"空气动力学"课程。他对所有的概念、定义、定理，都不是泛泛而论，而是揭示它们的实质及内在联系，并举出实例，以方便学员对它们的理解。他把枯燥的数学和力学理论"讲活了"。学员们不用死记硬背就能理解和记熟这些定义和定理。空军工程系一期学员潘锦珊在回忆录中说："在哈军工三年级时，罗时钧老师曾给我们讲授过'理论空气动力学'和'实验空气动力学'两门重要的

专业基础课。罗老师的讲课水平很高,概念讲得清楚,重点、难点讲得透彻。我当时是这两门课的课代表,与他接触较多。有一天下午,我和陈绪铭一起去看望他,并请他讲讲空气动力学的学习方法,他欣然应允。后来我们把他的讲话内容整理成文,并在哈军工院报《工学》上发表。"

潘锦珊还说:"罗时钧老师不仅有学者风范,军事素质也高,他来哈军工不久便穿上了军装,1955年被授予中校军衔,后来晋升为上校。记得1955年冬的一天,他在给我们上课时,陈赓院长陪同越南武元甲大将走进我们的教室,罗老师立即发出口令:全体起立。他向陈院长行注目礼,并报告:'陈院长,我正在给一系一科学员上空气动力学课,请指示!'陈院长示意让我们坐下,并向武元甲大将介绍:'这是留美学者罗时钧博士,是我国的空气动力学专家。'罗老师的讲课风格使我深受感染,我非常喜爱他讲授的两门课程,考试成绩均为优秀,这为我以后在西工大讲授'气体动力学'课程奠定了坚实的基础。"

本来课后辅导是助教的任务,但罗时钧教授也跟助教一起深入学员班,和蔼可亲地听学员们提问题,并耐心细致地启发诱导,指点迷津。他还经常找学员班长商讨改进学习方法和帮助"困难户"脱困的办法。不久,罗时钧在校报《工学》上发表了《如何加强对学员自学工作的指导》一文,在教员和学员中产生了良好的影响,他成为闻名全院的模范教员,他的课是全院的样板课,院、系多次组织观摩和学习。因教学优秀,1953年罗时钧成为中国人民解放军"五一"天安门观礼代表,并受到陈毅等国家领导人的亲切接见。

1953年11月4日,哈军工举行第一次入伍宣誓大会,有六位"老教授"从陈赓院长手中接过解放军的帽徽和胸章,其中就有罗时钧。1954年初,全国开始人民代表的普选,哈军工选出陈赓等六位代表赴沈阳,出席东北军区军人代表大会,罗时钧是六位代表之一。1957年6月,哈军工刘居英副院长率中国军校代表团出访苏联、波兰、捷克三国,身着中校军服的罗时钧教授是代表团成员之一。

1953年春,哈军工空气动力学教授会成立后,在院系领导的支持下,空军工程系的岳劼毅、马明德、罗时钧、庄逢甘四位教授开始制定风洞建设方案和具体设计工作,从此开始了成为哈军工里程碑式业绩的"风洞群"建设。当时国内空气动力学专业缺乏中文教材,罗时钧经过几年的教学实践,于1955至1956年编写了我国第一部中文空气动力学讲义,以后又相继编写了多部空气动力学专业教材,教育培养了几代空气动力学人才。1958年,罗时钧为中国的第一架新型超声速飞机设计提出了气动力计算方案,并指导学生用手摇计算机完成了这一计算。

四、"文革"中遭受磨难,困难中坚持科研

1956年,国防部五院成立的时候,院长钱学森曾点名调他的高足罗时钧去五院工作。但是,罗时钧是哈军工挑大梁的骨干教授,讲课任务繁重,专业离不开,学院舍不得放人。结果"文革"一来,罗时钧教授遭受批判和审查,身心受到很大的摧残。

1970年春夏之交,哈尔滨工程学院的航空工程系奉命并入西工大。三趟专列带着小到板凳,大到飞机的物资,轰隆隆开进古城西安,罗时钧也转任西工大飞机系教授。"文革"后期虽然遇到很多困难,但罗时钧仍坚持他所热爱的科研工作。生活稍微安定一点后,罗时钧当年的"傻劲"又来了,全身心地投入国内首次跨声速空气动力学的研究。他经常连续8小时守着计算机,中午对付点冷馍、咸菜,有时去市里情报所查个数据,也不肯上街吃顿热饭,他始终为科研在争分夺秒地工作。1976年,他受伤的胸骨阵阵发痛,两条小腿又开始发炎,但他仍带病坚持研究工作。

当年的"哈军工"人以自己的品格和学问,赢得了西工大广大教职员工的理解和钦佩,在慢慢融入这个新集体的过程中,他们也为西工大的发展做出了自己的贡献。1976年10月,"文革"结束,西工大的教授和员工们迎来了科学的春天。变化最大的人中就有罗时钧教授,这位滕王阁下长大的江西才子好像年轻了20多岁,在此后的十余年中,他成为国内外空气动力学界一颗耀眼的明星。

在首次解决大迎角非线性气动力计算的收敛性问题之后，罗时钧完成了跨音—机翼—平尾—立尾组合体纵向空气动力差分计算程序，获得1977年陕西省科研成果奖，并参加了全国国防科研成果展览。此时，罗时钧还出版了专著《跨音速定常势流的混合差分法》。1978年，他作为西工大代表，参加了全国科学大会，他的骄人科研成果获得大会科研成果奖和先进工作者奖。当他满面春风地回到西安时，西工大副校长的岗位正在等着他。

五、为计算流体力学发展和航空人才培养做出开创性的贡献

1980年，罗时钧提出"自修正风洞"是一个重要的研究方向，他指导研究生进行探讨，并敦促西工大空气动力学研究室深入研究。后来这一课题取得丰硕成果，在国内外引起较大关注。1983年，罗时钧参与研究"跨音速小扰动势流二级近似方法及其在翼型和机翼绕流上的应用"获航空工业部理论成果奖。1986年他与其他人合作研究S型进气道流场的计算机模拟，获陕西省高校科研成果二等奖。1988年，罗时钧在1976年首次解决大迎角非线性气动力计算的收敛问题基础上，把计算迎角提高到60°，在国际上首次得到非对称气动力计算结果，并取得计算方法上的突破，具有很高的理论和应用价值。

罗时钧的学术论文一篇接一篇在国内外发表，邀请他访问讲学的函件也一封接一封地飞到西工大。20世纪80年代，他应邀到瑞典皇家工学院，联邦德国宇航院，美国康乃尔大学、马里兰大学、加州理工学院、南加州大学、圣塔克拉拉大学等十几所名校和研究机构进行科研和讲学活动，并受聘为美国数所大学的访问教授。他协助建立了西工大和联邦德国宇航院的科技协作关系。在国内，他受聘为国防科技大学、上海交通大学等多所高校的兼职教授。他是航空航天部知名专家、国家多个学术组织和学科带头人、国际学术杂志的编委和评论员。1988年，罗时钧当选为全国劳动模范。

多年来，罗时钧培养了一大批硕士、博士研究生。他认真教学、精心育人，甚至在病床上一边打吊针，一边批改研究生论文，还常常把研究生叫到他的病

床前，指导他们的研究工作。他说过："我就是这么一点知识，不交给学生，不交给国家，难道还要带进棺材吗？"在他的努力下，一大批年轻学者和科研骨干得到赴德国、瑞典学习深造和科技合作的机会。

罗时钧继承了中华民族的传统美德，非常重视"孝道"。他把父亲接到西安赡养，老父亲后来病倒住院，当时的医院条件较差，一个不大的病房挤了八张病床。罗时钧天天来陪护老父亲，晚上哪张病床空着他就将就着迷糊一会儿。为了不影响学生的学业，他在陪护老父的时候，还抽空看学生的论文。

正当罗时钧的科教事业如日中天的时候，他个人的家庭和生活遭遇到一系列令他心寒的事情，在身体原因及种种错综复杂的原因下，1993年退休后的罗时钧教授，这位钱学森大弟子、为我国航空教育与科研事业做出重大贡献的科学家，被迫出国，在异国他乡教书度日，令人扼腕叹息。

六、献身科学壮心不已，耄耋之年奋斗不息

罗时钧的晚年，虽然远在美国加州，但他献身航空科学事业的志向仍未改变。2000年以来，罗时钧与美国加州大学尔湾分校刘锋教授（西工大长江学者讲座教授）、西工大蔡晋生教授合作，研究细长锥体涡流的绝对稳定性理论，并用数值计算验证，对文献中实验结果之间的不一致性给出了合理的解释，澄清了学术界关于三角翼大迎角对称的脱体涡的稳定性的争议，对飞行器前体的空气动力设计与控制有应用价值。2007年以来罗时钧与刘锋教授等合作研究基于圆锥体大迎角下漩涡的不稳定性理论，采用等离子体激励方法控制圆锥的横向空气动力与力矩；采用占空循环技术，实现侧力和偏航力矩随占空比的线性控制曲线；发现在占空循环下的侧力随时间的变化是连续曲线，而不是前人预测的矩形曲线。等离子体激励的流动控制方法具有反应快、输入功率低和无运动部件等优点，具有很好的应用前景。

在美国加州大学尔湾（Irvine）分校机械与宇航工程系工作的罗时钧，虽已年过九秩，但仍每天坚持到实验室上班。他还通过网络指导西工大航空学院的

研究生。晚年的罗时钧身体硬朗，加州温暖的气候、清新的空气令他精神愉悦，他和国内的西工大学生们始终保持着密切的联系。

七、教学相长，"教好学生是我的本分"

2013年4月1日，古城西安，春意盎然。西工大30多位师生代表齐聚一堂，举行"罗时钧先生九十寿辰庆贺座谈会"，共迎罗时钧先生九十寿辰。西工大副校长王伟，航空学院党政负责人、教授、师生代表，以及学校多个职能部门负责人出席会议。座谈会通过视频连线的方式，与远在美国的罗时钧先生共同分享他的生日快乐。座谈会上，大家畅所欲言，共忆罗时钧教授卓越的科学建树，共话恩师谆谆教诲之恩，共叙航空教育的美好明天。

原航空工业603所所长李洪毅研究员兴奋地说："50多年前在哈军工听罗老师空气动力学课程时的情景，至今仍历历在目。在我们的眼中，他是一位一辈子做学问、一心一意做学问的教授，是一位平易近人的好老师。今天是罗老师九十寿辰，我们祝贺罗老师，敬佩罗老师，学习罗老师。罗老师一生虽经历了诸多磨难，但是他依然著作等身、成就非凡，是我们永远学习的榜样。"

"我从罗老师身上不仅仅是学到了知识，更学到了一种精神：他历经磨难，但是总能静下心来做事。他对西工大的发展更是不遗余力。他首次建立了西北工业大学与联邦德国宇航院的科研协作关系，使得一大批空气动力学专业的中青年科研骨干，得以赴联邦德国宇航院学习深造和科研合作。他是真心希望学生好，真心希望西工大好。"西工大航空学院退休教授杨埜深情地回忆道。

西工大航空学院教授、长江学者蔡晋生是罗时钧教授在西工大期间指导的最后一个硕士研究生。他说："这么多年来，我一直都与罗老师保持联系，在他的指点下开展研究。1999年后，我先后在美国加州大学尔湾分校、新加坡国立大学淡马锡研究所从事科研工作。当我告诉罗老师我想回国工作的消息后，罗老师非常高兴，并且极力推荐我回到西工大。2008年，我受聘为西北工业大学流体力学学科'长江学者'特聘教授，也完成了罗老师的心愿。"

西工大航空学院流体力学系副教授，主要从事大迎角空气动力学及其主动流动控制研究的孟宣市也感慨地说："罗老师常常教导我说，干我们这行，要吃苦、肯干、坐得住。""在科研领域，没有第二，只有第一，一定要有时不我待的紧迫感。"罗时钧教授的教诲给这位青年教师留下了永久深刻的影响。

2013年3月下旬，受学校委托，正在美国执行带队出访任务的西工大纪委书记刘丽华，代表学校专程前往探望罗时钧先生，并送上全校师生的诚挚祝福。3月31日，西工大党委书记陈小筑、校长汪劲松共同署名，通过电子邮件给罗时钧先生发去电子贺卡，表达了美好的生日祝愿。

在得知西工大师生为庆贺自己九十寿辰举行了诸多活动后，罗时钧先生十分激动。他致信学校，并通过视频表达了对母校的感激之情。2013年3月26日，罗时钧先生亲自执笔致信西工大，饱含深情地写道："多年来，我身在国外，但一直关注母校和流体力学的发展，为你们所取得的各项成绩感到由衷的高兴，也为能和大家一起为母校的流体力学专业的发展，做一些有益的事情而感到欣慰。"罗时钧先生还在视频中感慨地说："作为老师，就是要做好本职工作，教好课，辅导好学生。这个过程中一定是教学相长，为了教好必须学好，只有学好才能教好，教学好了科研才能水到渠成。这些年，我取得了一些成绩，那都是跟大家一起合作、互相学习、共同进步的结果。"他还对学校多年的关心表示感谢，并希望大家共同努力办好西工大。

罗时钧教授长期从事飞机部件空气动力学、跨声速空气动力学、大迎角空气动力学、计算流体力学的教学和科学研究工作。近三十多年来，先后指导研究生几十名，为西工大的航空教育和中国空气动力学学科的发展做出了杰出的贡献。他把成就写在祖国蓝天上，更把他的大爱镌刻在西工大师生的心里。

在阔别学校20多年后，2018年元月，罗进钧教授又回到了西工大。叶落归根夙愿的实现与西工大的巨大变化令他异常兴奋，他要把自己的一切奉献给祖国的教育事业，他衷心地希望西工大在进入国家"双一流A类高校"的道路上继续加快发展，为祖国的航空、航天、航海科技进步做出更大的贡献！

主要参考资料

[1] 滕叙兖：《名将名师》书中罗时钧一章，当代中国出版社，2013年8月第1版。

[2] 高超、蔡晋生、李华星、张正科：《罗时钧：我国空气动力学学科奠基人》一文，《西工大故事》，西北工业出版社，2013年10月。

[3] 王凡华：《蓝天大爱——师生代表共迎校友罗时钧教授九十寿辰》一文，西北工业大学新闻网，2013年4月2日。

（根据相关资料整理，黄迪民执笔）

——哈军工空军工程系并入西北工业大学史话

一生追随钱学森的空气动力学家庄逢甘

一、追随钱学森走上空气动力学研究之路

1925年2月11日，江苏常州一户以榨油为生的人家喜得贵子。也许是为了表达久旱逢春雨的盼子之情，父亲庄德成为儿子取名逢甘。10岁那年，庄逢甘进入常州县立初级中学学习，成绩出众，文理兼优。1937庄逢甘以第一名的成绩考入上海南洋模范中学，并以第一名的成绩毕业于该校。在校期间，获得数学老师赵型先生的指导，曾在数学比赛中屡次获奖。在这里庄逢甘曾读过《本杰明·富兰克林自传》，很希望自己能够成为富兰克林那样的人。此时，日军已发动了全面侵华战争，深受爱国主义教育的庄逢甘心急如焚，只恨自己不能跃马横刀走上抗日战场。

1942年12月，庄逢甘赴重庆进入交通大学航空工程系学习，寻求航空救国之路。1945年抗日战争胜利，他随学校迁回上海。1946年以优异成绩毕业于交通大学航空工程系，并留校任助教。1947年庄逢甘赴美留学，在途经日本时，竟遭当时日本政府阻挠，不允许登岸。身为战胜国国民的庄逢甘对此无理之举甚感愤懑，这一经历更激励了他为提高中国的国际地位而奋斗的责任感。

在美国加州理工学院，庄逢甘在著名流体力学专家李普曼教授的指导下攻读航空工程和数学专业。当时，钱学森教授正好在加州理工学院古根海姆喷气推进中心任主任，庄逢甘不仅有幸得到了钱学森先生的业务指导，还有机会与他交流发展中国航空事业的理想。1948年6月庄逢甘获硕士学位，1950年6月获博士学位，博士论文题目为《湍流统计理论》。由于庄逢甘在湍流统计理论方面的杰出才华，在他获得博士学位前，已收到加州理工学院让他留校当研究员的聘书。

新中国成立的消息传到大洋彼岸，极大地鼓舞和吸引了一批在海外留学的莘莘学子，一时间掀起了回国的热潮。不久，与庄逢甘住在一起的钱学森教授的博士研究生罗时钧对他说："我给你讲个消息，钱先生决定要回国了。"这是罗时钧作为保密消息告诉庄逢甘的，庄逢甘回应说："钱先生要回国？那我还不如早点回去，我也早在考虑这个问题。"听到祖国的召唤，并受到钱学森教授爱国精神的感召，庄逢甘再也按捺不住了。为了实现发展中国航空事业的理想，他毅然放弃在美国已经获得的荣誉和地位，1950年秋在克服了重重障碍之后，庄逢甘终于回到上海。他担任了交通大学数学系副教授，成为新中国建立后第一批留美回国的学者。没想到的是，钱学森教授由于美国军方和政府的阻挠，一时难以回国，而庄逢甘却后发先至，在国内等候钱先生，这一等竟是五年。

1951年7月，经知名学者周培源、钱伟长推荐，庄逢甘被调入中国科学院数学研究所任副研究员，兼北京大学物理系副教授。1952年11月，中国人民解放军军事工程学院在哈尔滨筹建，陈赓院长点名将庄逢甘、罗时钧等人调到哈军工空军工程系任教授，讲授空气动力学并筹建实验室。1953年春天，哈军工空气动力学教授会成立，岳劼毅教授任主任，马明德教授任副主任兼空气动力实验室主任，骨干人物中还有庄逢甘教授和罗时钧教授。陈赓院长特别批示空军工程系要加紧空气动力实验室等四个学科实验室的建设。因为，在空气动力学研究试验的三大手段——风洞试验、飞行试验和理论分析计算中，风洞始终占据主导地位。风洞是一种能产生人工气流，并能观测气流或气流与物体之间相互作用的管道装置，不同流速、密度和温度的气流能模拟各种飞行器的真实飞行状态。作为一种标志，它往往被用来衡量一个国家空气动力学技术水平的高低。

空军工程系制订风洞实验室方案的核心人物是岳劼毅、马明德、庄逢甘、罗时钧四位教授，四个人经过几次讨论，提出了初步实施计划，主要内容是先建造两座实验段直径为1.5米的回流低速风洞：一座是开口的，编号为1号风洞；另一座是闭口的，编号为2号风洞。等这两座风洞建成后，再建一座实验段截面为80毫米×80毫米的超声速风洞，编号为3号风洞。

在建设1号、2号风洞的过程中，马明德请来庄逢甘教授这个理论专家，先进行风扇桨叶的空气动力计算和设计。

1954年11月20日上午，哈军工大院突然响起巨大的轰鸣声，1号风洞首次试车一举成功，最大风速为50米/秒。大家乘胜前进，又奋战40天，2号风洞也试车成功。两座风洞的性能达到了设计要求，天平的性能良好。这是新中国成立后我国最早建成的两座实用型低速风洞。1955年1月8日，空军工程系举行风洞实验室开幕典礼，并在实验室大楼刻石留念。在人们的热烈掌声中，院首长及各部、系、处、专科领导，各教授会主任和空军领导机关的代表走进会场。系主任唐铎致开幕词，空气动力学教授会主任岳劼毅教授报告实验室筹建经过，刘居英副院长代表学院党委向实验室全体同志祝贺，并宣读了陈赓院长兼政委签署的嘉奖令。哈军工空军工程系1号、2号风洞的建成有庄逢甘教授的一份贡献，这也为他后来主持中国航天空气动力学试验基地的工作奠定了基础。

1955年11月，刚从美国回国不久的钱学森教授来到哈军工，陈赓院长亲自迎接并陪同参观。在空军工程系，钱学森在陈赓院长和唐铎主任等陪同下走进风洞实验室，听过马明德教授的介绍，钱学森说："了不起啊！你们的空气动力学研究已经走在全国的前列，看来中科院要向你们学习呢。"一到学校，钱学森便要求与在空军工程系工作的庄逢甘、罗时钧俩人见面。因为上午他们两人有课，陈赓说："让他们两位中午来，一起陪老师吃饭。"中午，两位年轻的少校军官气喘吁吁地赶到钱学森面前，一个标准的军礼，齐声喊道："钱老师，您好啊！"分别五年后在祖国重逢，庄逢甘和罗时钧都十分兴奋。庄逢甘说:"你回来了,这下可以好好研究一些理论了。"钱学森对他说:"现在主要不是搞理论研究,而是要搞工程建设。没有工程建设,研究就是空的……"钱先生一席话,给了庄逢甘深刻的启迪。

不久后,钱学森向国务院递交了《建立我国国防航空工业的意见书》,草拟了我国火箭、导弹事业发展规划,并开列了参与此项工作的21位高级专家名单,其中便有庄逢甘和罗时钧的名字。1956年夏的一天,陈赓院长在北京与庄逢甘、任新民、梁守槃三位教授会面,告诉他们:"组织上已决定调你们参与筹建国防部第五研究院,搞导弹事业。""其实学院不舍得放你们走,你们都是创建哈军工的元老,是第一批老教师,但我们得顾全大局呀……"本来还有罗时钧教授,因他的教学任务太重,专业离不开他,学院领导商量后调了另外一位教授。陈赓院长最后还对庄逢甘说:"逢甘啊,钱学森同志要出任五院院长,就跟着你的老师好好干吧。"从此以后,庄逢甘便在钱学森的直接领导下,走上了火箭、导弹空气动力学研究的道路,并逐渐成为一名饮誉世界的空气动力学家。

庄逢甘调入国防部五院后,首先是筹建空气动力研究所。在钱学森的领导和指挥下,庄逢甘主持了中国航天空气动力学试验基地的规划和建设。到20世纪60年代末,中国第一个试验设备配套完整、厂房雄伟、技术力量齐全、崭新的航天气动试验研究基地诞生了。它的名字就叫北京空气动力研究所,代号701研究所。钱学森高兴地看到自己规划建设的北京空气动力研究所的蓝图已经实现,以十分喜悦的心情对此作出高度评价:"在基础条件不好的情况下,我们只用了美国一半的时间,就建成了空气动力试验基地,初步开展了跨、超声速生产性风洞的型号试验工作。"

二、给卫星、导弹研制架设"高速通道"

1980年5月18日,我国成功地向太平洋海域发射洲际导弹,一石击起千层浪。西方航天专家立即做出推断:中国已经建成了专门从事飞行器空气动力试验的秘密机构,而且具备了相当的规模和较高的水平。这样的推断并非空穴来风。空气动力学在航空航天事业发展中被誉为"先行官",有着举足轻重的作用。德国、美国、苏联等世界发达国家几乎毫无例外地成立了国家级的研究试验机构。

1956年10月,中国国防部第五研究院成立。空气动力研究室是最早组建的十个研究室中的第七室。年仅31岁的庄逢甘,被钱学森院长点名担任该室的技术负责人。对于飞机、导弹、卫星来说,没有风洞,就意味着要做实弹试验,而一次试验的花费则高得惊人,庄逢甘深感重任在肩。1957年8月,他起草了第一份中国航天空气动力学试验基地的设备规划。随后,在外援中断和严重自然灾害的困难条件下,庄逢甘带领一支年轻的队伍开始了逆风飞扬的艰苦征程。七载寒暑,他们踏遍蜀道,愚公移山般地选址凿洞,当地老百姓看见他们把仪器架在山坡上,甚至以为遇到了看风水的阴阳先生。

钱学森认为空气动力研究中风洞试验还要与理论计算紧密结合,因此,要求庄逢甘在抓紧风洞设备建设的同时,还要抓紧理论计算队伍的建设和计算机的配置。20世纪60年代初,五院空气动力研究所成立了理论研究室,通过承担型号研制中提出的气动课题,培养了一大批理论研究人才,并配置了全国第一台电子管式电子计算机——乌拉尔–2。对于理论研究工作,钱学森提出了"为型号服务"的方向,在当时的型号研制中发挥了作用。在成立理论研究室时,庄逢甘曾向五院党委写信,汇报空气动力学如何为型号服务的想法,1960年1月27日,钱学森在给庄逢甘的信中指出:

庄副所长:

您在二十日给党委的信,党委要我来复。三个问题:

(1)空气动力设计问题,作为红旗1号型号委员会的委员,是负责空气动力方面的,您完全可以,而且有责任抓这个问题。您可以到设计部门去了解,去听汇报。

(2)风洞、试车台、试验件的加工问题,现在已经作了安排,能满足您提的要求。

(3)型号委员会的问题,作为委员,您可以把您的意见向型号委员会的主任及副主任提出。

以上的意见,我已向钱文极主任及屠守锷副主任说明。我们想您能这样地提出问题是非常有利于工作的。

钱学森

1960年1月27日

从上述信件可见,钱学森早在1960年就明确提出空气动力研究所的研究工作,要和型号的设计密切配合,争取在型号设计中发挥更大作用。在钱学森的直接领导下,庄逢甘在科研一线解决了一系列导弹、火箭、飞船理论研究与实践中关键性的气动问题。

早在20世纪60年代,庄逢甘就十分关注国际上计算空气动力学的发展趋势与计算方法研究。当时国内计算机水准很低,但庄逢甘坚定地提出必须在我国尽快地开展计算流体力学方面的研究,以便将来迎头赶上国际潮流。他曾主持召开了全国第一届计算流体力学会议,在会上作了《计算空气动力学回顾与展望》的报告;在中国第一届流体力学数值方法讨论会上,庄逢甘作了《再入空气动力问题与计算空气动力学》报告;在全国计算物理会议上,他又作了《高速粘流数值计算》报告。这些报告明确地指出了计算空气动力学在飞行器发展中的重要性,以及在航空航天高新技术中的应用前景。

1964年,国防科委成立了以钱学森为组长、庄逢甘等任副组长的空气动力学专业组,对全国空气动力学试验基地的设备建设做了全面规划。庄逢甘与郭永怀等亲自主持了中国空气动力研究与发展中心的试验基地建设,甚至在"文革"期间也未曾停止。庄逢甘曾提出,在试验基地建设期间,实验技术与测试技术必须同时启动,设备的自动化与计算机控制应及时配备。我国试验基地建设的历程不同于西方国家,他们从低速风洞建设开始,经历了几十年漫长的路程才建成了试验基地。我国试验基地建设过程中低速风洞与高速风洞及其他特种风洞几乎同时起步,技术上难度大,但是大大缩短了建设周期。

在设备建设方面,结合我国国情,庄逢甘提出许多新的方案。例如,为了满足我国自行研制喷气发动机的需要,将原有的冲压发动机试车台改建为喷气发动机与冲压发动机共享试车台，直接服务于运载飞行器和飞机发动机性能研究。试验基地的各种设备在我国卫星、导弹的研制工作中发挥了重要的作用。改革开放以来，国外同行对于我国自力更生建造的试验基地给予了很高的评价。

从1965年中国设计首座风洞起到20世纪80年代陆续建成，庄逢甘一直是技术负责人之一。在他的正确决策和指导下，先后建成了达到国际水平的跨超声速风洞、高超声速风洞等设施，形成了气动试验新的规模，奠定了中国航空航天空气动力学发展的基础，对我国飞机、导弹、运载火箭、卫星等各种飞行器的气动试验和研究设计起到了重要作用。

三、中国空气动力学界"淮海战役"的前线指挥与开拓者

1964年10月16日，我国在西部地区爆炸了一颗原子弹，成功地进行了第一次核试验。1967年6月17日，我国又在西部地区成功地爆炸了第一颗氢弹。外界惊呼："东方巨龙终于打进了世界核俱乐部！"实际上，我国当时尚未真正具有核威慑力量，因为我国的核武器运载工具——洲际导弹还没有研制成功。由于"有弹无枪"，弹只能"呆"在家里。

1969年、1971年我国接连进行了两次洲际导弹飞行试验，但均因弹头再入时被烧穿，致使试验失败。试验人员从捡到的端头帽上发现导弹头部都有一条7～8毫米的沟槽，这触发了中国洲际导弹研制史上一场规模空前、被钱学森称为"淮海战役"的弹头再入气动、防热研究的战役。

其实，早在1964年，钱学森就十分重视再入飞行器防热问题的研究。由钱学森倡议，组成了一个再入飞行器防热研究的全国性的研究协调组，钱学森亲自担任组长，庄逢甘具体组织攻关工作。参加研究的单位除了国防部第五研究院等多个单位外，还包括中国科学院的力学所等单位。钱学森亲自组织协调研究工作。1964年12月，召开了研究成果的汇总汇报会。在这次会上，钱学森提出中国的再入飞行器防热要走烧蚀防热的道路。

1975年，在远程导弹再入飞行器研制中，遇到了两大技术难题：一是再入飞行器防热问题，二是再入飞行的稳定性问题。1975年9月10日，由钱学森挂

帅，庄逢甘主持，集中组织了全国各有关工业部门、科学院，高校空气动力的研究所、研究中心、实验室的专家，进行了一场攻克"再入防热和飞行稳定性"的大会战。钱学森在动员会上指出：再入飞行器的气动防热是研制远程导弹的关键问题，要用系统工程的办法来攻关，他称这次会战是一次空气动力学界的"淮海战役"，号召大家要用拼搏精神参加这次大会战。

庄逢甘被国防科委和七机部委以"淮海战役"前线指挥长的重任，承担"烧蚀防热研究"攻关。这使他成为我国烧蚀防热气动理论、烧蚀实验和测试技术的开拓者。"淮海战役"集中了全国气动领域的精兵强将，庄逢甘则是名副其实的"统帅"。然而在科研一线，却经常可以看到他像一位普通技术人员一样，亲自参加试验甚至记录各种数据。他说，唯有这样做，决策起来心里才踏实。

在庄逢甘的组织下，采用了系统工程的方法，把上述两个关键技术分解成若干专题，按空气动力学特点，并按照上述解决气动问题的三大手段进行分解。整个工程项目下再设专题、课题组。考虑到各单位的气动计算和风洞试验结果可能会差异较大，因此，每个题目都起码有两个以上单位同时承担，尽可能用不同的方法进行研究，以确保结果的准确性。型号总体部和研究试验单位组织起来，对项目的进度、质量及时进行检查、协调、总结和交流，然后再逐项综合集成，提出结论性意见，最后组织专家评定。

经过一年多的共同努力，1977年2月，又一次召开了攻关会议。钱学森再次参加会议，听取了一年来的工作汇报和结论。在会议上，经过专家评议，一致认为两个关键技术已经基本突破。会议上虽然还提出了一些问题和需要深入开展的工作，但这些问题不会影响再入飞行器进行模拟真实再入条件的飞行试验。最后确定关键技术问题是否真正解决，还必须由飞行试验结果来证实。

虽然飞行试验的成功证实了上述结论，但由于任务的扩展和再入飞行器气动防热问题的复杂性，有关领导决定这样的攻关工作仍将继续下去。1979年召开了第三次会议，会议以第二代再入飞行器为背景，通过了《1979至1985年再入飞行器气动力学和气动热力学研究试验大纲》。在制定这份大纲时，研究人员主动采用了钱学森倡导的系统工程原理，将整个工程作为一个大系统，进行系统分析和系统论证，从而使得整个研究试验工作具有明确的整体目标和阶段目标，各种手段和各个课题相互配套，以促进当前工作和长远工作的结合。这十分有利于合理安排人力和资源，提高研究试验工作的效率。这份大纲是在庄逢甘亲自领导下，由起草小组经过长达半年的调查研究后编写出来的。通过会议充分讨论后，大家对再入问题的认识又有了提高，其结果最后发表在 1984 年《宇航学报》由庄逢甘、黄志澄、董兴德署名的论文《再入问题的理论与实验》中。

实践证明，由钱学森倡导、庄逢甘具体执行的应用系统工程的方法进行关键技术攻关的模式，是十分有效的。在以后的载人航天工程飞船返回舱空气动力学和防热的攻关中，也采用了类似的系统工程的攻关方法，同样取得了良好的效果。经过十多年奋力攻关，庄逢甘有效地利用人力、物力和现有科技成果，解决了再入弹头的气动、防热和再入物理等多项重大技术的关键问题，形成了具有中国特色的气动研究和发展模式。

庄逢甘还非常重视流体力学前沿问题的研究，十分注重对新观点、新概念、新方法和新理论的探索。1989 年他主持建立了国家自然科学基金重大项目"旋涡、激波和非平衡起主导作用的复杂流动"课题，带领百余名科技人员，对非定常流和旋涡运动，从理论、实验和数值模拟等方面开展了系统研究，取得了重大进展。这一前沿课题，孕育着下一代航空、航天飞行器的许多新概念，具备很大的发展前途与应用价值。

四、探索航空航天科学前沿，不断努力创新发展

庄逢甘一生治学严谨、工作认真。虽然领导工作和社会活动繁忙，但他从不放松对前沿科学的探索。进入 21 世纪，他与中科院多位院士一起，深入到全国各地的航空航天研究、设计和生产部门进行调研，并参与组织召开了有关国家空天安全问题的香山科学会议和多次研讨会，就我国航空航天科学技术现状和未来发展，提出了意见和建议，呼吁要重视力学等基础科学对航空航天科技发展的重要作用。

2002年5月30日，庄逢甘在中科院第十一次院士大会的学术报告会上发表了《空天安全的若干重大基础问题》的学术报告。他指出，为保证21世纪中国的空天安全，中国将致力于基础研究，为发展空天作战武器平台和空天飞行器做好科学储备。这篇报告引起国内外的广泛关注。庄逢甘在报告中指出，中国要发展自太空至大气层和自大气层至太空飞行的空天飞行器，以形成发展空天作战的武器平台。他说，目前需要解决六项关键技术：高超声速技术，高机动飞行技术，长距离空天飞行技术，高隐形技术，兼具超轻品质、高强韧、耐热和抗冲击性能的空天器结构技术，精确打击及可靠性技术。

庄逢甘表示，曾经美国和欧洲有关空天飞行器的研究由于技术储备的不足，纷纷下马。中国应吸取其教训，致力于关乎空天安全的重大基础研究，并由此产生具有中国特色的源头创新，以便为未来空天飞行器的研制奠定技术创新的基础，并进行具有战略意义的源头创新储备。

庄逢甘还特别指出，要发展高隐形技术。他提到了美国的导弹防御系统。他说，源头创新对于中国空天技术非常重要，"因为源头创新的效果最大"。他表示，中国不能跟着外国的路子——航天飞机到空天飞机——来进行自己的研发，中国有可能实现跨越式的发展。同时，在研发过程中，中国人要用更少的资金实现更好的效果，他举例说，中国研究导弹的费用就不到外国的十分之一。

庄逢甘在随后接受采访时表示，中央关于载人航天从飞船起步的决定是正确的，如果采用航天飞机的形式，可能到现在也不会取得成功。他同时反驳了所谓"中国研制的载人飞船是落后技术"的说法。他说，中国的飞船已经不是苏联20世纪60年代意义上的飞船，中国飞船的很多技术都是新发展的，即使与俄罗斯现在的水准相比，也很优越。俄罗斯的飞船技术长期没有取得重大进步，而中国的飞船技术却在不断发展。在进一步阐述该问题时，他指出，研究飞船而不是航天飞机，主要考虑有以下三点：一是航天飞机的成本太高，以美国为例，每运送一公斤东西上太空，就要花费二万五千美元；二是航天飞机必须人货同装，每送物品必须用人，而飞船则没有这个必要；三是航天飞机的重复使用存在问题，每上一次天都需要大规模的修理，包括防热网、气口等部位均被烧坏。庄逢甘认为,能够像普通飞机一样重复而方便使用的空天飞机是最标准的发展目标,中国要往这个方向走,而飞船是一个很好的台阶。如果中国具备跨越航天飞机阶段能力的话,一定会跨越这个阶段。庄逢甘还透露,中国正在研究能够重复使用的航天器。他指出,飞行器与空间站的研发要配套进行,以节约成本。当时有关空天安全的科学研究后来列入国家"十五"计划,属重大科研攻关项目。当被问到此计划是否针对外国一些相关计划时,庄逢甘引用了毛泽东主席的一句话作为回答,即"别人有的我们也要有"。当然,他认为当时我国空天技术与国外水准相比还存在较大差距,因此更应致力于基础研究,力争源头创新。

庄逢甘还积极参加和推动国际学术交流,在中美恢复外交关系之后,1975年,他作为中国科学技术协会第一个代表团成员访问了美国,并在普林斯顿大学、麻省理工学院和斯坦福大学等处作了学术报告。此后多次出访英国、法国、联邦德国、意大利、比利时、日本、俄罗斯等国家,并上百次地接待外国专家学者来访。1979年,庄逢甘成为美国航空和宇航学会的高级会员,并曾担任美国《飞机杂志》的国际编委。1985年,他被选为第十届国际计算流体力学会议主席。同年,他还被选为国际宇航科学院院士。1989年,庄逢甘担任了中国国际空间年筹备委员会副主任及国际计算流体力学会议科学委员会成员。1989年11月到1990年9月,他接受美国加州理工学院的特邀,以希尔曼·费尔柴尔德卓越学者的身份,去美国进行访问讲学活动。在此期间,除进行不定期专题研究报告以外,他还特别注意与加州理工学院的同事和各地来访问的著名学者对前沿问题进行探讨。在国际交往中,庄逢甘还圆满地解决了一些有争议的问题。例如,中国在国际科学联合会恢复工作之后,他作为中国代表团团长于1986年、1988年两次前往参加会议,会上坚持"只有一个中国"的立场,并采用了奥运会的方式,设立中国台湾席位,解决了"两岸关系"问题。

庄逢甘还非常重视与青年同行的合作,注意培养新生力量和发掘人才。早在20世纪60年代,他亲自为科研人员讲授空气动力学、物理统计学和外语等课程。自 1980 年以来，庄逢甘在北航直接指导空气动力学及实验力学两个博士研究生点，取得了不少合作成果。同时，庄逢甘还担任中国空气动力研究与发展中心研究生部的名誉主任。他所领导的博士生组自 1984 年以来，在前缘涡襟翼的研究方面取得了一系列的研究成果。长期以来，庄逢甘与许多同行定期研讨前沿课题及其进展，在国内组织北京计算流体力学讨论班，并坚持了数年。1995 年以来，又组织青年科学讲坛。他在科协与政协中担任要职，因此更广泛地参与制定方针政策，并积极提出建议。

庄逢甘曾指出不同学科合作的必要性和相关学科合作的优势。例如，他提出农业方面的病虫害与生物学合作可能获得好的效果。他还关心我国中西部的建设，提出"旱地龙"以解决缺水地区肥料的可能性。另外，庄逢甘在加强精神文明建设方面，揭露了少数人推行的"伪科学"行为。他对我国航空、航天事业的发展有重要影响，是我国空气动力学学科研究的主要宣导者，为中国航空、航天事业的建设与发展做出了杰出的贡献。

庄逢甘于 1978 年获北京市科技先进工作者，并获全国科学大会奖；1985 年获全国科技进步特等奖（主要获奖者之一）；1992 年获国际航空理事会戈根海姆奖；1993 年获美国中国工程师学会成就奖；1994 年获何梁何利技术科学奖；1995 年获全国科技进步奖二等奖（第一名）；2004 年获光华科技进步奖。

五、幸福的家庭，大家的风范

除了事业上成果卓著，庄逢甘的家庭也是幸福美满、令人羡慕的。他和夫人戴淑芬自 1953 年结婚以来，举案齐眉，相敬如宾，展示出科坛伉俪高尚的人格魅力。

1952 年暑假过后，中科院数学研究所的庄逢甘以兼职副教授的身份，给北京大学物理系气象专业三年级学生开了一个学期的课，讲授流体力学。讲台上这位 27 岁的归国博士才华横溢，很快得到了学生的尊敬和崇拜，戴淑芬也是其"粉丝"之一。

期末考试后，戴淑芬感觉考得不好，心中内疚，于是满怀歉意地给庄逢甘

——哈军工空军工程系并入西北工业大学史话

写了一封信：没有学好老师的课，对不起老师，不知还能否再见到老师。没想到几天后，庄逢甘专门从中科院数学所来到北大女生宿舍看望大家，像兄长一样和蔼可亲。当戴淑芬送他离开时，庄逢甘问她星期天是否有时间，要请她吃饭。从此，每周星期天都成了这两位青年的幸福时光。

1953年9月1日，中国人民解放军军事工程学院在哈尔滨宣布成立的这一天，他与戴淑芬喜结连理。没有婚礼，两人只是照了一张结婚照。婚宴也很简单，全部内容仅为25个水饺，新郎吃了15个，新娘吃了10个。然而正是这样简简单单走到一起的两个人，在此后半个多世纪中从没吵过架，始终同甘共苦、相濡以沫。

庄逢甘时常检讨自己一生不管家务："我干家务事，名为帮忙，实为添乱。"但细心的戴淑芬一直坚持照顾他的生活起居。直到八十多岁腿脚不便，庄逢甘还坚持上午上班，他都是在夫人的搀扶下先到食堂用餐，然后走进办公大楼，令旁人又是羡慕，又是钦佩。

回忆自己的父亲，其子庄飞对庄逢甘印象最深刻的是他的教育方式。"父亲对我们很少'言传'，更多是'身教'。"庄飞说，在学习方面"他自己非常刻苦，我记忆中，他下班回家也总是在看书、写文件，每天工作到很晚。这样的工作、学习精神，让我们从小就受到了感染"。

2005年2月21日是庄逢甘院士的80大寿，一张张贺卡、一束束鲜花不断送达他的办公室，一缕缕馨香和一声声祝福使冬日的房间变得像春天般明媚。走进办公室，平日不苟言笑的庄逢甘笑容满面，1月31日，航天科技集团公司科技委隆重地召开了庄院士80岁寿辰座谈会，集团公司张庆伟总经理，马兴瑞、许达哲副总经理以及众多科技委专家、各方代表、机关领导与先生聚集一堂，衷心祝愿老人健康长寿。当庄逢甘接受张庆伟总经理的祝词时，第一个举动就是向总经理递上了自己写的《世界航天产业发展趋势和我国战略对策的建议》。他说："古言道，'老骥伏枥，志在千里'，我虽跑不动千里了，但还可以跑九百里。"他坦言，当前想的最多的是预研工作，他认为预研不宜太急功近利，并非常感慨地提到一位诺贝尔奖获得者在获奖时的发言："我非常感谢我的老板，他没有因为我几年拿不出成果而开除我。"在80大寿时，先生所思所想并不是自己寿比南山，而是祖国航天事业腾飞的后劲，表现出的爱国之情和大家风范感人至深。

六、师生情谊相伴随

自从庄逢甘1956年调入国防部五院，在钱学森的直接领导下，从事火箭、导弹空气动力学研究开始，每当遇到较大问题时，他都要向钱学森请示，并坚决按钱学森的意见去办。为了工作方便，庄逢甘一家还长期住在钱学森家的楼上。每逢春节，在北京的庄逢甘和郑哲敏的全家都要到钱学森家相聚，一起吃一顿饭，保持着从美国加州理工学院开始的师生情谊。回国后的半个多世纪中，钱学森与庄逢甘两家亲如一家。下面是庄逢甘对钱学森先生的深情回忆：

大家都说我是钱先生的学生，应该说我很希望是他的学生，现实中我并不能算是他"正规"的学生。我在加州理工学院上学时，原打算结束学业后留在美国，当时我已经接受了学院的聘请。但新中国的成立以及朝鲜战争爆发启示了我，我又了解到钱学森先生要回国，于是改变了自己的计划，也要早点回国，为祖国的航空事业贡献力量，钱先生直接影响了我。

我头一次见钱先生是1947年8月，在美国我去加州理工学院之前，听钱先生作工程科学的报告。之后，我对工程科学的兴趣越发浓厚。20世纪上半叶，工程科学里很多都是借鉴经验判断，知其然不知其所以然，而钱先生则注重发展技术科学。后来我专业从事空气动力学，空气动力学是全新领域。空气动力学主要靠三大手段：风洞试验、飞行试验和理论分析计算。为此，钱学森先生第一是抓风洞建设，第二是倡导从设计上优化数据。

20世纪60年代初期，为了开展中远程导弹的研制，我们召开了专题会议。钱学森先生提出，最重要的是风洞建设，要尽快使风洞的常规试验过关。钱先生看得很远，他经常讲：外国人能干的我们一定能干。他的这种不服输的精神对我是很大的鼓舞。1963年，我们的研制遇到困难，钱先生把我们的攻关叫作

"淮海战役"。我们对这次"淮海战役"的印象非常深刻,它真的扭转了中远程导弹研制的局面。

2005年的一天,庄逢甘看望钱学森先生时,钱老感慨地说:"小庄啊小庄,你也80岁了。"大家听着都不由得笑了起来。2009年10月31日上午8时6分,中国科学院院士、中国工程院院士、中国航天事业的奠基人钱学森逝世,享年98岁。在送别钱学森先生的时候,庄逢甘身穿黑色西服,神情十分悲痛地说:"我到现在都不敢相信这是真的。""他把自己全部的热血和智慧,奉献给了祖国的火箭、导弹和航天事业。我心里非常难过,因为我失去了一个真正的导师。现在,我希望尽可能多地做事情,让钱先生遗留下来的东西更好地发挥作用,更好地告慰先生。……"

2010年11月8日凌晨2点半,中国航空航天空气动力学开拓者庄逢甘院士在北京溘然长逝,走完了85岁的一生。这位饮誉世界的空气动力学家,追随钱学森半个多世纪,奠定了我国航空航天空气动力学发展的基础,并将毕生心血倾注其中,至死不渝。"病重住院期间,父亲仍然时时惦记着工作。"其子庄飞这样说。庄逢甘常对前来探望的人表示,病好了以后还要回去工作,要"大干一场"。可惜,这次他的愿望没有能实现。

参考资料:

[1] 奚启新:《钱学森传》,人民出版社,2011年12月第1版。

[2] 滕叙兖:《哈军工传》上卷,湖南科学技术出版社,2006年7月第2版。

[3] 付毅飞:《庄逢甘:用一生书写中国"空动"的传奇》,《科技日报》,2010年11月9日。

[4] 庄小虎:《庄逢甘先生传》,百度网,2010年11月12日。

(根据相关资料整理,黄迪民执笔)

固体力学与应用数学家、飞机设计与航空教育家陈百屏

一、青年时代航空救国的宏愿与艰难的出国求学之路

陈百屏 1913 年 4 月出生,祖籍安徽省庐江县葛庙乡蟹子沟村,陈家世世代代务农。陈百屏父亲陈实甫在农村半耕半读、自学成才。先从事塾师,36 岁考上北京政法学堂,毕业后在安徽省原省会安庆市从事开业律师。陈百屏的母亲刘庭训是位勤朴的农家妇女,她孝敬公婆、关爱丈夫,曾采桑养蚕以供给丈夫在政法学堂读书,并艰难地把陈百屏及其三位姐姐和一位妹妹拉扯成人。

陈实甫极其重视长子陈百屏的教育,陈百屏自小聪明伶俐,是一位深受老师喜爱的好学生。高中时陈百屏考上安徽省远近闻名的安庆省立高中,他学习十分刻苦而努力,不论理科还是文科,均名列前茅。1931 年陈百屏高中毕业,同时考上北京师范大学数学系和上海交通大学电机工程系。凭兴趣他曾侧重于学数学,但他父亲认为上海交通大学是全国门槛最高的学府,将来可到交通部门担任工程师,工程师是人们梦寐以求的好职业,所以力促他去上海交通大学读书。

1935 年陈百屏以优异成绩取得工学学士学位,从上海交通大学电机工程系毕业。就在陈百屏从中学到大学求学的十余年间,他的家庭发生了较大的变化。

——哈军工空军工程系并入西北工业大学史话

随着父亲陈实甫在省会律师事务所业务的扩展,他的家逐渐发家致富,且购置了不少家产,陈家已成了当地的大户人家。陈百屏于1935年大学毕业时,他父亲业已六十多岁,按照中国旧习俗,陈百屏这位长子亦是该考虑接班"当家"的时候了。

陈百屏升入大学那年发生了"九一八"事变,日本帝国主义非法侵占了中国东北。他目睹了祖国山河破碎、同胞逃亡流离失所的悲惨命运。在1935年大学毕业这一关键时刻,陈百屏爱国心切,毅然放弃了交通部门的铁饭碗,亦不曾考虑回家当"接班人"。他深感要洗雪国耻、振兴祖国,非得有强大的国防力量不可。因此,他抱着航空救国的宏愿,考入中央大学刚刚筹建的自动工程系机械特别研究班,研习航空工程。

20世纪30年代中期,面对日寇侵略步步加紧的局势,中央大学筹办了航空工程系,陈百屏考入研究班,全班共计招收28人。研究班学员全部住校,统一着装,每人每月领取津贴30元法币,完全够一个人的生活费。从这时起,陈百屏已不再用家资而在经济上完全自力更生了。据同班同学陈宝敏回忆:"在研究班时,陈百屏经常戴着一副厚黑框深度近视眼镜,足蹬一双黑色大皮鞋,可代表他名士派的风度。他在校学习时成绩优异,而且对数学颇有研究,常爱解难题。闲暇之时,也常常下象棋和玩扑克。"

由于形势的急迫,第一届研究班仅经过一年六个月的学习和两个月的航空工厂实习,便于1936年底提前毕业。这届学员经过学习期间的淘汰,毕业时仅剩下21人。由于陈百屏学习成绩优秀,中央大学选拔他和黄玉珊二人留校任助教。1937年初,黄玉珊考取了第五届"中英庚款"留学生。这时在中央大学的第一届研究班学生中,只剩下陈百屏一个人留校任助教。1937年抗战中航空教育兴起,中央大学也将自动工程系正式更名航空工程系。除研究班外,这年开始招收本科班。到1941年,就有了本科毕业生冯元桢、沈申甫、张阿舟、高永寿等,他们后来均成了国内外著名的科学家和教授。当年,他们都曾受到过陈百屏的熏陶和指点。

1937年"七七事变",日寇对中国发动了全面性的侵略战争,在国家存亡关头，随着形势的急速发展，中央大学以及航空工程系领导，均在积极地筹划着向四川的搬迁事宜，陈百屏一直坚守教学岗位。恰在此时，陈百屏的父亲陈实甫突然与世长辞。这时陈百屏作为长子只好马上请假，回安庆去奔丧料理后事。在随后办理家事时他才发觉，当年因他未及时地回去"当家掌权"，陈家的家产和当家权力已完全落入了他父亲的三姨太陈淑宏之手。陈氏吸食鸦片，处理家务独断专行，蛮不讲理，对陈百屏年迈的母亲也常常不能以礼相待，还时有欺诈行为。陈百屏这位从来不会争权夺势的正人君子，面对自己家中这种鸠占鹊巢的尴尬局面感到无能为力。他这个大孝子，临此国破家衰的时刻毅然决定，趁中央大学1937年8月搬迁重庆之机，领着老母和两个妹妹一起逃往重庆。由于他们从安庆出发时几乎没能带出分文便匆匆启程，在9月抵达重庆后，他仅能凭借着自己的一份微薄的助教工资赡养一个四口之家，同时还要供给两个妹妹读书。从此时起，陈百屏在重庆的家庭经济生活便长期陷入了异常拮据的境地。

位于重庆嘉陵江畔沙坪坝的中央大学新建校址，曾先后七次遭受日寇飞机的狂轰滥炸。中央大学师生常常要在颓垣断壁之中进行教学、工作和生活。长期面对如此艰难困苦的煎熬局面，陈百屏从未气馁，他仍在坚持不懈地追求做一个"富有诗意"的科学家的理想。1940年前后，他的同窗好友，当时在航委会机械处工作的朱国洪，某日去他家拜访，还未走到他家门口，就听到他正在室内独自高声地朗诵着欧阳修的《秋声赋》："噫嘻，悲哉！此秋声也，胡为乎来哉？"诵读之声响彻户外，充分显露出了他那豪放不羁的诗人性格。可是不管何时何地，他对人却总是和蔼可亲，笑容可掬。

随着第二次世界大战中飞机的飞行速度、结构性能迅速地提高与发展，原在航委会各部门从事航空工程研究班的同窗均在抗战期间先后奉派赴美进修、实习或深造过，只有陈百屏一人此时尚未跨出过国门。他有时也感到有压力，他需要出国去投名师深造，而不能离开的症结却仍是家庭的拖累。日益年迈的老母亲和妹妹需要他亲自抚养与照顾。特别是在抗战后期的重庆，面临物价飞涨、民不聊生的局面，他舍不得离开亲人而远行。1945年抗日战争胜利，陈百屏当年便考取了教育部的公费留学生。可当时中央大学尚未迁回南京，他仍需照顾家庭；同时他的未婚妻金蔼如，当时正在四川白沙国立女子师范学院数学系四年级学习，此时的他仍无法出国留学。直到1946年6月金蔼如大学毕业，他俩在重庆结婚。同年7月，陈百屏夫妇才与母亲、妹妹一起搭乘中央大学搬迁轮船沿长江顺流而下。抵达安庆后下船，将母亲送回庐江县老家安顿妥当，夫妇俩便回到南京中央大学。但此后，陈百屏又得知美国船员正在罢工，且暑期前无法及时启程。所以直到1946年10月，陈百屏匆匆将夫人送回沈阳岳父家，才得以启程东渡赴美国留学。

二、开创工程结构矩阵分析的先河

陈百屏自1937年留校任教，一面教应用力学、材料力学与结构力学等课程，一面又驰骋于固体力学学科领域进行科学研究，十分勤奋与刻苦，从1940年便开始将研究论文投稿于国内学术刊物上。经过他深入的钻研，发现业内已知道能用解析法精确解算求出的数理偏微分方程十分有限，因而从19世纪末到20世纪初以来，一些应用数学与力学大师相继寻找到一些近似求解法。譬如，建立在能量原理上的瑞利－里兹法（Rayleigh-Ritz method）、建立在虚功原理上的伽辽金法（Galerkin method）以及用差商代替微分的有限差分法（finite difference method）等相继出现。这些抽象问题对一般人而言，往往觉得十分枯燥而没有兴趣。可是，在交通大学毕业后进入中央大学研究班，仍喜好数学推导、解算数学难题的陈百屏，由于此时目的明确，他一旦接触起矩阵理论等问题，便一头扎了进去且乐此不疲。他曾形象地说过，矩阵表达犹如旅客启程，需将随身衣物置放于皮箱或提包的固定位置，干净利落；矩阵运算尤似在生产线上进行批量生产，有条不紊。

抗战时期，在陪都重庆那种艰苦卓绝的条件之下，陈百屏经常废寝忘食，独立地去从事这项科研事业。当年作为中央大学航空工程系年轻讲师的陈百屏，从1942年开始，相继地发表了两篇涉及矩阵理论应用于结构力学分析而具有开创性的学术论文。他的论文《结构架的矩量分析》在国内刚刚发表，就马上受到中国学术界的赞誉，从而于1943年获得国民政府教育部颁发的第一次（也是唯一的一次）数学奖第三名。因此，当年中央大学破格晋升他为副教授。他的另一篇论文《空间固架的并矢分析》，1944年在美国《富兰克林学报》上发表，当代应用数学与力学大师、美国布朗大学教授W.普拉格（Prager）在美国《数学评论》（Math.Reuc.Jam.1945）上对陈百屏的研究工作给予了高度评价。

陈百屏于1947年1月抵达美国，他先到斯坦福大学师从著名科学家S.铁木辛柯（Timoshenko）学习了半年。随后在洛杉矶一次学术会议上，他同W.普拉格邂逅，两人一见如故。他将在国内获奖的论文英译稿送上一份，受到W.普拉格的青睐。

早在1942年，在美国国家防卫科学委员会（MDRC）之下，便设立了直接为战争服务的应用数学组（AMP）。该组曾订立了通过动力学和塑性力学研究提高军备、武器的寿命和效能的科研合同，且成果卓著，随后便吸引了许多著名学者前来工作。W.普拉格在巧遇陈百屏时便趁机邀他去布朗大学就读，陈百屏欣然接受，遂于1947年8月转学到布朗大学去攻读学位。刚开始，W.普拉格将自己的副手D.C.杜拉克（Drucker）介绍给陈百屏，以便协助他本人指导陈百屏。这位杜拉克就是1952年发表了《塑性理论本构关系基础的杜拉克公设》的那位杜拉克，他的公设完全建立在实验的基础之上，他本人也是一位整天待在实验室中进行实验研究的塑性力学家。而陈百屏却是一位主要以数学为工具进行理论分析的学者。陈百屏在布朗大学并未追随杜拉克，当时塑性力学研究方兴未艾，且成为理论发展的大潮流。据陈百屏回忆，他在布朗大学先后获得硕士与博士学位，整整三年时间，似乎再未曾与杜拉克打过交道。当时他仍醉心于应用矩阵分析等数学理论，不断拓宽结构与固体力学发展方面的理论研究。

三、创立杆系结构直接刚度法，奠基计算力学

1947年12月，陈百屏在美国土木工程师学会上宣读了自己一篇《希架结构矩阵分析》的学术论文，当场便被出席学会的学者称为与已有解法截然不同

的新布架分析法。这是陈百屏对结构力学和矩阵理论，经较长时期的潜心钻研而获得的重要成果之一。这一种解法对杆件很多而节点数较少的平面和空间布架分析与计算的优越性，在技术上是显而易见的。如果使用我们今天的工程语言，可以这样概括：陈百屏独立地构造了桁架结构以节点位移为基本未知量的矩阵位移法或直接刚度法，它适用于高度静不定桁架的求解。

万事开头难，为了阐释清楚自己所创理论和新算法，除了在论文中的表达、推导和解释相当详尽之外，陈百屏还精心地挑选了引自当时流行于美国的名著中的例题加以对比。譬如 A.S.Niles &J.S Newell 的《飞机结构学》（1946 年版），H.Sutherland &H.L.Bowman 的《结构理论》（1942 年版）等书。

在随后的一段时间里，陈百屏的科研便围绕着把他这种桁架结构直接刚度法向更为复杂的结构推广，并由静力分析向结构振动和结构稳定性分析加以扩展。这可以从他随后发表的论文中看出端倪。譬如，他的论文《等效力系法与等效梁系法》（他硕士论文的主要内容），于 1949 年发表于美国《应用数学季刊》（*Quarterly of Applied Mathemalics*）；他的另一篇论文《钉节构架区格阵量分析——兼论用均值法推求振动频率的上下界》（他的博士论文的主要内容），于 1951 年发表于《中国科学》。他的这些研究成果一再被国内外专题报告，并加以引用与推介，显然这对固体力学中离散结构的矩阵位移法或直接刚度法的发展是一个良好的开端。

如前所述，早于 1947 年，陈百屏创立了杆系结构直接刚度法，从理论体系上，也可称为离散结构直接刚度法。直到 1956 年，美国波音飞机公司的 W.J. 特纳（Turmer）等人，才创立了连续结构的直接刚法，发表在美国《航空科学》期刊(J.Aeron.Sci.V.23.pp.805-23, 1965)上。随后，1960 年，R.W. 克拉夫（Clough）将其更名为有限元法（finite element method）。在此值得提出，陈百屏与 W.J. 特纳均出身于航空工程结构分析专业，似乎并非偶然！

四、创建新中国高校第一个应用数学系，投身国防科技教育

1950 年 7 月，陈百屏在美国布朗大学获得博士学位后，朝鲜战争已经打响，

他归心似箭，热烈响应新中国的召唤，冲破重重阻力，于1950年9月回到祖国首都北京。此时，他母亲已于1949年在故乡病逝，他爱人住在娘家已三年有余。

1950年国庆节，陈百屏应邀登上天安门观礼台，心情异常激动，观礼后立即应聘到大连工学院任教授。在屈伯川院长为首的校领导支持下，陈百屏负责筹建中国高校中第一个应用数学系，并被任命为系主任。之前他虽然在高校任教十年，可从未搞过行政，他此时积极认真地深入教师之中，汲取众人智慧，细心制定了教学计划与教学大纲。

陈百屏制定的教学大纲有两个特点：一是突出地安排了应用背景强的数学课程；二是适当加入了空气动力学等力学课程，有意与航空专业挂钩。他还非常重视科研，从国外带回科研课题，带头示范组织讨论班。当时正值中国教育向苏联学习的转型期，应用数学系带头翻译了微积分名著、莫斯科航空学院A.F.贝尔曼教授的著作《数学解析教程》。该书由张理京等人翻译，作为系主任，陈百屏是组织和校订者，并为译本作序。1953年出版后，《数学解析教程》被中国理工科高校普遍选用为教材，在中国高校影响深远。

正当陈百屏踌躇满志之时，1952年秋，因国防现代化急需，周恩来总理亲自批示，调他去中国人民解放军军事工程学院任教授，兼任数学教授会第一任主任。当时哈军工刚刚筹建，陈赓院长提出：既尊重"长征两万五"的老将军、老军人、老战士，亦尊重"十年寒窗苦"的老专家、老学者、老教授。依靠"两老"的办院原则，使陈百屏内心很受鼓舞。陈赓院长为加速哈军工建校速度，又提出了"一边建、一边教、一边学"的所谓"三边"方针。陈百屏教授到任后马上便面临两大艰巨任务：第一，1953年9月1日第一届学员正式开学上课，数学教授会应给全校五个系23个专业总共近800名学员同时开出高等数学课；第二，全校助教几乎均需要补习数学课，才能胜任教学任务。

在数学教授会创建之始，陈百屏教授便团结教师们针对上述任务订立了工作计划，分四个方面加以落实。第一，组织教师队伍。当时教授会教师数量少，水平不够，难以同时担当上述两项繁重任务。陈百屏经过调查摸底后，依靠上级党政领导,从专业教授会借调若干教授与副教授充实到数学教学第一线。第二,制定教学文件。依靠教授会老师,根据教学计划,制定各系和各专业教学大纲,选择教材,主讲教师编写教学日历等。第三,为了保证教学质量,建立切实有效的集体备课和试讲制度。第四,委托教授会高水平、有专长的教授卢庆骏、吴洪鳌、潘景安、刘德铭等对助教分批分期进行培训。由于陈百屏教授能紧紧依靠党政各级领导,教授会所有教师上下打成一片,团结协同很好,因而顺利打响了哈军工开课的"第一炮"。这实际上也为全院的整个教学工作打下了良好的基础,此后军工学院的教学工作得以顺利进行。

1958年初,根据党的八届三中全会精神,全国掀起"干部下放""上山下乡"的高潮,哈军工也遵照中央军委指示动员教授、干部上山下乡接受锻炼。陈百屏、马明德、董绍庸等教授踊跃报名。陈百屏教授性格开朗,为人随和,在哈军工口碑颇佳。"大鸣大放"时,他曾批评政工干部"成事不足,败事有余",反右初期,院领导有意保护他,让他在《工学》报上做了个检查,使其有惊无险躲过一劫。这一次下放,他态度十分积极,终于获得批准,他高兴得好像晋升了一级一样。刘居英副院长握着陈百屏的手说:"老陈啊,下去后有啥困难,就来信谈谈!"陈百屏说:"没有什么!有困难我也能克服。"一时间在哈军工传为佳话。

根据哈军工教学的需要,1960年陈百屏教授被调到刚组建的理论力学教授会担任主任。陈百屏在中央大学任教期间,曾多次参加应用力学教学,那是按照美国教育体制设立的课程;而苏联的体制却是沿袭了欧洲大陆的传统,设立的是理论力学。从内容上看,应用力学主要由静力学的一些基本内容组成,理论体系不够完整;而理论力学分为静力学、运动学和动力学三个部分,理论体系较为完整。另外,新中国成立前大学一般招生较少,各系对应用力学要求又不尽相同,故由各系教师自行开课。新中国成立以后,中国高校转型学习苏联,理工科大学便专门设立理论力学教研室,包揽全校各系的力学教学。由此可知,不论新老教师都有一个再学习的过程。而陈百屏教授无论应用数学,还是一般力学的根基均甚为雄厚。所以,哈军工领导任命他为理论力学教授会主任,确实是人尽其才。

1961年，陈百屏又被调入哈军工空军工程系飞机结构强度教研室任主任，同年他光荣地加入了中国共产党。1962年陈百屏被评为军工学院社会主义建设积极分子，荣获二等奖；同年被授予中国人民解放军技术上校军衔。1964年陈百屏被选为第三届全国人民代表大会代表。陈百屏在哈军工工作十八年，当时哈军工校、系主要党政领导均为老红军和老八路，在他们的言传身教之下，陈百屏从不计较个人得失，服从工作需要，以身作则，埋头苦干，不断有所进步。

1970年7月，陈百屏教授随哈尔滨工程学院航空工程系并入西工大，担任西工大飞机系飞行器结构强度专业教授。此后，又被任命为西工大飞机系副主任，当时飞机系主任恰为他青年时代的同窗好友黄玉珊，可谓两强携手，相得益彰。西工大飞行器结构强度专业，不仅是20世纪80年代初经国务院正式批准的第一批固体力学博士点，亦是随后批准的第一批博士后流动站。陈百屏教授曾任中国力学学会第一届（1957年）与第二届（1982年）理事会理事，航空工业部学位委员会、科技委员会委员，《中国大百科全书·力学》卷编委（1985年）和《力学学报》《应用数学和力学》的历届编委。

1980年陈百屏教授参加了航空工业部的代表团到美国做学术访问，同时又会见了B.布扬斯基以及著名断裂力学专家J.W.赫钦逊（Hutchinson）等诸多新老朋友，感到格外高兴。同时，他也看到了中国与发达国家在科学技术上的较大差距。这反而敦促他不断思索：如何在赶超中有所创新，如何在创新之中培养接班人……

五、创立与发展广义应变法

1970—1980年，以有限元法为主体的计算方法在国内外被逐步推广，弹性结构分析开始趋于成熟。陈百屏教授认为，有限元的发展，在弹性结构分析上是求快，快曾是主要矛盾，但达到快之后，就应该在理论上总结提高、精益求精，否则快而不精，终究还要被淘汰。这就是说，对于弹性结构分析，不但要求快速而实用性强的计算方法，还应有统一的、掌握弹性结构根本性的精密理论和方法。这是陈百屏发展广义应变法的思想基础。

广义应变法是陈百屏从20世纪60年代起，截至80年代经历近20年的酝酿、钻研和不懈努力，逐步发展而定型的。在广义应变法理论中，他认为弹性体的外观虽然各有区别，例如桁架与梁，它们各不相同，但都从属于一定的普遍属性。其中很普遍的一类，为自对偶结构，这是广义应变法的研究对象。陈百屏教授还同青年教师和研究生一起，把广义应变法应用于弹性结构的最轻解问题的研究，彻底解决了基本桁架结构最轻解的存在、求解和特性问题。

在中国科学院基金的资助之下，陈百屏教授写了若干关于这一主题具有代表性的学术论文，举其主要者介绍如下：

第1篇《弹性结构力学中的自对偶性质》发表于《西北工业大学学报》，该文根据《统一公式在链式结构分布载荷问题里的应用》一文，泛论自伴随系统终于演变为自对偶结构，证实了广义互等定理，充分说明直接刚度法、广义应力法与广义应变法三法同源、互相沟通的重要特性。

第2篇《关于弹性结构的最轻解的内部规律性》发表于《计算结构力学学术交流会论文集》。这是第一次将广义应变法试用于优化结构设计计算的结果。

第3篇《自对偶结构的联合理论》发表于《西北工业大学科技资料》。从几何不变性（以及其他结构假设）出发，严格论证了自对偶性质，终于得出自对偶结构的联合理论。

陈百屏教授的这项研究工作，先后获得航空工业部和陕西省的科技成果奖（1978年）。这项科研工作是他带领青年教师指导硕士和博士研究生而共同完成的。显然，通过这些课题的研究，既取得了较为可观的成果，又为中国航空工业培养了一批硕士和博士研究生。

六、献身祖国高等教育事业

陈百屏一生始终从事高等教育事业，他先后在中央大学（新中国成立后更名为南京大学）、大连工学院、哈军工和西工大四所中国知名高校任教，并在教学和科研事业中取得了骄人的业绩。作为一名高等教育专家，他的教育经历和社会影响，特别是他联系专业实际、对中国赶超国际先进水平起到了推动作用。1956年8月沈阳112厂建立了中国第一个飞机设计室，中央大学研究班第三届学员徐舜寿被任命为主任设计师。当时该室为了配合喷气式飞机的训练，开始设计一种高亚声速歼教1型教练机。徐舜寿及时与他的师兄、当时在哈军工任教的陈百屏取得了联系，同时提出一系列高速飞机新构造的强度分析问题。这是陈百屏教授的科研工作同祖国航空工业直接挂钩的开始。他当时尚在数学教授会任主任，便利用自己任课的间隙时间，从1957年开始先后三次去沈阳讲学，介绍当时大家尚十分生疏的矩阵基本理论、直接刚度法与矩阵力法等。虽然当时还没有现代电子计算机，只有手摇和电动计算机，但可根据上述理论进行数学上的处理运算，同时也为以后应用现代电子计算机打下了基础，因而很受112厂设计室学者的欢迎。

1963年10月27日，国防部第六研究院成立的航空委员会强度专业组，聘请了全国知名专家为主要成员，其中有陈百屏、黄玉珊、王德荣、杜庆华、李敏华、张阿舟、黄文虎等。该组主要任务是为国家决策提供咨询，并作为专家牵头承担或指导重点课题的研究。此后，陈百屏教授多次参与强度专业组与厂、所的对口支援和协作活动，包括相关的学术会议。

1971年中国开始在上海640研究所设计708大型客机，全国航空厂、所、校均在人力和技术上给予支持。1972年总体设计方案论证之后，该所领导便与西工大飞机系联系，他们拟在现代电子计算机上进行飞机结构静力、振动和稳定性等的分析计算。陈百屏教授应邀，于1973年1月，面向飞机结构强度计算的工程技术人员，以"结构的矩阵计算法"为题，举办了讲座与培训。由于"文革"以前飞机设计和强度等相关专业大学生从未学习过矩阵理论或线性代数一类的课程，如今却要编写或使用结构分析的上机程序，上述的补课显然十分必要。同时，南京航空学院飞机系也事先与西工大飞机系联系约定，在陈百屏教授从上海回程的1973年2月，邀请他赴南航就同一主题举办讲座。南航飞机系十分重视这次讲学，刚刚讲完课，南航飞机系102教研室便按照沪、宁两次讲学内容整理成一本专题报告文集于1973年5月出版。此后，陈百屏教授还在大连工学院（现大连理工大学）、武汉海军工程学院以及其他院校举行过这类讲学。这对1976年之后我国能及时掌握计算力学，及时研发出如航空系统《航空结构分析系统（HAJIF）》等专用或通用的结构上机程序起到了推动作用。

作为一代教育家，陈百屏教授的教学观念与实践特色也值得我们继承与发扬。陈百屏一直认为即使是有名望的专家教授，也应承担一定的基础课教学任务。他经常向大家介绍他的导师、举世闻名的W.普拉格教授，在承担繁重的科研工作的同时，还担负大学生的投影几何课程的事例，以勉励青年教师做好教学工作。他自己多年来一直承担高等数学、理论力学和弹性力学课程的教学任务，他备课细致认真，工作任劳任怨，深受学生欢迎。

在教学方法上，陈百屏教授主张深入浅出，在讲解问题的物理本质上精益求精。有一些国外通用教材中的提法和写法不够恰当，或数学推导过于烦琐，掩盖了问题的物理本质的内容，经他改写，就变得准确且简明易懂了。

陈百屏教授对待学生热情，没有教授架子。他的严谨求实、善于创新的治学风格，专心致志、忘我工作的精神风貌，以及对学生和蔼可亲、言传身教的高尚品德，在学生和青年教师中产生了深刻影响。作为中国第一批博士生导师，他培养了8位博士研究生，其中两人获得洪堡奖学金，到德国留学继续深造。另外，在他培养的学生、研究生和青年教师中，有许多已经担负着国家有关部门的重要技术领导职务，有的已是高等院校有关学科的博士生导师或著名专家。

主要参考资料

[1] 滕叙兖：《哈军工传》，湖南科学技术出版社，2003年。

[2] 曹大卫：《20世纪中国知名科学家学术成就概览第一分册"力学卷"》陈百屏一文，中国科学出版社，2014年5月第1版。

（根据曹大卫《陈百屏》一文修改整理，黄迪民执笔）

航空发动机专家、航空教育家董绍庸

一、出国求学立志"科学救国"

1916年3月7日,董绍庸出生于浙江省杭州市的一个普通职员家庭,原籍浙江省海宁县(今海宁市)。董绍庸的父亲董钧,曾在浙江省督军署任职员,全家10人以其薪水为生。其父病故时,董绍庸正在念小学,从此家庭生活十分困难,其母只能靠借贷度日。后来不得已,董母将两个儿子送人易姓,押房当产,供勤奋好学、成绩优异的董绍庸继续读书。董绍庸在空闲时帮母亲干些糊火柴盒之类的活计,以补贴家用。1933年董绍庸初中毕业,考入浙江大学附属高级工业职业学校(简称"高工")。他白天在校念书,晚上自学普通高中的课程。董绍庸勤奋好学,数次以优异成绩获得奖学金,减轻了家庭负担。

1935年日本侵略军开始对我华北发动侵略,董绍庸对此十分愤慨,他认为祖国之所以受侵略就因为科学技术落后。怀有强烈责任感的董绍庸改变了"高工"毕业后就谋生路的想法,决心攻读大学,实现科学救国的理想。1936年董绍庸考入南京中央大学电机工程系,由于家庭经济拮据,他每晚帮人补习英语、数理,星期日则去书店代售书籍。但他仍刻苦学习,成绩居全班之首,获得了百人中只有一人才能获得的奖学金。1937年"七七事变"后,中央大学迁往重庆,成立了航空工程系。曾目睹敌机狂轰滥炸的董绍庸,毅然转入航空工程系就读，并于1940年毕业。为了实现科技救国的理想，他放弃了待遇较高的单位，留校任教，以便有较好的学习条件，争取公费留学。此后为了生计，董绍庸又先后去中央电信局成都修车厂、重庆中国工矿公司、中央工业专科学校、云南昆明欧亚航空公司等部门工作。

1944年10月，董绍庸先后参加了公费留英、留美的研究生考试，均被录取。他选择了英国留学，于1945年10月去英国曼彻斯特大学航空系攻读硕士学位，主攻航空发动机。因学习成绩优异，英国政府推荐他去伦敦大学玛丽女王学院航空系继续攻读硕士学位。由于他才思敏捷，勇于探索，实践能力强，受到导师平格（Pieng）教授的赞扬。后来英国政府因我国国内形势变化而毁约，停止了中国留学生的公费供给，平格教授将董绍庸推荐到美国俄亥俄大学航空系当研究生。在不到半年的时间里，董绍庸便完成了《高压气泡在水下冲压发动机中产生推力的理论分析》的学术论文，并通过答辩获得了硕士学位。为了理论与实际结合，董绍庸又先后去美国康维尔飞机公司、普拉特·惠特尼发动机公司、联合航空公司发动机翻修厂实习。因此他在航空发动机制造方面，成为一名既有理论又有实践经验的专家，获得美国空中工程师头衔。

二、从"两航起义"到哈军工空军工程系

1948年秋董绍庸回国，他先后在上海中央航空公司、广州机场、香港启德机场工作。他总结了修理飞机螺旋桨的经验，写成了《螺旋桨的分析平衡方法》一文，1950年1月在英国《飞机工程》上发表。董绍庸提出的新的平衡方法比原用方法可缩短三分之一的操作时间，被英国航空公司广泛采用。

1949年11月9日，中国航空公司、中央航空公司2 500余名爱国员工在香港宣布起义，12架飞机离港北飞。留港起义员工则与美蒋、港英当局展开了护厂斗争，将大批航空器材、设备和油料抢运回内地。董绍庸在留港护厂、保护飞机斗争中做出了积极贡献。

"两航"起义人员归来后，先在广州参加集训，学习马列主义基本原理。董绍庸在学习中联系亲身经历，懂得了只有共产党才能救中国，才能真正为劳

苦大众服务的真理，感到起义的路走对了，自己找到了真正的归宿。在学习期间领导交给他编写《喷气推进机》教材的任务，并决定每周可有 2～3 个下午不参加学习，用以写作。可是，董绍庸却在白天坚持学习，利用晚上空余时间编写此书，并参与了举办技术学习班等活动，把自己的知识传授给同志们。《喷气推进机》一书如期编撰完成，成为我国第一本介绍和论述喷气式发动机的专著，介绍了当时国外先进的航空发动机技术，从 1951 年到 1955 年一直作为航空发动机专业的教材，为培养新中国第一代发动机专业人才做出了贡献。广州集训后，董绍庸被分配到中国民航局天津分局任工程师、科长。

1951 年 11 月，董绍庸到北京民航机务处工程科任科长，以技术专家身份参加了我国第一届赴苏联贸易代表团，执行订购飞机和采购器材的任务。1952 年 4 月从苏联回国后，他承担了民航机务人员培训班的教材编写任务，负责编写《航空发动机》一书。他从当时民航局机务人员的实际出发，深入浅出地阐述了各类问题，受到专家和学员的好评，该书由中国图书仪器出版社出版。

1952 年秋，正在哈尔滨筹建的中国人民解放军军事工程学院在组建教师队伍时，陈赓院长首先想到了"两航"起义的多位专家，而董绍庸则是其中的佼佼者，不少同事都非常敬佩他的学识和为人。1952 年底，董绍庸被调到哈军工，并被先后委任为技术处、计划处副处长。他仅用 4 个月时间便建成了电工、物理等基础课实验室，保证了 1953 年 3 月基础课开课的需要。一年多后，专业课开课，董绍庸先后担任空军工程系航空发动机教研室教授，教研室副主任、主任。

董绍庸教授对教学工作极其认真负责，对备课、讲授和答疑等环节一丝不苟。为了达到理想的教学效果，他深入到学员中了解情况并加以辅导。他十分注意培养学员的独立思考能力，要求学员在弄懂基本概念后，不依赖老师而独立钻研问题；同时他又启发鼓励学员间相互帮助，集思广益，并要求学员必须养成做笔记和总结的习惯。董绍庸教授在教学中的另一个特点是：重视理论，联系实际，重视实验教学，并亲自培养学员的实际操作能力。董绍庸还非常注重教学方法，随时以自己的心得体会、实践经验及新的技术来丰富教学内容。

因此，他以"概念清楚、重点突出、说理透彻、内容新颖，而且听得懂、记得牢、学的知识易于掌握和运用"而深受学员们的爱戴。

董绍庸教授在努力做好教学工作的同时，又从事理论研究，不断总结实践经验，吸收国外先进技术，编写新的教材和理论著作。1957年至1964年间，他自著或与其他同事合著了《涡轮喷气发动机热力计算及气动计算》《喷气发动机（叶轮机）》《涡轮喷气发动机原理》《涡轮喷气发动机的发展问题》等11部主要著作。这些著作详细地阐述了各种航空发动机原理，尤其是1962年出版的《涡轮喷气发动机原理》一书，在我国有关航空发动机的著作中第一次引进了美、英喷气发动机的资料，对从事喷气发动机教学和开展喷气发动机研究均有很高的参考价值。

董绍庸教授自己或与其他的同事，还翻译了《航空气轮机》等5本主要译著。在新中国成立初期缺乏教材、缺乏资料之际，这些译著适时地把苏联和西方的先进技术介绍过来，对培养我国航空发动机人才起了较大的作用。董绍庸教授还撰写了大量有价值的学术论文，发表于《飞机工程》等学术杂志上。由于他的著作密切联系实际，他总结的许多经验常在实际工作中被采用，取得了很好的效果。以上这些，都是董绍庸教授在教学与学术上对我国航空工业的重大贡献。

三、创建航空发动机试验研究基地

1964年董绍庸教授调离哈军工空军工程系，任国防部第六研究院副总工程师。1965年初，第三机械工业部决定在四川三线建立航空发动机试验研究基地，即航空喷气发动机研究所。但最初组织筹建工作的技术负责人却放弃了去山沟工作。董绍庸作为一名共产党员，联想到以前发动机设计因为缺少必要的物质基础而未能成功的事实，认为现在国家要建设发动机试验基地，正是搞事业、实现振兴中国航空事业愿望的好时机。他在日记中写道："共产党员不应该留恋城市优越的生活条件，而是应到艰苦的地方去，到祖国最需要的地方去。"他的妻子赵继祥也十分理解董绍庸的心愿，全力支持丈夫去山沟搞事业的决心。不久，董绍庸被任命为航空喷气发动机研究所的技术副所长兼总工程师。

董绍庸到研究所后夜以继日地积极工作，从建所的方向、任务、总体规划、定点布局到试验设备的配置，特别是高空台的建设以及技术队伍的组建等问题，都加以考虑并提出方案。航空喷气发动机研究所的重点工程项目高空模拟试车台（简称高空台），是研制新型航空发动机不可缺少的关键科研手段，必须全力以赴早日建成。可是他认为只建设高空台是不够的，还必须建设与之相应配套的零部件试验设备，这样高空台的作用才能得到充分发挥。他形象地比喻为："一个人生了病，就必须检查发病的有关部位。如果没有必要的检查手段，病人就只能东南西北到处去求医。"他的意见得到大多数专家的支持，也得到领导机关的认同，上级决定在建设高空台的同时，建设30多项航空发动机零部件试验设备，从而确定了该所的建设规模和技术发展方向。实践证明，董绍庸抓零部件试验设备建设是颇有远见的。这不仅是研制高性能航空发动机所不可少的，而且使该所提前发挥试验研究基地的作用，锻炼和培养了一大批技术人才。

建所初期，航空喷气发动机研究所的技术力量严重不足，绝大多数技术人员是刚从高等院校毕业毫无实践经验的大学生，而技术资料又十分匮乏。作为技术副所长兼总工程师的董绍庸不仅主持了重大技术问题的决策，而且亲自从事许多具体技术工作的实践。

高空台是在地面模拟飞机高空飞行环境条件进行航空发动机试验的大型试验设备，是一个系统工程，技术十分复杂。当时也仅有美、苏、英、法四国建有此类设备，外国对其关键技术严格保密，对我国是完全封锁的。董绍庸就亲自尽可能地收集国外各种零星资料并将其加以整理，编成《高空模拟试车台性能表》一书，为我国自行设计、建设高空台提供了一份很有价值的参考资料。

作为高空台建设的主要技术负责人之一，董绍庸不仅组织高空台总体技术方案设计，还参加了各个系统方案的制定。如在高空台的气源动力方案设计中，他大胆地将大型高炉鼓风压气机作抽气机使用，这在我国乃至世界上是没有先例的。为了确保各系统的设计质量，他亲自去南京、沈阳等地参加各项有关试验，使高空台的建设建立在牢固的基础之上。

在航空喷气发动机研究所技术力量薄弱的情况下,在上级的支持下,董绍庸发动全行业的技术力量来确保建设。他亲自到有关单位邀请著名专家、教授讨论审定高空台的总体技术方案,并请他们亲自到所里指导设计。在30多项零部件试验器的建设中,董绍庸亲自与兄弟院校厂所协商,建立联合设计组进行设备设计。设计工作开始后,他又奔波于东北、西南、北京、南京之间,了解掌握工作进展,协调解决各种问题。对该所自行设计的设备,他更是倾注了大量心血,与青年技术人员在技术上互相切磋,鼓励他们大胆工作。他不仅帮助他们解决技术难题,还亲自参加试验、核对数据。为了造就人才,为了保证设备的质量,根据我国一万二千吨水压机制造的经验,他提出实行以设计人员为主的"研究、试验、设计、加工、安装、调试、使用"的"七事一贯制"建议。要求设计人员"一竿子插到底",避免脱节,以便于解决技术问题,加快建设速度。他的建议在实践中收到了良好的效果,该做法至今仍在采用。

董绍庸为航空喷气发动机研究所试验设备的建设和发展打开了局面,奠定了基础。曾跟他一起工作过的一些同志说:"董绍庸为航空发动机研究所的建设与发展踢开了头三脚。"

四、严谨治学,严于律己

董绍庸在哈尔滨军事工程学院期间参军入伍,1956年被授予技术中校军衔,评为高教4级教授,1963年晋升为上校、高教3级教授。他不仅事业心强,工作积极主动,而且作风踏实,严谨细致。在设计814发动机时,有个吹风数据不对,又找不到原因,他就亲自去参加吹风试验,一站数小时,直至找出原因为止。他因事外出,由助教代课,每当回校时就去班级了解教学效果,经常给助教以鼓励,也指出其不足之处。他自己讲课后,常深入学员寝室倾听意见。夏季学员们要午睡,他不便去打扰,就敞开自己房门,欢迎学员去找他答疑。他培养的多批本科学员、研究生以及科技人员,后来成为我国航空教学和科研领域中的骨干力量。董绍庸诲人不倦,谦逊谨慎,对同志真诚相待、心地坦白的高贵品质,深深留在学员们心中,也留在与他熟知的专家教授和工农出身的老干部心中。他受到了普遍的尊重和赞扬，多次被评为先进工作者、红旗手和劳动模范。

他严于律己，勤俭持家，严教子女。自广州集训后，他认真学习马列主义、毛泽东思想，使自己的思想觉悟有了根本转变。1956年他向党组织递交了入党申请书，他在日记中写道："无论入党与否，我的思想必须进步，作风必须端正，待人必须谦虚，个人主义必须打破，名利思想必须彻底根除，为人民服务必须完全彻底。"同年，他作为调资小组成员，赞同将与他同等学力的教授们评为高教3级，却把自己压为4级；又把爱人赵继祥压为讲师9级。事后他对赵继祥说："我们的钱够用了，让国家把钱用到建设上去。"他的家庭生活与家庭陈设都很节俭，对子女严格要求，不让孩子坐公家的小汽车，吃穿不脱离群众。董绍庸的一个孩子上大学时，还穿着他曾经穿过的、打着补丁的旧军装。可是，他却乐于助人，遇到同志们有困难时，经常解囊相助。他曾向灾区寄过钱，给有困难的同志家里邮过款。董绍庸于1959年4月被党组织接受成为中国共产党党员。

董绍庸虽是一位有名的专家教授，却从不摆架子，不搞特殊，总是以普通劳动者要求自己。他虽然身体瘦弱，右臂还患肌肉萎缩症，但积极参加各项社会活动和体力劳动。1956年秋，他参加松花江修堤防洪，受到哈军工空军工程系的通令表扬。1957年，董绍庸到黑龙江省阿城人民公社支农，为了减轻社员的劳动强度，他设计新农具，修改旧农具，被评为二等生产能手。在航空喷气发动机研究所建所初期，董绍庸与全所职工一起下河滩，抢运沙石，和大家一起辛勤劳动，为建所做出了贡献。

然而董绍庸根本没有想到，他的雄心壮志、他为振兴航空工业设计的蓝图，自己却没能看到它的实现。1966年夏，作为技术副所长的董绍庸受到了错误的评判。但他仍牵挂着研究所的建设，尽管他已无职无权，却仍争取工作。1968年初他对爱人赵继祥说："目前所内数十项地面试验设备的设计已基本完成，正在向外订货和加工，现在要抓紧高空台试验设备的建设。将来建成后，我们有能力研究出不比苏、美差的国防用的飞机发动机。"他对自己热爱的事业充满了信心，可是就在1968年9月4日，董绍庸却被造反派迫害致死，年仅52岁。

——哈军工空军工程系并入西北工业大学史话

董绍庸的过早去世，是我国航空工业的重大损失。1978年9月22日，在北京召开了董绍庸同志的追悼会，为董绍庸同志彻底平反昭雪，恢复了名誉。

参考文献

[1] 孟赤兵、高其风、杨常修：《航空工业人物》，航空工业出版社，1989年。

[2] 罗来勇：《哈军工魂——中国国防科技人才培养纪实》，1965年。

[3] 刑森、刘华柏：《董绍庸的贡献》，航空航天部第624研究所所史，1990年。

[4] 焦桂州：《董绍庸传》，624研究所文书档案，1986年。

（根据相关资料整理，黄迪民执笔）

"歼-10"飞机之父——宋文骢

一、少年伤痛，心怀救国壮志

1930年，宋文骢出生于云南省昆明市，原籍云南大理。少年时代，宋文骢是在防空警报和硝烟战火中度过的，他印象最深的就是日本飞机对昆明没完没了的轰炸。"防空警报，警报什么呢？——中国飞机跑了，日本飞机来了。我们没有抵抗力啊！"几十年后，回忆往昔，宋文骢依然忍不住扼腕："那个时候，我们国家航空落后啊，那个挨打是没完没了的！"目睹美丽的古城经常遭遇日军轰炸，一个念头在少年宋文骢心中潜滋暗长："长大要当飞行员！我们一定要有很好的飞机。"这个梦想如同种子般在幼小的宋文骢的心底萌芽。

1949年，宋文骢成为一名中国人民解放军滇桂黔边区纵队侦察员，从此开始了他的革命生涯。1950年，宋文骢担任云南军区情报处谍报组长，同年调入空军二航校学习。这个时候，宋文骢感觉，儿时的梦想曙光初现。1951年，作为空军机械师的一员，宋文骢参加抗美援朝，回国后第二年，不忘初心的他，于1954年在部队的推荐下如愿以偿地考入了哈尔滨军事工程学院空军工程系学习，开始了他的飞机设计生涯。

——哈军工空军工程系并入西北工业大学史话

二、跻身军事工程最高学府

宋文骢知道，哈军工是在苏联帮助下建立起来的中国军事工程的最高学府。大名鼎鼎的陈赓大将，是这个学院的院长。学院的教授，是国内最权威的工程技术精英，还有以奥列霍夫中将为代表的苏联顾问团。有人说它是中国军事工程的黄埔军校，其实，它是新中国一所集陆海空三军诸兵种的以未来工程技术人才为培养目标的高等学府。能够有机会在这里学习深造，提高为祖国和人民服务的本领，是宋文骢多年的夙愿。

宋文骢是学院招收的第三期学员，他被分到空军工程系一科，所学专业是飞机和发动机。这一年，宋文骢24岁。

在哈军工5年8个月的学习生活，给宋文骢留下印象最深的有两件事。

首先是严格甚至严厉的正规化军事作风。苏联首席军师顾问奥列霍夫是个严厉的将军，院长陈赓也是个身经百战的标准军人，他们的目标就是把哈军工建成一个培养现代化军事工程师的"熔炉"。可以说从军容、军纪、内务到学习训练，国内军事院校没有哪所学校的正规化程度超过它。几十年来，宋文骢对他在哈军工的学习训练生活，总是念念不忘。

如果说，父母给他以生命的养育之恩，小学、中学给他以文化的基本滋养，航校和机械师生活给他打开了航空领域之门，那么，哈军工则给予了他难得的专业能力、罕见的毅力和负责的精神，这使他后来几十年受益无穷。

按学院规定，新学员必须接受3个月严格的军训，宋文骢他们先在学院内进行一般训练，然后就拉出校外进行野营训练。训练基地在离学院几十里外的呼兰河荒原上。那里灌木丛林密布，堑壕沟壑交错，学员们全副武装，从学院出发步行100多里到达荒原。到了基地，没有营房，没有帐篷，一律露宿野外。宿营时，大家裹床军毯就地而卧，远处不时还有野兽低嗥，天快亮时常被冻醒。野营训练除了战术训练、夜间紧急集合、急行军等，还有诸多联合作战演习，从单个战士到连进攻，从营进攻到团进攻。生活艰苦，训练紧张，许多学员特别是地方来的学员，都受不了这种残酷的训练，免不了叫苦抱怨。但这种艰苦生活对于宋文骢来说还不算什么。一是这种生活他当年在游击队和部队时就经历过；二是他身体素质好，没有累趴下来的时候。

当然，这三个月严厉的军事生活，使年轻的宋文骢在思想、感情、语言和气质方面都发生了微妙的变化。通过这种严酷的训练，在接下来的人生道路上，几乎没有什么艰难可以阻挡他前行的脚步。

其次是训练后的文化学习。按照苏联专家设计的教学大纲，宋文骢他们这些学员都将有1年预科、5年大学课程。第一期、第二期学员从部队招来的居多，文化程度参差不齐，文化基础课补习工作量大。所以凡初入院者一律进行文化课基础课补习，基础课的补习成为教学的第一要务。尽管宋文骢在中学和航校期间学习成绩优秀，在同期学员中文化基础还算好，但在基础课补习中，有的科目对他来说还是陌生的。在这期间，他起早贪黑刻苦学习各门课程，为他以后的专业学习打下了坚实的基础。

一年的预科学习后，宋文骢以优异的考试成绩顺利进入大学本科学习。在那几年学习生活中，他除了学习工作，心无旁骛。每天晚上，他几乎都在教室或寝室看书，直到熄灯号声响起。节假日里，他拿个面包就上了图书馆，一待就是一天。学院放寒假，他家远在几千里外的云南，又没有谈对象的羁绊，几年时间里，他没有回过家，都是在学校读书学习。他利用这些时间把缺失的知识都一一补上，系统学习了基础课、专业基础课、专业课等几十门功课。除此之外，他还博览群书，拓展思考能力，阅读了图书馆里大量的古今中外的文学名著。

"哈军工这所学院，培养人的确有与众不同的地方。它在提供学习科学文化技术的同时，会让学生养成一种特别的素质。这种素质，拿陈赓院长的话来说就是这里培养出来的学生，除了要有高超的技术，还要有一种精神。"宋文骢每当提起母校哈军工，都对那里充满了怀念之情。

宋文骢在学院几年，由于学业优秀，加上他颇有组织协调能力，从大二起直到毕业，他一直是班上的班长。20世纪50年代，松花江夏天经常发大水，还两次决堤放水，他多次参加学院组织的抗洪抢险，担任抢险队队长，扛沙袋堵决口，昼夜巡守大堤。由于他在学习和工作中表现突出，先后荣立二等功1次、三等功1次，通令嘉奖2次。1959—1960年，连续两届被评为社会主义建设积极分子，1957年，还获得"哈尔滨市劳动模范"称号。当时还是一个军校学生的宋文骢，能被评为地方省会城市的劳动模范，这在当时是罕见的。

在哈军工这几年，宋文骢依然保持了不怕艰苦、锻炼身体的好习惯。他喜欢长跑、游泳、洗冷水澡等，有时还爱在空军工程系外的运动场上玩一种叫作"伏俯"的旋转器械，在梭形钢架上凌空旋转俯仰自如。他出色的表现，受到了学院领导和导师的青睐。1959年，马明德教授在招研究生时，选中了宋文骢。宋文骢考虑再三，他急于投入到当时火热的建设中去，就选择了到工厂设计室去参加飞机设计。这时，完成了5年大学学业的他羽翼已基本丰满，踌躇满志准备为实现自己的理想振翅高飞。

在哈军工学习期间，宋文骢就参与了"东风-113"的研制。1960年，大学毕业后，他先后在沈阳飞机制造厂、国防部六院一所工作，是我国飞机战术和气动布局专业创建人之一，同时，他也是我国先进新式气动布局设计技术的开拓者。此后，宋文骢殚精竭虑，为我国第一架超声速歼击机——歼-8飞机的研制做出了重要贡献。

三、初露锋芒的"烤鸭"

1962年，宋文骢在601所总体室布局组工作。针对中苏破裂的大环境，他作为"尖刀班"成员积极探索未来战机的方案。当时的中国航空工业异常薄弱，对苏联低档战机米格-21都难以吃透，在生产和使用上"毛病"不断。面对美国新锐的第二代战机和高空侦察机、轰炸机，米格-21完全不堪使用。更严重的是，中国根本无力拿出适应新战场要求的发动机。为此，宋文骢带领小组提出了《使用2台815发动机进行米格-21飞机改型的初步分析》报告，并进行上报，然而六院并没有回复。

1964年，中央军委下达研制新机的任务，米格-21改型会议召开。面对马赫数为2.2和2万米升限的"双二"指标，发动机所的领导流泪了，与会者愁肠百结。这时,宋文骢那份石沉大海的双发分析报告被挖了出来。601所所长说:"我们以为院里将这个方案否了就没报……"于是宋文骢拿着一个连夜赶制的木头模型出现在了会场上,连漆都来不及刷,被人们笑称为"烤鸭"。宋文骢从美苏战机的发展和现状讲起,讲到中国新机应遵循的设计原则和理念,最后介绍了自己的双发设计方案。原本乱糟糟的会场安静下来,与会的领导和专家很快统一了认识,歼-8战机迅速立项。

四、中年奋发,澎湃强国雄心

1980年,宋文骢任611所总设计师、中国航空工业第一集团公司成都飞机设计研究所首席专家。20世纪80年代初的中国空军,尽管在飞机制造设计方面有了突飞猛进的发展,但仍然没有甩掉"一穷二白"的面貌,甚至没有一款"拿得出的先进战机"。虽然1964年我国就能生产当时先进的米格-21战斗机,但此后十多年,我国的航空工业一直裹步不前。此时,空军装备的歼-7和歼-7I总共不过几十架,大部分空军部队还靠着二三十年前仿米格-19的歼-6撑起祖国的一片蓝天。不少当事人感慨,"中国空军凭的是一腔热血在捍卫着祖国的天空"。与此同时,西方发达国家在航空领域发展很快,美国空军已经装备第三代的F-15和F-16上千架,美国海军的F-14也装备10余年了。与之相比,我国的航空工业技术、人才和实验条件等方面和第三代先进飞机的要求相距甚远,我国空军与西方国家的差距有越拉越大之势。

1981年年底,时任国防科工委副主任的邹家华向邓小平建议:开始搞新一代歼击机,预计初期投资在5亿元。邓小平批示:"新歼项目较为重要,前期投资5亿左右,目前花钱也不多,拟同意。"在国内经济发展经费极为紧张的情况下,代号为"10计划"的新一代歼击机项目正式拉开序幕。

1982年,中国新一代战机开始方案论证。唱主角的是沈阳601所的歼-13方案和洪都650所强-6的衍生方案。由于洪都所的变后掠翼方案天生复杂和不可靠,再加上洪都所的科研力量不足,所以普遍认为601仿F-16的歼-13将胜出。宋文骢作为成都611所的代表也参加了会议,获得了一个在休息间隙

——哈军工空军工程系并入西北工业大学史话

发表15分钟汇报的机会。宋文骢从未来战争怎么打开始讲，提出新战机应该强调机动性、中距离导弹拦射、电子对抗等需求，然后拿出了611所的鸭翼布局方案，令在座所有人印象深刻。经过讨论，会议决定暂停选型，给2个月时间让601所和611所完善各自方案再行定夺。

1984年，经过三次新歼选型会和发动机选型会的反复研究，611所的鸭翼布局被选为最终方案。空军对新歼提出了很高的要求，包括性能看齐F-16和米格-29，同时满足格斗、截击、超视距空战、对地攻击等多个目标，并预计于2000年开始服役。1986年，邓小平批准新歼研制，列为国家重大工程，代号10号工程。

1986年，时年56岁的宋文骢被任命为歼-10飞机总设计师，肩负起了我国自主研发新一代先进战斗机的历史重任。歼-10飞机是我国自行研制的当时唯一的具有国际先进水平的战斗机，技术跨度大、难度高，其战技要求集中体现了西方先进国家着手开发的2000年左右装备的先进战斗机的特点。歼-10战斗机属于第三代战斗机，这对于当时仍普遍装备歼-6、歼-7等第二代战斗机的中国空军来说颇为陌生。"严格意义上说，当时的歼-10还不是一架完全的第三代战机，跟现在的歼-10也有很大差别。"业内人士指出。此时的歼-10没有完全采用翼身融合设计；鸭翼面积不大，静不稳定度有限，机动性也不是太高；甚至发动机还没踪影，整机动力水平还是大大的未知数。歼-10研制的难度，超乎想象。这架飞机究竟能达到什么水平，当时谁都说不准。对于这一极具挑战性的任务，有人问宋文骢："宋总啊，恕我冒昧，据我所知，搞一个型号飞机少则8年，多则10年、20年，你今年已经50多岁了，年龄不饶人啊！这架飞机在你手里最终能设计定型吗？"说话人意思很明白，言下之意就是你宋文骢可能到死都搞不成歼-10！对于这一充满"善意"的关怀，宋文骢这样回答："哈，这个问题有意思。我老宋还能活多少年，这架飞机能不能在我手里定型，我说了不算。但可以肯定的是，通过这架飞机的研制，中国一大批现代飞机设计研制的人才肯定会成长起来。对此，我深信不疑。我们只要为他们铺好了路，到时候我老宋在不在没关系，自然会有比我宋文骢更高明的人来接着干。"飞机设计研制过程中，宋文骢既是领导，又是专家，他力主技术民主，鼓励创新。他不仅性格开朗且点子多，常被同事们戏称"宋老鬼"。根据歼-10的需要，他亲自创设"战术技术与气动布局"专业，自己当组长，专门讨论飞机使用分析等与空军作战有关的"事情"，这些谋划与布局为歼-10后来"17分钟的一鸣惊人"打下坚实的基础。除掉技术上的困难，611所还面临一个实际问题，就是缺钱，这个问题曾经几乎让歼-10夭折。当时，10号工程的总投资只有40亿元人民币。钱落实没落实先不说，这笔钱不是由611所一个单位花，而是要用在10个分系统、上百家研制单位上，能够用到飞机研制上、摊到611所的已经所剩无几，其中还要拿出来对外合作（主要是法国和以色列）。没钱就做不了试验，没钱就做不了方案。歼-10的研制，一度因为资金问题在原地踏步。

针对中国落后的航空工业水平和不合理的科研体系弊病，宋文骢顶住压力和阻挠，改革了战机的科研体制。第一是建立3级设计师系统，将参与研制的不同行业和部门的设计师按系统配套纳入管理，明确上下关系和责任。第二是建立经济负责制，每一项成品必须经过一系列实验合格才能上机，否则不给钱。第三是推广评审技术，每一个项目的开发从方案论证到制造总装，都要经过评审合格才能进入下一流程。第四是组织重大技术攻关，对影响整个飞机研制进程的技术难题进行组织攻关。在这个体制之下，中国的航空工业开始焕发生机。

1989年，中央军委组织了一个庞大的军事代表团，前往苏联考察，宋文骢也受邀参加了代表团。考察期间，苏-27SK——一款苏联的新锐战斗机，给军事代表团留下了极为深刻的印象，其效果可以用震撼来形容。"光内油量就超过歼-7空重的战斗机，居然能够达到F-16的机动水平！"对当时的中国空军而言，苏-27SK战斗机一时惊为天人！

回国后，在北京召开的一次会议上，有不少空军将领提出，"与歼-10相比，苏-27性能优异。""歼-10干脆下马别搞了，把钱省出来买苏-27更合算。"还有人甚至喊出了"要打赢，靠27"的口号。的确，从1982年开始到1989年，整整8年时间，歼-10依然躺在图纸上，永远处于"方案论证、预先

——哈军工空军工程系并入西北工业大学史话

研究、再论证"阶段。有领导甚至说,成飞搞歼-10是"5分钱想上长城","根本就是不切实际嘛!"611所感受到了前所未有的压力。在最困难的岁月,时任中央军委副主席的刘华清和空军副司令员林虎等有真才实学的将领,对难产的歼-10给予毫无保留、最为坚定的支持。没有他们,可能就没有现在的歼-10了。对于大量进口苏-27战斗机的这种观点,在会议上,刘华清将军笑而不语,而是先让在场的宋文骢发言。宋文骢起身道:"苏-27的确性能优异,但是和歼-10相比,二者性能各有所长,苏-27是替代不了歼-10的,两者应该是相互配合。"刘华清点头赞许,然后才亮明自己的观点:"苏-27再好,也是别人家的孩子;歼-10无论如何,就是再困难,也要搞下去!"

对此,宋文骢决定先制作一个全尺寸样机。1991年样机完成,空军副司令员林虎把各大军区空军主官叫来参观并亲自介绍。全新的布局和现代感的设计让司令员们大为赞叹,空军对歼-10的态度大为改观。与此同时,歼-10预定的涡喷15发动机依然遥遥无期。发动机拖死型号的故事可能又要上演。在军委副主席刘华清和国防部长张爱萍的拍板下,宋文骢赴俄罗斯谈判引进苏-27的配套发动机AL-31F,并针对歼-10的特点修改机匣附件位置,成为AL-31FN。更换发动机导致歼-10的后机身设计几乎推倒重来,进气道也进行了修改以匹配新发动机的特性,同时空军也提出了更高的设计指标。在接下来漫长的研制过程中,宋文骢领导广大设计技术人员,紧缩开支,一分钱掰成两半花,一步一个脚印,一次又一次攻克技术难关,默默地向目标迈进。他们先后攻克了先进气动布局、数字式电传飞控系统、高度综合化航电武器系统以及CAD/CAE/CAM等关键技术。

1994年歼-10设计完成,1997年完成新机建造,1998年首飞成功。自此宋文骢将后续试飞工作交给杨伟,自己开始探索下一代战机的气动设计,最终完成了"小展弦比比升力体鸭翼布局",为后来的歼-20打下了坚实的基础。"战术技术与气动布局"专业的创立,给中国的战机设计提供了强有力的理论基础,确保战机研发的正确指导方向,而"总师负责制"等研发体系的建立,则为下一代战机研发的快速有序打下了坚实的管理基础。这也是为什么从1998

年到 2011 年这么短的时间内，中国就完成了由三代机到四代机的跨越。随着 2015 年底第一架量产型歼–20 的出现，由宋文骢一手缔造的战机研发体系开始结出累累硕果。

五、歼–10 首飞，一个激动人心的日子

1998 年 3 月 23 日是我国航空史上具有标志性的一天，也是宋文骢人生中最重要的一天。就在这一天，歼–10 飞机在成都首飞成功。而在试飞前夕，已经 68 岁的宋文骢深深为他的歼–10 捏了把汗。国外第三代飞机试飞无一例外都发生过坠机事故，这如同一个魔咒笼罩在团队每一个人的心头。"这种飞机没有不摔的，所以他当时压力很大。"知情者回忆说。宋文骢是个尊重科学甚至敬畏科学的人，他对急功近利、违背科学的做法非常反感，对于航空领域中的惨痛教训也铭刻在心。在他主持歼–7C 和歼–10 战机的研发过程中，飞了上万个起落，但从未摔过飞机，也从未出过人员伤亡。这次，如何让歼–10 试飞成功，仍然是一道难解的方程式。歼–10 战斗机副总设计师戴川回忆："宋老的方法就是反反复复、反反复复把工作做到位。"

首席试飞员雷强是试飞大队最优秀的飞行员之一，这一天由他驾驶歼–10 首飞。若此次试飞成功，那么，我国军机研制史上第一个由我国完全自行设计研制的第三代先进战斗机将横空出世。雷强明白，自己肩头的担子有多重。雷强回忆说，首飞当日，天气并不理想，能见度勉强达到 5 公里。由于紧张，他满脸通红，看起来像喝醉了酒，脉搏更是跳到了 152 次。然而，奇怪的是，在雷强深吸一口气走进机舱启动发动机以后，心里却完全平静了。歼–10 犹如一道蓝色闪电，从地面掠起，直击长空！一项项试验顺利通过！

17 分钟后，雷强驾驶歼–10 安全着陆，现场掌声雷动。歼–10 的成功，标志着我国自主研制的先进战机已经跻身于世界航空先进行列。看到歼–10 首飞成功，宋文骢忍不住泪流满面。歼–10 战斗机设计师杨伟说："在那之前，从未见过老头儿流泪，但是在那一刻他哽咽了。他毕生的精力，最终化作了一种战斗力。"此时此刻，宋文骢难以抑制内心的激动，他在现场激动地高声宣布：

——哈军工空军工程系并入西北工业大学史话

"为纪念这个难忘的日子,我今后的生日就是3月23日了!"

然而,研制歼-10的困难其实才刚刚开始。从1998年3月开始试飞,到2003年12月31号完成试飞,这5年零8个月里,试飞中遇到的困难可能比工程研制阶段更多,但所有的困难终究都被宋文骢带领的团队踩在脚下。2006年12月29日,新华社向世界宣布:"由中国自主研制的新一代歼-10战斗机,已成建制装备部队,形成作战能力。这对加快我军武器装备现代化建设、巩固国防具有重大意义。"

中国最神秘传奇的武器歼-10,终于揭开了神秘的面纱。这是一款具备当今世界先进水平的新一代、高性能、全天候战斗机。这一年,宋文骢76岁,离他受命为歼-10总设计师之时,已经过去了整整20个年头。随着歼-10战机的研制定型,我国形成了一整套具有自主知识产权的第三代战斗机设计技术。国庆60周年大阅兵时,歼-10战斗机与空警2000、空警200一起,飒爽英姿飞过天安门上空,令世界瞩目。

2010年2月10日,宋文骢当选"感动中国"十大人物之一。颁奖辞简洁凝练地概括了他为我国航空事业奋斗的一生:少年伤痛,心怀救国壮志;中年发奋,澎湃强国雄心。如今,他的血液已流进钢铁雄鹰,青骥奋蹄向云端,老马信步小众山。他怀着千里梦想,他仍在路上。

宋文骢为祖国的航空事业殚精竭虑,把自己一生的全部精力投入到了祖国航空工业腾飞的伟大事业之中。就在歼-10飞机18岁生日的前一天,2016年3月22日,中国工程院院士、中航工业成都飞机设计研究所首席专家宋文骢在北京301医院逝世,享年86岁。

参考资料

[1] 张杰伟、舒德骑:《宋文骢传》,航空工业出版社,2014年1月1日。

(根据参考资料,屈艳整理)

防空导弹武器系统和
制导系统工程技术专家钟山

一、投笔从戎报国，专业深造争气

钟山5岁半启蒙读书，他聪慧好学，学习成绩一直名列前茅，是家乡大人们称赞的好学生。14岁时，他以优异的成绩考入成都市千年名校石室中学。此时，他聪敏、活泼、多才多艺的不凡个性得到了充分的发挥。他不仅学业优秀，还酷爱文体活动，经常参加各种文娱比赛，并且获得石室中学最高奖学金。1948年，17岁的钟山高中毕业，他抱着先学理后学工，走工业救国道路的理想，考入重庆大学数学系，成为一名大学生。

进入重庆大学以后，钟山心系国家的命运和民族的危亡，经常阅读进步书籍，参与进步青年学生的爱国运动。辽沈、淮海、平津三大战役胜利以后，中共中央发出了"一年左右解放全中国"的号召，并动员广大知识分子参加解放全中国的战斗和新中国的建设，一直积极参加进步学生运动的钟山暗下决心，决定投身中国人民解放军。

1949年12月21日，解放军第11军以军政大学的名义在重庆大学公开招兵。18岁的钟山毅然投笔从戎，进入解放军11军军政大学学习。经过短训，钟山很快被选拔成为一名部队宣传战士，后又被整编到解放军11军政治部文工团。

在这里，他的创作和表演才能得到了很好的发挥。他创作和表演的大量歌剧和谐剧，深受部队战士们的欢迎。他自己也深深觉得这段经历"影响了自己一辈子"。1950年，党中央决定组建中国人民解放军军事工程学院。1952年三、四季度，哈军工筹委会在全军范围内选拔人才，并由各军组织集中考试和面试。1953年2月，钟山进入中国人民解放军军事工程学院深造学习，他再一次继续圆了上大学的梦想，成为哈军工的第一期新学员。新学员入学后要先预科补习数理化基础知识。钟山数学基础很好，很快便成为同学们的"小老师"，并且由于品学兼优而在入学半年后顺利升入本科，被分到空军工程系无线电工程科。1953年9月，钟山光荣地加入了中国共产党。他在哈军工连续5年获得优秀成绩（5分）和"优秀学员"，以"优等生"的称号于1957年11月光荣毕业。

1958年3月钟山被选调到导弹研究院——国防部第五研究院二分院工作，从此开始了他献身导弹事业的漫漫征程。1960年，中苏关系恶化，苏联单方面撕毁合同、撤走专家。开发研究尖端武器的重任理所当然地落在了我国科技工作者的肩上。当时，五院二分院的钟山同时担任仿制"543"地空导弹和"545"空空导弹设备的两个工程小组组成的党支部书记。他们决心响应国家号召，把中国人自己的导弹搞出来，为祖国争光，为人民争气。钟山主持了地空导弹上控制系统的研制。1963年4月，"543"模型导弹仿制任务完成。1964年5月，"543"制导站校飞试验，首次与试制的闭合回路战斗弹对雷达伞靶进行实弹射击试验圆满成功。在此基础上，研制成功的"红旗-1""红旗-2"新型地空导弹系统也应运而生，更有效地扩大了作战空域，提高了命中精度，加强了抗干扰性能。特别是"红旗-2"导弹的研制成功表明，我国组建更多地空导弹部队的条件已经成熟。截止到1967年6月，我国地空导弹部队已发展至21个营，并担负了战备任务。同时，"红旗-2"系列导弹大量装备部队，使之成为当时我国防空部队作战的主战武器。

二、创新铸利剑，专业领路人

1965年3月，国防部第五研究院改组为第七机械工业部（简称"七机部"），钟山参与组建七机部二院25所的工作，并担任副所长兼党委委员。在担任二院25所领导期间，钟山针对世界航天技术发展动向，积极探索该所的专业发展方向，带领研究所相继在一些新技术领域开展了预研工作，对该所的专业定位做出了重要贡献，为其后续发展和迅速成长奠定了坚实的基础。

"凡事预则立，不预则废。"做任何事情事前有准备就可以成功，没有准备就要失败。钟山做每项工作都有周密的事前部署和策划。我国新一代"红旗"系列导弹系统的研制成功，七机部二院25所实现了研制地空导弹自主创新的重大跨越，其研制速度在国际上也堪称一流。在"红旗-1""红旗-2"系列导弹系统设计、生产、试验定型后，1965年9月，按照中央军委部署，七机部二院在加速研制对抗美制SR-71型高空高速侦察机防空导弹的同时，以25所为主，组织了中低空导弹武器系统方案论证。钟山参与组织制定了武器初步方案、功能组成、技术指标以及计划和试验等工作。该武器定名为"红旗-41"。1966年1月，中央专委会把"红旗-41"正式列入国家计划，后又更名为"红旗-61"，以体现我国20世纪60年代的技术水平，25所也由此正式负责"红旗-61"导弹系统的技术抓总、技术协调工作。当年3月，"红旗-61"模型弹飞行试验成功。1967年6月，上海"630"会议认为"红旗-61"是中国中低空导弹武器系统的首创型号，对实现全空域防空作战具有重要意义。同年，中央军委决定将"红旗-61"转由上海机电二局负责研制。25所向上海机电二局调动了大批技术骨干力量。1971年，钟山重新进入25所核心领导小组，主管科研生产工作。即便是"文革"期间在"五七干校"农场劳动锻炼的艰苦日子里，总有一件事情让钟山放不下，那就是导弹型号的研制。

1978年4月，钟山被任命为七机部二院25所所长，之后不到两年时间又被任命为二院副院长。钟山一向重视战略规划，担任核心领导成员以后，他多次向所党委提出规划报告，在打好基础、完成试验和项目赶超方面做了大量的工作。1980年3月，中央军委决定由七机部研制"红旗-7"导弹武器系统。5月27日，七机部任命钟山为"红旗-7"导弹武器系统总设计师。从此，钟山便与"红旗-7"的历史紧紧地交织在一起。"红旗-7"是一个比较复杂的武

——哈军工空军工程系并入西北工业大学史话

器系统,仅全系统的电子元器件数量就多达5万多件。为实现国产化,钟山带领团队攻克了一道又一道技术难关。荒漠中动辄几个月的靶场试验,一干就是几年。研制"红旗-7"既是钟山梦寐以求的愿望,同时他也面临更多的难题和挑战,因为这是我国防空导弹的一次更新换代的跨越式发展,因此一直受到党中央、国务院的高度重视。钟山胆大心细,知人善任,引进和创新"两条腿走路"——既要保证研制系统的协调性,又要做好日常科研活动的组织管理。他自始至终狠抓可靠性,坚持质量第一的方针,最终实现了他设想的"预防为主、系统管理、一次成功"的目标。到1982年7月,我国研制的第二代防空导弹武器系统的第一个型号"红旗-7"模型以自动化程度高、作战反应时间短、机动性好和战术技术指标先进等特点而首发飞行试验成功,之后又进行了中外联合打靶飞行试验、独立回路遥测弹飞行试验、导弹武器系统闭合回路试验以及导弹武器系统鉴定性飞行试验等重大科研试验。虽然几经波折,最终取得了圆满成功。钟山也因此获得"全国优秀科技工作者"称号和"五一劳动奖章"。

三、海上树盾牌,军贸出奇兵

在新中国成立30多年后,中国海军基本上还是围绕着黄海转圈的"黄水海军",海军的主要兵力依然是飞机、潜艇和快艇等常规设备,海军更多的是作为陆军的辅助力量完成沿海反登陆作战任务。为了克服这一劣势,钟山充分利用"红旗-7"的研制经验,确定了"海红旗-7"的技术特征和研制主攻方向,并做出了一系列重大决策,为二院实现核心技术自主研制奠定了基础,为海军装备现代化做出了重大贡献。

1988年2月,钟山被航天工业部任命为"海红旗-7"技术总负责人,之后又被国防科工委任命为"海红旗-7"总设计师。经过与同事们艰苦卓绝的潜心研究和多次飞行试验,他们以出色的成绩圆满完成了"海红旗-7"的研制任务,"海红旗-7"荣获国防科学技术一等奖。

钟山不仅先后担任低空、超低空五个型号导弹系统的总设计师,把第二代防空导弹型号的研制引向完善基本型、进行改进和系列化发展的道路,并装备陆、海、空三军，还成功地出口创汇。其中"飞獴-80"导弹武器系统的军贸型号，源源不断地为国家赚取了大量的外汇。"飞獴-80"导弹武器系统获得国家科技进步二等奖。"飞獴-80""飞獴-90"导弹武器系统的研制成功都离不开钟山同志的重大贡献，他于1999年11月当选为中国工程院院士。

近年，因年事已高退居二线的钟山，成为空军科技发展和人才建设顾问，他为部队建设培养了一批优秀人才。他从国家战略的高度为我国国防及航天事业的发展、高新技术的未来以及重大工程项目把脉。他多次为国家顶层决策提供建议，始终秉持科技报国的理念，献计国防事业，勤勤恳恳，忠贞不渝，不愧是国之瑰宝，军之楷模！

几十年的防空导弹事业，让钟山有了一肚子惊险刺激的故事和人生感悟。如今，他经常带着这些感人的故事和真切的感悟走进大、中、小学校园。他说："我要把这些故事分享给现在的年轻人，也让更多的人投身国家的国防科技事业。"

有个词语叫"身经百战"。钟山却开玩笑地说他自己是"身经百弹"。在他的衣柜里，有一件具有屏蔽功能的米白色风衣。在每次打靶试验时，他都会穿上这件风衣。每次打靶成功之后，他都要在这件风衣上标记一颗五角星。正是这一颗颗五角星，见证了钟山院士一次次化险为夷的不寻常经历。这件风衣又被大家称为是"成功服"。每次打靶成功，钟山还会和大家一起跳舞，并激动地赋诗一首。这些诗作集结起来，竟汇成一本诗集，和"成功服"一起，忠实地记录着钟山院士潜心钻研的光辉岁月——打靶试验28次，打弹120多发……回首50多年国防科研一线的奋勇拼搏和砥砺前行，钟山用"衣带渐宽终不悔"来为自己的导弹研制生涯作注解。他说，这是他最喜爱的一句古诗。

钟山院士作为我国防空导弹武器系统的一张闪亮名片，将永远被他深深热爱的祖国和人民，以及每一位后生学者所铭记！

参考资料：

[1] 周武、侯萍梅、李路、李善春：《钟山院士传记》，中国宇航出版社，

2015年6月。

[2] 中国航天科工集团二院：《钟山院士文集》，中国宇航出版社，2010年12月1日。

（根据参考资料，刘碧珊整理）

从战士到院士
——记中国工程院院士李明

　　李明15岁参军，经过多年军旅生涯的锻炼，从战士、副排、正排级少尉军官，到哈军工的大学生，一步一个脚印地向知识领域奋进。哈军工5年的学习经历，为李明打下了坚实的专业技术基础。1963年秋，他毕业后被分配到沈阳飞机设计研究所，从事飞机设计工作，开启了拼搏奉献的航空之路。

一、与航空结下不解之缘

　　李明的祖籍在湖北黄陂县（今武汉市黄陂区）。在兵荒马乱的年月里，他的祖父13岁便只身逃荒到武汉当起了小小的剃头匠。为了维持生计，祖父将剃头挑子从陆地搬到了船上，之后便长年漂泊于武汉到上海之间。在无数风浪的颠簸中，大字不识的祖父竟成了一名精明的引水员。在他的父亲长大时，家庭境况有了明显的改善，他的父亲有幸念完高中，后就读海关专科学校，成了一名海关工作人员，只是一直居无定所。直到1947年李明11岁时全家才回到上海，可以说，李明是伴着江海的涛声长大的。所以，他很早便做着一个航海家的梦。他填写的参军报名表中，志愿是当一名海军。可是，从军的第一天，他却穿上了陆军军装，组织上安排他到合肥步兵学校学习。

　　当年在上海火车站，李明看到一排排装满军用物资的军列正日夜不停地发往祖国的东北。他知道，在鸭绿江的对岸，英雄的志愿军战士们为保家卫国正在浴血奋战。正是因为响应祖国母亲的召唤，李明在合肥步兵学校学习刚刚10个月，经过组织挑选，便又跨入了空军行列。

1952年5月4日青年节这一天，年仅16岁的李明走出徐州的车站，成为空军第五预科总队的学员。同年11月，他又迈进长春第九航空专科学校成为仪表科的学员。1953年9月，他提前毕业，被分到齐齐哈尔空军第十师修理厂，从事飞机仪表维修工作。从此，他一生便与飞机和航空结下了不解之缘。

在这里，他有生以来第一次坐上了飞机——苏制杜-2轰炸机，那是偷偷坐上去的，为此还挨了领导的批评。为了过一把坐飞机的瘾，他和几名老兵与飞行员软磨硬泡，要坐飞机在天上转转，并保证不走漏风声。飞行员无奈，只好在飞行训练时，轮流把他们作为保持飞机平衡的配重（代替沙袋）带上蓝天。突然有一天，塔台指挥员发现飞机的肚皮底下怎么钻出了人来，之后便严令禁止了这种冒险行为。

二、扎扎实实的脚印

在维修飞机仪表的实践中，李明一边积累经验，一边刻苦自学提高，不久便初露锋芒。1954年，经潜心钻研，他试制成功了加速度表试验器和陀螺磁罗盘校验仪；之后又研制成功了自动驾驶仪地面联试台并很快用于部队的战备训练。3年后，国家从苏联购买的自动驾驶仪地面联试台，竟与他当初研制的设备在原理和方案上基本一样。这件事大大增强了他的自信心和自强感。之后，他荣获了一级技术能手和一级优秀机务工作者称号，还出席了军区空军积极分子代表大会，受到通令嘉奖。1956年，20岁的李明，经过5年军旅生活的磨炼和考验，光荣地加入了中国共产党。

在维修飞机和技术革新的实践中，他求知若渴，高中的数、理、化，靠业余时间啃了下来。部队领导看准了他这棵好苗子，支持他、举荐他继续深造。1958年秋，李明正在上海休假，部队的一纸电文催他到北京应试。他在考场上从容交上了全部考试科目的答卷。凭着勤奋和聪慧，没有读过高中，只有初中文化基础的李明，以优良的成绩考取了哈军工空军工程系飞机自动化专业。大学毕业后，他被分配到沈阳飞机设计研究所。

沈阳飞机设计研究所成立于1961年，它的前身是沈阳飞机第一设计室，成立于1956年。该所人才济济，技术力量雄厚。我国著名飞机设计师徐舜寿、黄志千、叶正大、顾诵芬都曾在这里工作过。到了沈阳飞机研究所，根据工作需要，李明先后从事过飞机自动化、空气动力、飞机总体设计等专业的研究设计工作。

骏马不劳鞭。搞一个专业，李明就钻一个专业，吃透一个专业。只要与工作有关的知识，他都虚心求教，拼命学习。任总体室主任时，他就下到总体性能组，既当主任，又当设计员。布置完工作后，跟设计员一起画图、计算；出国或出差，别人晚上看电视，而他却阅读随身携带的技术资料；白天有闲暇，别人逛商店，他逛书店；火车上，别人打扑克消磨时间，他往往一上车就掏出笔来写写画画，下车时，一本厚厚的稿纸写满了数学公式。

李明认为，要想和欧美发达国家的专家平起平坐，必须有真才实学，中国专家要有自己的尊严。一次，他作为中方技术总负责人，主持一项重大的对美航空技术合作项目谈判。开始谈技术问题时，美国人漫不经心，嘴里嚼着口香糖，侧身而坐，摆起了"洋"架子。他不卑不亢，阐述我方的技术观点，据理指出美方技术方案的缺陷，语露锋芒，才溢言中，傲慢的美国同行不得不洗耳恭听，刮目相看，称他为"强硬的谈判对手，敬佩的中国专家"。

三、舍身忘我争一流

李明的工作哲学是："不干则已，干就一定干出个样儿来。"他干工作有三个特点：一是有股子舍身忘我的拼命劲儿，二是有股子敢争一流的勇毅劲儿，三是有股子科学严谨的扎实劲儿。

20世纪60年代，美国高空侦察机经常侵扰我国领空，进行侦察挑衅。为了改进我空军飞机攻击高空目标的作战使用性能，刚出大学校门的李明进行了歼–7飞机加装纵向阻尼器的研究论证。直到70年代后期，对主动控制技术的研究，我国还基本上处在刚刚起步的状态。李明却敏感地意识到，探索这一技术领域对提高我国航空技术水平十分重要，下决心攀登这座充满技术风险的大山。他一头扎进主动控制技术的研究中，有时在饭桌前，嘴里嚼着饭菜，脑子里却在琢磨某个技术观点，眼睛盯着一旁的技术资料沉思。

1982年，李明在广泛搜集与消化国外研究资料的基础上，提出了主动控制技术研制计划，并由他执掌"帅印"，负责指导、协调有关厂、所、院校的近百名科技人员进行这一课题的理论研究和试验论证。他亲自参加设计、试验、评审、分析，重要环节、主要曲线、关键数据他都精心核对把关。在他和同事们的共同努力下，这一重大预研项目取得了突破性成果，大大缩短了我国在这一技术领域同先进国家的差距，开辟了一条依靠国内力量，自力更生，跟踪世界先进航空科技水平的成功之路。

四、设计自己的人生路

作为飞机总设计师，李明在主持设计高性能歼击机的同时，也在设计着自己的人生之路。他工作异常繁忙，有时他连续参加好几个技术评审会、汇报会，穿梭来往于国内外和各参研单位之间，过家门而不入，通宵达旦，旅途办公，带病工作，节假日加班是常有的事。他气管炎较重，一到冬季，经常咳嗽不止；痔疮严重，经常便血，犯病时，坐着不行，就站着工作。有一回，他感冒发烧39℃，还挺着处理案头的工作，是同志们硬把他拖到医院打了几瓶点滴，可是点滴一撤，他照样回去工作。妻子对他也无可奈何，好在同在一个大院内工作，有条件替他跑医院开药，送到他的办公室，看他把药吃下，否则他工作一忙，这些事就会置之脑后。

两个女儿高考在即，都抱怨他不关心。有一次爱人出差，读高中的二女儿让他参加一次家长会，他到了学校，竟不知女儿是哪个班级的。82岁的老母病危，他不能床前尽孝，匆匆见上一面就得含泪辞别，第二天就收到了老母病故的电报……

1993年，航空工业总公司拟推荐李明作为中国科学院学部委员候选人，他诚恳地表示："还是把机会让给德高望重的老一辈专家吧！"1994年，航空工业总公司再次推荐他作为中国工程院院士候选人。按理说，对院士的报批材料应当字斟句酌，精心推敲才是。可他当时工作太忙，没空顾及，院士候选人提名书只好由办公室的同志代劳填报。有些技术工作，他虽然发挥了关键作用，但上报成果或立功受奖报名单时，他却大笔一挥，划掉自己的名字，把机会让给其他同志。

五、要像个党员模样

对名利，李明很淡泊；但对自己50多年的党龄，他却十分珍视，引以为荣。李明说："我是老党员了，更要发挥模范作用，党龄越长，越要讲党性。"时刻不忘自己是一名老共产党员，是李明几十年来的精神支柱。他认为："我李明首先是共产党员，然后才是总设计师，不论干什么事，都要像个党员模样。"

单位统一调整家属宿舍，他坚持不动用公家的汽车搬家，购置的新家具是他在星期日和家人雇用两辆人力车从商场运回家中的。有时到市内医院看病，他就骑上自行车去，不肯麻烦司机。出差，有时机票和软卧买不到，他或爬硬卧顶铺，或干脆硬板往返，总之，工作不能受影响。

作为总设计师，李明的意见在评定技术职称、提拔技术干部等方面很有分量。他一贯坚持原则，刚直不阿，不徇私情，不该给的面子，他从不开口子。心术不端，追逐个人名利，跑官要官的人，不大敢登他的家门，登了，也要碰软的或硬的钉子。

李明反复说过几遍的老话："关于我个人，只是履行了一名老共产党员、一个航空战线上的老科技工作者对党、对国家应尽的义务。何况还天外有天，山外有山，人外有人呢！"这不是谦辞，是他境界的描画，也是他品格的写照。

20世纪80年代，国家批准在歼-8飞机基础上，研制从机身两侧进气、性能更先进的歼-8Ⅱ飞机，李明作为"飞机自动控制与操纵"这一分系统的总设计师，主持进行了飞行控制系统控制律的研究与仿真，制定自动飞行控制系统方案，组织领导了系统设计、系统试验与系统鉴定的全过程。这是中国自行研制的第一套装机使用的歼击机自动飞行控制系统。1982年，李明提出了用歼-8飞机验证主动控制技术的方案，得到上级批准。他组织上百名科研人员，从模拟式单轴、数字式单轴，发展到数字式三轴控制，重要环节、主要曲线、关键数据他都精心核对把关。为了保证研制质量，李明强调必须进行充分的地面试验，为了保证电传操纵和机械备份之间的转换可靠性，他坚持要进行1万次试验。辛勤的劳动终于结出了丰硕的果实，在国内首次进行的放宽静稳定度的试飞成功了，采用备份装置着陆的试飞成功了，这大大缩短了中国在这一技术领域与先进国家的差距。主动控制技术的技术核心是电传操纵，李明作为我国主动控制技术的拓荒者之一，在该领域的研究成果是他对我国航空事业做出的最突出贡献，难怪试飞后的飞行员赞不绝口，认为"驾驶电传操纵的飞机和驾驶机械操纵的飞机，飞行感觉就是不一样，一个是开汽车，一个是赶马车"。

李明还主持设计了我国第一套自行研制的数字式航空电子综合火控系统，这标志着我国航空电子综合技术有了重大突破，填补了我国航空技术的一项空白，使我国的第二代歼击机具备了电子系统从离散型到综合化、智能化的技术飞跃，实现了飞行员双手不离操纵杆就能具备超视距发现目标、打击目标的能力，大大提高了国产歼击机的作战效能。

李明作为主动控制技术和航空电子综合系统这两个重要项目的总设计师，为我国歼击机研制做出了突出贡献。他先后6次荣获国家科技进步二等奖、部级科技进步一等奖等奖励。李明还十分重视青年科技人才的培养。他说，未来的航空工业振兴发展，历史地落在了青年人的肩上。要鼓励、支持、扶掖青年一代，使之尽快成长起来。要让他们担重任、挑重担，祖国航空工业的振兴希望寄托在他们身上。

主要参考资料

[1] 王晓笛：《从战士到院士》，大众科技报，2001年06月14日（003）。

（根据参考资料，张鹭整理）

飞机总体设计专家杨凤田

一、投笔从戎，大浪淘沙

1959年6月，当杨凤田第一次看到哈尔滨军事工程学院的招生简章时，他眼前一亮。他当时想："军工很重要，是国家重点行业。报考哈军工，我就可以当兵了，念书还不花钱，这不正是我所求的吗？"因此他果断决定报考哈军工。志愿定了，方向明了，他加倍努力复习功课，毕业考试以全班第一名的优异成绩参加了高考。同年8月，如他所愿成功地考入哈军工。当时他正在地里干农活，乡邮递员走到他的面前，告诉他："恭喜你了，你考上了！"当他接过录取通知书时，心花怒放，双手颤抖着，盯着录取通知书的每一个字，目不转睛，看了一遍又一遍，"我真的考上了！"8月26日，杨凤田带着简单的行李，乘车到沈阳军区第二招待所报到。杨凤田被分配到一系(空军工程系)飞机科，编到59-113班。班里共有29个学员，一半是从地方报考来的高中生，一半是从部队招来的调干生。飞机科主任是马明德教授。

1959年中央军委决定将学院培养目标由维护、使用方面的军事工程师改为研究、设计、制造方面的军事工程师。到了1961年以后，为了贯彻中央军委广州会议抓教学质量的精神，哈军工坚持又红又专的教学方针，要求学员树立革命的世界观，全心全意为人民服务的思想，学习上也要高标准，赶超清华大学、北京大学，以便学员毕业后分配到各科研院所，成为科研设计人员。学院为了提高教学质量，加强了教师力量，调进了国内知名教授、讲师，还增添了教学仪器设备。同时拓宽了学员的专业面，加深了专业知识的深度，学时及课程内容增多了。这样，学员们整天忙于上课、学习、作业，非常紧张，学习压力越来越大，大多数人已开始吃不消了，尤其是调干生。学员们感到自习时间不够用，课堂上讲的东西太多，没有时间消化，甚至连作业都来不及做。想开点夜车都不行，因为晚上10点必须熄灯上床睡觉。而且学校规定，两门主课考试不及格，再有一门副课不及格，经补考后两门主课仍不及格者要退学转业；如还有一门主课和一门副课不及格，就要降级。为了不让一个阶级弟兄掉队，学院开展了"一帮一、一对红"活动。担任学员班长的杨凤田帮助吴锡昌少尉，他宁可自己少得一个5分，也不让吴锡昌少得一个2分。尽管如此，有些学员还是跟不上，不光是调干生，就连正式招收的高中毕业生也感到非常吃力。特别是60级和61级的学员，因为他们没有经过高考，是保送生，因此有的学习基础较差，影响了哈军工的教学质量。在大浪淘沙中，有的学员就因为考试成绩不及格，退学转业了。他们含着热泪、依依不舍地离开了学院，这让他们抱憾终生。有的学员降级了，还有的因为政审不合格被开除了。一个学习班原有20余人，到毕业时仅剩下十六七人，有三分之一的人被淘汰。据不完全统计，1964至1965年两年间，就有300多人离开了哈军工，大浪淘沙是无情的。大浪淘沙剩下来的自然是金子，杨凤田就是其中的一粒。是金子总是要发光的，在后来的工作中，杨凤田确实发出了金灿灿的光辉，耀眼夺目。

二、名师出高徒

杨凤田到哈军工后，学的是飞机和发动机设计。当时给杨凤田上课的是飞机科主任、空气动力学专家马明德教授，空气动力学教研室主任岳劼毅教授；"机械原理"的杨中书教授，"飞行动力学"的刘千刚教授，"飞机原理"的杨庆雄教授，"发动机原理"的发动机专家董绍庸教授，"结构力学"的陈伯平教授等。这些教授讲课严肃认真、思路清楚、推理严谨，讲出的每一个字，几乎都是不可缺少的。如果把他们在课堂上讲授的内容全部记下来，那就是一本很好的教材。他们不仅在学术上严于律己、为人师表，而且对学员也严格要求、一丝不苟。岳教授讲空气动力学，从来不用备课，上课时只带一个粉笔盒，深入浅出地讲课，把摸不着、看不见的空气动力学原理讲活了。杨凤田听了他的讲课，才知飞机是如何飞起来的。再如杨中书教授，性格直爽，治学严谨，对学生要求非常严格。一次期末考试，他出5道题，据说是英国牛津大学的考题，每一道题环环相扣，第一道题答不出来，休想做第二道题，第二道题答不出来，第三道题也无法下笔。考试的结果，29人只有7人及格，杨凤田算是比较幸运得以通过。

哈军工在教学中，不仅重视基础教育，重视专业知识的学习，也重视专业面的扩展。杨凤田还学习了飞机自动化、无线电各功能系统的工作原理和相关知识，这为他后来搞飞机总体设计打下了良好的基础。另外，哈军工还注意理论联系实际，培养学员的独立工作能力。哈军工自己办有"四海机械厂"，杨凤田在这里实习，学会了车、钳、铣、刨、磨和木工等技能。一年级下学期，他到鞍山空一师下连队当兵一个多月。那里有歼-6飞机。他和地勤兵同吃、同住、同出操，一起维修飞机。从此他对飞机有了亲密接触，有了感性认识。毕业前夕，他又到空一师和沈阳黎明发动机厂实习一个多月，亲眼看见发动机是如何生产、制造出来的，这对他的毕业设计起了很大的作用。在哈军工学习的5年里，虽然学习有压力，但比起其他同学来，他是轻松的。学习的主要课程有24门，其中9门优秀、14门良好，只有1门是合格。平均分数为4.34分，班里排名第二。在董绍庸教授的指导下，他还设计出了后风扇发动机，受到了好评，正印证了一句俗语："名师出高徒。"

杨凤田在哈军工这5年里，通过专业知识的学习，成为一名既懂科学技术，又有坚定正确政治方向，自觉为社会主义服务的标准军人。哈军工的严格军训、紧张的学习生活，培养了他吃苦耐劳、坚定自信、大胆泼辣、勇往直前的性格。哈军工为他走向工作岗位铺垫出一条光明大道。

三、航空报国

1964年杨凤田被分配到沈阳飞机设计研究所工作后,一直从事飞机总体设计工作,先后参加过12种歼击机的方案设计,担任过6种型号的副总设计师、总设计师。在漫漫航空征程中,他始终以"航空报国"的理念为己任,在他组织领导的型号研制中,国产歼击机第一次实现了空中受油,其受油能力达到国际先进水平,填补了我国航空技术的空白;国产歼击机第一次实现了发射制导新一代先进中远程空空复合制导导弹的能力。

1988年,根据国防建设的需要,中央军委紧急启动空中加油工程。国家急需加大歼-8Ⅱ飞机的航程,需要在歼-8Ⅱ飞机上加装空中加油系统。当时对此国内毫无基础,国外又严加技术封锁,杨凤田毫不畏惧,临危受命,担任受油机型号常务副总师,主持型号研制的全面技术工作。他组织有关厂、所同志一起研究设计方案。因为上级定的研制周期很短,不可能让他们建很多试验设施按部就班地来研制。他和同志们一起想了很多办法,利用当时条件做验证试验。首先,在充分分析国内技术条件和国外情况后,他决定采用固定式受油插头方案。在加输油对接技术上,根据需要和预研成果,杨凤田提出并实施了地面全系统模拟试验。果断的决策、有力的措施,确保了试飞一次成功。在试飞过程中,出现座舱噪声大的问题,经过认真分析,他准确找出了原因。最后为攻克这一难关,他亲自挂帅,担任攻关组长,提出并组织了噪声空中测试、采用加阻尼材料、减噪头盔等措施,使问题得到解决,受油机顺利定型并装备部队。这项空中加受油技术是国内首创,受油工程在1998年获得了国家科技进步特等奖,他是名列第二的获得者。歼-8Ⅱ受油机在1999年共和国50周年庆典中,编队通过天安门上空接受检阅,在国外引起很大反响。

杨凤田不仅在歼-8Ⅱ受油机上做出了重大贡献,他以善于组织设计团队和抓住重大关键的能力,又成功地领导研制了JBⅦ、JBIX型飞机,是我国空、海军的拳头武器,是国内最先进、最有战斗力的飞机。这些飞机已投入生产,装备空、海军,分布在祖国的大江南北,长城内外,捍卫着祖国的每一寸土地。

保卫着人民的生命财产安全。

在他组织领导下，创造出中国航空史上的四个第一：

歼-8Ⅱ受油机的研制成功，在中国航空史上第一次有了空中受油能力，填补了一项空白；

歼-8Ⅶ型飞机的研制成功，使中国战斗机第一次具备了下视进攻能力；

歼-8Ⅸ型飞机的研制成功，使中国的战斗机第一次具有超视攻击能力；

歼-8Ⅸ型飞机的研制成功，使中国的战斗机第一次具有双目标攻击能力。

不难看出，他参与主持研制的飞机型号很多，因此被大家誉为"高产总师"。除此之外，他始终把创新作为研制工作的重点，用一个个创新的实践推动着重点型号的研制。

1980年前后，我国歼击机的发展处于十字路口。有人主张仿制国外飞机，有人主张继续研制某型飞机。当时即将进入不惑之年的杨凤田陷入深深的沉思中。在进行对比分析后，考虑到某型后继机由于发动机不落实很难搞下去，他当机立断提出了新的具体设想，并组织可行性研究。他与使用部门共同拟定战术技术要求报批稿，做了大量的准备工作，为歼-8Ⅱ飞机立项奠定了基础。立项后，他被任命为总师助理，后任型号副总师。在确定歼-8Ⅱ技术方案时，他首先提出了飞机结构改为两侧进气而重新设计前机身的原则，并提出采用全天候飞机座舱盖，这样既减少了技术风险，节省了经费，又保证了周期。通过反复设计协调前机身各系统和结构布置，他提出了装一门航炮并在翼根增挂两枚近距格斗导弹的方案，不仅解决了系统与结构的矛盾，而且提高了作战效能。目前，歼-8Ⅱ型飞机已成为空军的主力作战机种之一，捍卫着祖国的神圣领空。

歼-8某型飞机是我国首次研制具有制导和发射新型先进中远程空空导弹能力的国家重点型号。国内对空空导弹控制管理的载机系统技术还是空白，关键技术多，又缺乏可借鉴的理论研究成果和工程实践经验。为此，杨凤田凭借多年的工程研究实践经验，在工程实践中摸索出了一整套有效、实用、管用的方法，不仅节省了大量的研制经费，同时大大加快了工程研制进度，解决了困扰多年的诸多关键技术问题。

——哈军工空军工程系并入西北工业大学史话

杨凤田有一句口头禅："任务要上去，干部要下去。"他在工作中以身作则，经常深入设计、试验、试飞现场，和设计员一起加班。在酒泉基地等极其艰苦的工作和生活环境下，花甲之年的杨凤田亲自组织和参加一线的各项技术攻关和试验。

杨凤田具有极强的型号组织管理能力，有人说这种能力是与生俱来的，有人说他是在型号研制中锻炼出来的。无论能力来自何处，正是这种能力，使他同时兼任多种型号总师而把各项管理进行得井井有条，忙而不乱。在一线，他协调组织飞行大队、现场指挥系统和总师系统开展各项试验和试飞工作，把每次试飞、试验组织得协调有序，问题解决得非常及时，研制进展格外顺利。杨凤田善于根据实际情况以最简单有效的办法解决总体设计中出现的技术问题。在歼–8某型飞机的研制过程中，他主张采取高度平行交叉作业的有效措施，圆满地完成了首飞前的各项工作，使之提前一个季度首飞。在他的组织领导下只用半年时间就完成了全尺寸木质样机的设计制造，并且得到多方好评。群众称赞他是能和大家同甘共苦的型号总设计师，同他干活心里痛快。作为型号总设计师，杨凤田深知"质量第一"是型号研制的生命，他说质量是设计出来、管理出来、生产出来的。因此他了解各种规章制度、各种规范，严格遵守设计程序，重视设计、试验评审，严格审批各种技术文件，凡是飞机出现问题，他首先要求本单位人员要眼睛向内，深入分析查找自己的原因，绝不允许推诿搪塞。除此之外，杨凤田还特别善于利用一切机会进行深入细致的政治动员，在大会小会上，大家常听他说："干我们这一行，不能光讲经济条件和技术条件，还要讲政治，国家的需要就是最大的政治。"

"江山代有人才出，各领风骚数百年。"杨凤田是个成功者，他从一个山沟农民家的寒门学子，成长为当代航空界的杰出人物，他的学识、品德、精神、作风与成就值得称赞和学习。"他山之石，可以攻玉。"杨院士就在我们身边，就在我们眼前，沿着他的足迹前进，相信在祖国改革开放、蒸蒸日上的大好时代，会呈现出"长江后浪推前浪，一代新人胜旧人"的大好局面，涌现出更多有用人才，激情进取，奋力拼搏，为祖国的航空事业跨越式发展做出更大的贡献。

参考资料:

[1] 王树棕:《凤舞蓝天——记中国工程院院士杨凤田》,航空工业出版社,2011年4月1日。

(根据参考资料,屈艳整理)

第三章　加盟添翼

引言：

1970年，原哈军工空军工程系空气动力与飞行力学专业、飞机设计及飞机系统设计专业并入西工大飞机系（现航空学院），四五十名原哈军工相关教研室的教职员工从此来到西工大飞机系（五系）。其中主要教学人员有：空气动力学专家岳劼毅教授；罗时钧教授（罗时钧是钱学森Caltech的首位博士生，在国内外航空界有较高的声誉，从事跨声速大迎角气动力计算，解决了很难的问题），来西工大后罗时钧教授担任了副校长；结构力学专家陈百屏教授，从事弹性结构力学、广义应变法研究，与西工大飞机系主任黄玉珊教授曾为同窗，来西工大后黄玉珊教授是飞机系主任，陈百屏教授是系副主任；飞机设计专家杨庆雄副教授，曾为"东风-113"飞机设计总体组组长，从事军机设计和民机设计，适应国防、空军的战术技术要求，把军机设计理念、方法带到了西工大；飞行力学专家刘千刚老师，来西工大后曾担任研究生部主任，他在"Green函数及其在飞机气动力计算中的应用"研究中，获国家科技进步一等奖，且排名第一，他指导的研究生，后来成为长江学者、院士或飞机型号总师，如唐长红院士、杨伟院士等。

1985年后，在歼-7E飞机设计中，技术总负责人沙伯南老师，是哈军工空军工程系六期毕业学员，海军航空兵出身。参与设计、研制的人员中除杨庆雄、刘千刚两位原哈军工老专家外，还有何长安、李凤蔚、姜晋庆、巫泽、于欣芝、任光华、范立钦、贾朝升等老师都是哈军工空军工程系毕业学员，他们为歼-7E飞机的成功研制做出了重要贡献。

——哈军工空军工程系并入西北工业大学史话

校企合作谱写歼-7E研制传奇

由一款典型的第二代高空高速歼击机,改变为拉出近40°可控迎角,在1998年第二届珠海航展上技惊四座的中低空、高机动歼击机——歼-7E,无疑是整个歼-7家族发展过程中最为重要也最成功的改型。在面对当时美、日等国已装备三代机的岁月里,西工大航空人用他们的智慧和努力,同"成飞人"一起,让二代的歼-7 Ⅱ飞机在20世纪90年代重获新生。直至三代机批量服役前的21世纪前期,歼-7E为中国空军提供了一种"顶用的"歼击机,也为国家军事装备出口创汇做出了贡献。

一、传奇方案,空军首肯

1982年,西工大沙伯南老师带领学生在成都飞机公司(简称"成飞")实习过程中,注意到歼-7 Ⅱ型战斗机在机头安装有130千克的"死配重"(用于配平挂载新型霹雳-8空空导弹时新增的载荷力矩),并且了解到该飞机具有中低空亚跨声速机动性差、航程短和起飞着陆性能差等缺陷。

"拿掉死配重,提高飞机作战性能!"这不仅是一名航空教育工作者的责任,更是一名老战士的心愿。1950年到1957年,沙伯南曾在海军航空兵部队待了七年多,担任飞机大队机务主任,参加过抗美援朝战争,三次荣立战功并获得两枚朝鲜军功章。这段经历让沙伯南老师不仅对作战飞机有着格外特殊的感情,也对部队需要什么样的飞机有着敏锐的认识。1983年到1984年,通过大学生本科毕业设计的形式,沙伯南老师率先开始带领学生,围绕提高歼-7 Ⅱ型飞机机动性能,开展相关研究工作。

在综合考虑当时的各种因素后,一条"渐改"的思路在沙伯南老师的脑海中渐渐清晰起来：立足原型机，用修改机翼平面形状、改变飞机的气动布局和局部调整飞机装载，达到移除机头配重、提高飞机性能的目的。这个渐改方案既考虑了国情，又能从空军实战出发，当即得到西工大校、系有关方面的大力支持，特别是受到季文美校长的肯定，也得到刘千刚、杨庆雄、赵令诚等老一辈航空系教授的赞扬与肯定。1984年11月在西工大开始进行风洞试验，并于12月31日写出了选型论证试验报告，证实了这个方案的可行性。当时的成都飞机公司老领导谢明和时任领导侯建武，为了公司的发展积极推进技术创新，支持厂校合作。1984年12月，公司派出副总经理何秉乾到西工大协商厂、校合作。1985年1月沙伯南教授访问成飞，老领导谢明告诉他去找负责歼-7Ⅱ批生产的时任副总师陆英育商谈，他们二人很快取得了在歼-7Ⅱ飞机上改型的一致意见。随后，西工大与成飞公司签订歼-7Ⅱ改型的预研协议，并得到成飞经理办公会议批准。

协议签订后的一年多时间里，西工大在校内教学风洞做了多次吹风试验，成飞设计所也进行了多次设计论证，形成了包括改机翼、改发动机和改航空电子的初步总体设想。明确了改型的目标是着重改善飞机中低空机动性、航程和起降性能，提高飞机的作战效能，保持歼-7的"轻小灵活"和价格便宜的优势。1986年3月，由厂、校联合（陆英育、沙伯南负责）先后向航空航天部、空军、国防科工委作了汇报。得知"七五"计划关于空军装备的"大盘子"已经确定，当时歼-7Ⅲ和歼-8Ⅱ飞机都处在即将定型的关键时期，是否还要在歼-7Ⅱ上立项改型，成为部委机关不好决策的难题。航空工业内部（包括厂、所）也出现不少对歼-7Ⅱ改机翼的质疑声音。

但是空军林虎副司令员（当时主管空军装备）却敏锐地感觉到歼-7Ⅱ改型是个很有前途的方案。他于1986年4月到成飞公司考察，听取了汇报；也在西安机场接见了西工大参与改型的教师和学校主管部门的负责人，对歼-7Ⅱ改型方向表示肯定，并要求抓紧风洞试验，把气动布局定下来，形成改型的总体设想。后来又经过一年多的努力，终于在1987年6月以厂、校联合名义上报了飞机改型的总体设想，并定名为歼-7E型飞机。在空军的大力支持下，

1987年10月，歼-7E飞机终于获得解放军总参谋部的批准立项。

立项后，成飞和西工大正式签订了合作协议。当时西工大由科研处副处长刘胜为代表，由于刘胜在协议洽谈过程中的良好表现，被国防科工委领导看中，随后调到国防科工委工作（2009年12月刘胜任总装备部副部长，2011年7月晋升中将军衔）。在成飞总工程师杨宝树的支持下，陆英育和刘胜很快达成合作协议。这个合作协议，第一次将企业与高校成功结合在一起。科研、生产优势的结合与互补，为歼-7E成功上天奠定了坚实的基础。

项目正式立项后，成飞是总师单位，西工大是副总师单位，这在全国是很少有先例的。时任西工大校长傅恒志教授和副校长刘元镛教授极为重视，为了加强组织领导，学校成立了现场指挥部，由科技部长虞企鹤、飞机系副主任李为吉为正、副行政指挥，沙伯南教授为总设计师，刘千刚、杨庆雄、赵令诚三位教授为总师顾问。整个研制团队兵强马壮，以确保从预研到工程的顺利进展。

二、攻克难题，勇于创新

对于歼-7Ⅱ战斗机改进项目，沙伯南教授的思路很直接：改机翼，但保持歼-7Ⅱ原设计三角翼前缘内侧后掠角不变，将外侧后掠角由原来的57°缩小到42°；同时增大的机翼面积和外翼段减小的后掠角，也能提高飞机中低空亚跨声速机动性、航程和起降性能。然而，将这个纸面上的改型设想变成一架飞起来的战斗机，其工程实践中存在着大量的技术难题。

机翼是飞机设计的核心，在当时的中国还没有人改动过机翼、改过机翼的气动布局。国内的强-5强击机沿用了歼-6的机翼，歼-8的机翼是歼-7机翼的放大。对歼-7战斗机仿制原型——经典的米格-21的机翼形状进行修改，包括一些国内老专家在内的很多人都不看好。正如该项目西工大现场行政指挥虞企鹤所言，"动机翼，这是摸老虎屁股，需要有很大的勇气，更需要有预先积累的技术储备"，正是"揽得瓷器活，需要金刚钻"。

1987年，西工大与成飞联合上报"飞机改进总体设想"时，双方一致认为：飞机改进的核心是新机翼，它是一个开创性的艰难工作，必须协力共同开发。

机翼的改动，必然牵涉全机的气动特性、飞行性能、操稳特性、结构强度、颤振等一系列问题。厂方曾表示：这显然超出了成飞公司当时的科技能力，但他们坚信西工大是可以依靠和必须依靠的力量。

西工大研制团队以飞机系为主，自动控制系、航天工程系等大力配合，成立了总体性能、结构强度、气动力载荷计算、颤振、操稳品质、自动控制、风洞试验等研究组。主要成员有沙伯南、刘千刚、杨庆雄、赵令诚、姜晋庆、何长安、李凤蔚、巫泽、于欣芝、任光华、范立钦、贾朝升以及前期参加的侯凌云老师等。上述人员中除赵令诚教授外，其余都是原哈军工空军工程系的教员，或军工毕业后的留校教员。

机翼改型首先需要试验数据验证。从方案论证到1990年首飞，前后7年时间，沙伯南和风洞试验组巫泽、于欣芝（前期还有侯凌云）在全国7个风洞进行了数千次试验研究：低速、亚声速、跨声速、超声速等速度试验，测力试验、全机测压试验和大攻角等各种性能试验，获得了数千万个有用数据，提供了飞行与试验的相关性数据，为结构强度、飞行品质、性能计算、颤振等计算工作提供了必要的数据。更重要的是在选型过程中，确定了前后缘机动襟翼的设计方案，并根据实验结果得出了随飞机飞行马赫数和迎角等变化的前、后缘机动襟翼的控制规律。这是我国在军机上的第一次应用。

结构强度组为了抢时间，避免他们组和厂、校其他组之间的互相等待，及早查找技术问题，防患于未然。杨庆雄教授和他的结构强度团队，走了"跟随设计""并行设计"这样一条给自己"找麻烦"的路子。既然结构强度计算与总体和其他环节工作同步进行，那么版本（结构强度方案）的修改甚至推倒重来就成了"家常便饭"。因此，全组共做了10个版本20多个方案，计算模型中的小调整还不算，实际工作量已经成倍地加大了。

如何提高歼-7E抗颤振性能，是研制中遇到的关键技术难题之一。因为与原型机歼-7Ⅱ相比，歼-7E增加了机翼面积，加大了翼展，减小了外翼后掠角，由单外挂改为双外挂……这些都给抗颤振带来不利影响，以致有专家认为"你们就是把机翼换成钢板，也是要振的"。在1988年初第一次歼-7E方案评审

会上，西工大抗颤振问题的评审方案没有通过。那是否可以将颤振问题交给其他单位去处理呢？部分老师思想上就有些动摇了，但刘千刚教授等还是力排众议，"既然西工大与成飞公司定签订了协议，那所有的技术设计就必须由西工大来负责"。最后，指挥部决定请李凤蔚老师加入，他于1988年3月到8月，在结构强度组杨庆雄、姜晋庆两位老师的配合下，经过反复深入的分析、严密科学的计算与综合，经历了许多不眠之夜后，终于探索出一种建立在频率识别及解耦原理基础，加强中、外翼扭转刚度，适当降低机翼弯曲刚度的解决方案。这是一个创新的方案，该方案使机翼在基本不增加结构重量的情况下，颤振速度得到大幅度提高，达到了598米/秒，满足了设计要求。1988年10月通过了歼-7E抗颤振设计方案的第二次评审，1990年初通过了全机地面共振试验，1990年4月通过了歼-7E首飞颤振专题评审。

在此期间，赵令诚、李凤蔚、杨庆雄、姜晋庆等教授带着学生，住在陕西长安县的203所和四川安县的西南计算中心。经过半年多、十几轮的计算，对结构反复调整修改，证明各种状态下的颤振速度达到了指标要求。"歼-7E型机抗颤振设计及计算分析研究"获1993年度航空工业总公司科技进步二等奖。鉴定意见指出：该项工作的技术难度和风险都较大，在国内尚属首次。所提出的建立在频率识别及解耦原理基础上的分析方法，对型号设计有较大的实用意义和推广应用价值。该研究为歼-7E飞机研制节省了大量的研制费用，缩短了研制周期，为该机按时首飞上天及设计定型打下了良好的基础，其经济与社会效益十分显著。

除了颤振这个拦路虎，歼-7E的气动设计也是困难重重。随着对双三角翼各飞行状态气动特性研究的逐渐深入，沙伯南教授发现，随飞机迎角的增大，双三角型机翼的外翼将出现气流分离，对全机的俯仰稳定性产生不利的影响，使得本来希望获得某些飞行性能的改进难以实现。沙伯南教授与有关同志经过充分的研究后，得出的结论是：要解决这个难题必须在机翼上增添"机动襟翼"。所谓机动襟翼就是在机翼外翼的前缘配置前缘襟翼，在内翼配置后缘襟翼，并使其偏转角度在飞行中能随着飞机的飞行状态（迎角和马赫数）自动地及时偏转至所需的角度。因此，机动襟翼与常规襟翼有着本质的区别。沙伯南教授在与陆英育总师商议后，邀请何长安老师来主持歼-7E机动襟翼控制系统的设计工作。由于当时国内生产和研发的飞机机型中尚无机动襟翼的先例可借鉴，同时，歼-7Ⅱ飞机是一个二代机，相比三代机来说设备和系统要简单得多，特别是没有采用余度技术的电传飞控系统，所以，要把歼-7Ⅱ改型为歼-7E，设计一个能满足要求、足够安全可靠的闭环伺服控制系统绝非易事。特别是对歼-7E的后缘襟翼来说，它应当是综合的。就是在空中飞行时，是能够自动偏转的机动襟翼，而在起飞着陆阶段又是一个能由飞行员操作的常规襟翼。

何长安老师主持的机动襟翼设计小组有任光华老师等参加，他们经过认真调研后提出，综合应用161厂为歼-7E新研制的机载大气数据计算机，作为机动襟翼控制系统的指令计算机。在该计算机中编入襟翼偏角随迎角和马赫数变化的控制规律，并将此指令实时输出到下一级的4个伺服回路（左、右、前、后）的输入口，伺服回路驱使襟翼偏转至偏转角度满足给定的要求值。对于后缘襟翼，设计了带有机械限位的伺服作动筒与开关式电磁阀收放作动筒综合一体的、独创的新型作动器。在安全性方面采用了左右翼互相监控的故障安全模式，从而保证了歼-7E飞机的整机飞行安全。

机动襟翼控制系统，后来经过方案评审、首飞评审、调整试飞，随后由618导航所批量生产，装载了数百架歼-7E飞机。实践证明，机动襟翼控制系统的使用性能及可靠性等，都达到了非常理想的水平。

上面提及的只是最为典型的两次技术难题攻关，也是两次技术创新。歼-7E整个研制过程中遇到的技术难关何止几个。如机翼的气动力载荷计算，歼-7E总师陆英育要求，负责计算的刘千刚教授保证误差不能过大。因为计算结果误差过大，后期设计的机翼部件都要报废，会造成人力物力的极大浪费，还会拖延工程的完成时间。因此，这项任务需要承担很高的风险，没想到刘千刚教授毫不犹豫地说："当然可以！""误差最多10％！"说着容易，做起来难。刘千刚教授为了这个结果，不知付出了多少天的努力，进行了多少次验算，最后得到了误差仅为3％的结果，为歼-7E提前近半年出厂做出了突出贡献。对此，成飞公司陆英育总工程师对刘千刚教授及其所在的课题组给予了高度评价。

从1987年立项到1993年研制成功，歼–7E项目用了五年半时间，算上前期预研，沙伯南教授和他的同伴们围绕歼–7E奋战了整整十年光阴。"十年磨一剑"，才造就了歼–7E日后的一飞冲天及20多年的生命期，直到现在还有几百架歼–7E及其改型的歼–7G飞机仍在我国的空军服役。

三、面对压力，乐于奉献

想要成功研制一架飞机，科研人员需要面对的最大压力是技术上的一个个难题，同时还有来自现实生活中的很多困难。

担任歼–7E飞机副总设计师的沙伯南教授操心最大。他既要确定改型方案、总体方案论证、新技术的采用以及难题攻关，又要协调厂校和课题组之间的技术工作。他常在第一线顶着干，在工厂一住就是三四个月。为了赶1990年4月26日的首飞，他从牡丹江坐火车硬座，三天三夜赶到成都，坐得双腿肿胀，站起来都很困难。4月的成都已经接近初夏，但他仍穿着冬天的衣服，因为没有时间回西安去换。后来首飞因故推迟，给他的压力最大，饭送到招待所房间他吃不下，觉也睡不着，有时还悄悄地流泪……同志们说那段时间他瘦得厉害。

"当你实际去设计一架飞机，这个飞机会不会栽掉，会不会不成功，有各种各样的压力需要你去面对。沙伯南是真的拼着命去办这件事的！……这个同志现在已经不在了，很是可惜的。"这是刘千刚教授，20年后满怀深情地对沙伯南教授的赞誉："沙伯南沙老师是一位很好、很努力的同志！"

在专访沙伯南教授的弟子赵美英教授时，她曾给我们讲了一件小事。一次，沙伯南教授带着赵老师和班上学生去成都实习，有个学生买了双鞋，非常贵，而与之相比，沙教授买的那双皮鞋却十分便宜，就连他平时穿的服装都像是军装褪了色。"沙教授平易近人，在他身上我们可以学到很多的东西。""沙老师人非常朴素，特别地低调，课讲得也很好。作研究时，在数据等各方面具有很强的记忆力，对数据的判断分析也有相当高的造诣。"作为沙教授的弟子，赵美英老师对沙老师有更深刻的认识，对沙老师工作的细节也有更多的了解：

"我印象中每当要做试验时,作为歼-7E副总师的沙伯南教授经常因为压力很大睡不着觉。可是哪怕是在阶段性成功之后,虽然有那种发自内心的高兴,但是他还是很快又进入到下一项的工作中,踏踏实实地,这个事做完了以后又接着做下面的工作。"赵美英还说:"歼-7E研究团队中还有像杨庆雄教授、刘千刚教授等德高望重的老师。他们不仅学问高深,在该严的时候也对我们很严。因为那时候我们还很年轻,他们已是有名望的教授了。但是生活中杨教授性格特别好,平时能和我们愉快地玩在一起,与我们相处得十分融洽。杨庆雄、刘千刚教授等老先生,也都和沙伯南教授一样,是冲在科研第一线的,并且全力以赴做着歼-7E研制工作。"

为了歼-7E项目的顺利推进,老师们付出得太多太多。像沙伯南教授这样的老师还有很多:当时已59岁的姜晋庆教授体质较差,连续加班半个多月,一次骑车时竟晕倒在路旁,脸也摔破了。虽然他已经很疲劳了,但稍事休息,又投入到了紧张的工作中。还有成飞公司陆英育总师,出差中为赶时间有时候买的火车票没有座,他就干脆拿张报纸坐在过道上。有时列车晚点半夜才到,招待所早已关门,他就同年轻人一样从窗子进去。

杨庆雄教授最感内疚的是对不起妻子。1987年他在四川安县忙着算课题,期间爱人在学校摔成骨折,但善解人意的妻子没有把这件事告诉杨庆雄,自己悄悄地住进了医院。杨庆雄教授家里还有眼睛、耳朵不方便的老母亲,以及身体状况常年欠佳的儿子……

歼-7E研制中"开夜车",对刘千刚教授来说已不是新鲜事。1988年暑假的一天夜晚,因刘教授加班忘了告诉看门的老太太,结果半夜12点多钟从机房出来却出不了大门,只好放下斯文,翻窗而出。赵令诚教授患有严重的萎缩性胃炎,但仍坚持与年轻人一起干。巫泽教授有一次晕倒腿部摔伤,但仍然出差到气动试验现场,与于欣芝等人一起奋战在第一线。

于欣芝老师是团队中唯一的女性,也是几个孩子的母亲,家里困难很多,但她尽力克服,全身心投入工作。在沈阳做高速风洞试验时,任务重、时间紧,她当时又感冒发烧,体温40.2℃,血压低压只有40多毫米汞柱,但她坚持工作而没有去住院，直到做完试验、报告脱稿为止。后来，在绵阳29基地吹风时更是紧张，她常常上"两个班"，睡眠严重不足，致使面部和眼睛都肿了起来……

老师们就是这样在"精神紧张、压力山大"中，义无反顾地克服一切困难，将自己的一腔热血奉献给了歼–7E研制，为祖国的航空事业奉献出了青春和热血。

谈到当年遇到的种种困难，采访刘千刚老师时，他笑着说："既然承担了工作，就要付出劳动。"项目行政指挥虞企鹤老师说："搞国防最重要的就是要有奉献精神。以沙伯南老师为带头人的歼–7E研制团队就是有奉献精神的榜样。现在国家条件好了，不会亏待搞国防的人，但这个奉献、奋斗的精神一定要发扬传承下去。"两位老师的话代表了老教授们的心声。以沙伯南教授为带头人的歼–7E研制团队，在那个国防经费紧缩的年代安贫乐道，将功名利禄全部抛下，为的是在有限的生命里为国家踏踏实实地做几件事。这就是中国航空人的家国情怀，也是西工大人传承、弘扬哈军工革命精神的体现。

在西工大和成飞公司所有参研人员的共同努力下，歼–7E 001机终于在1990年5月18日成功飞上蓝天。空军林虎副司令员在首飞成功后指出，歼–7E的首飞成功是国防科研、生产战线上的一次重大胜利，是校企合作的结晶。时任国务院总理李鹏、军委副主席刘华清均批示，对歼–7E的首飞成功表示热烈祝贺！

四、历尽波折，终成大器

然而，首飞成功远远不能说明歼–7E项目万事大吉。随着试飞科目的进行，大大小小问题接踵而至。歼–7E飞机先后出现过"副翼嗡鸣"等故障。在参研人员的艰辛努力下，终于排除了故障，于1993年5月18日顺利定型，随即投入生产，并在8月交付空军试用。在试飞期间，时任军委副主席刘华清、空军司令员王海、时任航空航天部部长林宗堂等都到歼–7E飞机试飞场视察；在"航定会"上，时任国防科工委副主任怀国模、航空航天部总工程师王昂都对厂、校合作的科研形式给予高度评价，他们认为歼–7E飞机的试飞成功，为厂、校结合研制型号工程开辟了新路子。

飞机交付部队后不久,又出现了因平板阀助力器生产缺陷,引起的所谓"纵向飘摆"等问题,但这些服役初期出现的问题均很快得到了解决。歼-7E 也逐渐成为一线部队最受欢迎的主力机种,其出勤率长期维持在 90% 以上。飞机"做得"好不好,飞行员最有发言权。首飞之后试飞员曾说:"这架飞机改得好,早应该这样改了。"有的试飞员甚至说:"飞了这架飞机再也不想飞别的飞机了。"从 1995 年起,"八一"飞行表演队换装歼-7E 表演型歼-7EB,在世人面前展示中国空军的风采,这大概是空军对歼-7E 优秀性能的最大肯定。歼-7E 研制于 1996 年获中航总公司科技进步一等奖,1997 年获国家科技进步二等奖。此后歼-7E 及其改进型歼-7G、歼-7GB 作为主力机型,于 1999 年和 2009 年先后两次参加了"天安门大阅兵"。2009 年 10 月 1 日,在国庆 60 周年大阅兵中,"八一"飞行表演队驾驶 8 架歼-7GB 飞机,护卫着我国自行研制的大型预警机——空警 2000 组成的空中编队第一梯队,雄壮地飞过天安门上空,接受党和国家领导人和亿万人民的检阅。

五、捍卫领空,远销海外

歼-7E 的改型,体现了"短平快"的特点——投资少、见效快、周期短。1987 年 10 月立项,1990 年 5 月首飞,1992 年 7 月完成全部试飞科目,1993 年 5 月设计定型,8 月交付空军,前后不到 6 年的时间。1994 年到 2001 年,歼-7E 共交付 264 架,远超同期某型机的生产数量,足见歼-7E 型飞机受到部队的欢迎程度。

相比歼-7Ⅱ型飞机,歼-7E(及其改型)除高空高速截击性能略有下降之外,其余包线范围内机动性均比歼-7Ⅱ优秀一个档次,接近主流第三代战斗机水平:稳定盘旋过载提高 29%,瞬时盘旋角速度提高 50%,爬升率提高 24%,最大航程增加 17%～44%,近距格斗性能提高 84%,综合机动性能提高 43%,综合作战能力提高 35%,起飞着陆性能亦得到大幅改善。在 20 世纪 90 年代到 21 世纪初那段时间,苏-27 刚刚引进,歼-10、歼-11 仍在研制,歼-8Ⅱ配

套中距弹尚不能国产的情况下,又出现"台海危机"、中国驻南联盟大使馆被炸、"南海撞机"等诸事件。在阴霾萦绕人们心头最艰苦的岁月里,歼-7E作为当时国产战机中飞行性能最出色的型号飞机,承担了人民空军事实上的主力,支撑起祖国空防的"大梁"。

歼-7E优秀的性能和颇高的性价比也吸引到大量外国客户,广泛出口到第三世界国家,先后有100余架出口至巴基斯坦、坦桑尼亚、纳米比亚、尼日利亚、孟加拉、斯里兰卡等国家。2008年9月9日,斯里兰卡空军使用该型机,首开歼-7E出口型击落敌机的实战记录。总之,歼-7E飞机为我国出口创汇、为国产装备品牌的创建,立下了汗马功劳。

六、梦想成真,期待一流

1990年5月18日,在成飞机场,那架首飞就飞出30米低空通场动作、在预计飞行时间后需要刻意消耗富余燃油才能降落的歼-7E飞机,翱翔蓝天、盘旋迂回的场景,在每一个歼-7E战机研发人员的心里烙下了深深的印记,他们的梦想成真了!

在以沙伯南教授为代表的每一个歼-7E战机研制人员心里,还有着更美好的愿景,他们期待有更好、更多的国产世界一流飞机,翱翔在祖国的蓝天!

(航空学院初稿,虞企鹤、黄迪民修改整理)

薪火相传谱新曲
——航空发动机团队纪实

一、薪火相传血脉基因

1965年10月21日,中共中央批转军委《关于军事工程学院等三所高等军事院校集体转业的决定》。1966年4月1日,哈军工集体转业退出军队序列,改名为哈尔滨工程学院,仍归国防科委领导,空军工程系改名为航空工程系。1969年12月中央军委办事组决定哈尔滨工程学院内迁。1970年3月,国防科委派工作组到学院监督执行学院搬迁和分建。航空工程系集体内迁至古都西安,成为西工大的一部分。当时有教职工665名,其中教师215人,有60多人来到西工大航空发动机系,后来成为该系的奠基人和中坚力量之一。

陈寅恪曾定义大学"独立之精神,自由之思想",而西工大人"三实一新"的精神风貌,早在哈军工时期就有了气象。出身哈军工一系的王乃行老师谈起"三实一新"的由来,他说:"'三实一新'其实最早不是我们提出来的,是后面我们学校的学生出去工作后,各个用人单位反馈回来的。当时我们学校的教学科研特色就很重视基础和务实。我们重视具体型号部件,就是直接根据具体任务,然后展开一系列科学研究,比如当时著名的米格–21型发动机的研究仿制工作,我们就担任了相当一部分任务。包括后来在哈尔滨120厂进行水轰–5

的发动机总体设计方案,都是我们做的。重视具体型号部件,不搞'空的大的'东西,从那时起我们就这样了。"

在之后的几十年中,哈军工出身的老师们兢兢业业地投身教学、科研,为西工大航空发动机系的建设添砖加瓦,为一代代学子的航空梦插上了翅膀。时至今日,西工大的航空类学科已经在全国范围内名列前茅,但当我们回眸历史,这些老军工们的所作所为依旧光彩夺目。

二、开拓进取成果卓著

1970年内迁西安后,出身哈军工的老师们不畏艰难的物质条件和复杂的政治环境,在学术和科研上取得了丰硕的成果。

杨祥仁老师曾在哈军工一系作发动机总体方向的研究,到西工大七系以后,要在试车台西台搞一个"大气源建设"。这个项目在当时是极具难度的,同时期北航的"大气源"买自美国人,而杨老师等人在这个项目上投入了十几年的时间,最终攻克了难关,完成了"大气源建设"。

1989年,杨祥仁老师投入"W2P-1"微型涡轮喷气发动机的预研,历时八年时间,在1996年研制成原理机,其实验数据基本达到设计指标,并荣获1996年度航空航天部科技进步一等奖,以及多项个人奖和立功奖。

1992年,微型航空发动机研究所正式成立,杨祥仁老师担任了第二任所长。实际上早在1986年,研究所的人员就已经开始合作研究,到1994年基本完善,并在1996年下半年获得了陕西省教委的"先进党支部"荣誉。

王乃行老师亦出身哈军工一系,1976年,在西工大七系任某教研室主任。当时有个很著名的项目:国家引进了100台斯贝发动机,需要尽快把这款发动机情况吃透,王老师承担了这个任务。斯贝发动机的仿制耗时漫长,最终促成了国内第一台国产化中等推力的双转子涡轮风扇混合加力式发动机"秦岭"的诞生。另外,同时期研制的云雀直升机发动机将涡轮改成涡桨,也就是后来井冈山运输机的核心所在,以及包括运–10等的设计,王老师都是参与者。

潘锦珊老师曾工作于哈军工一系102教研室,作气动理论相关研究。在

1972年，潘锦珊老师做了平面叶栅吹风实验，后申请了航空科学基金。1990年，潘老师带着研究生王新月、范文正做了二元喷管射流的实验，并在1990年11月在中国工程热物理学会第七届年会上作了相关报告，名为《二元喷管射流的数值计算》，这篇文章也在1991年5月的《工程热物理学报》第12卷第2期上发表。

顾恒祥老师1953年毕业于南京工学院，毕业后在哈军工空军工程系担任航空燃料、油料、特种液体、锅炉燃料、柴油机燃料等相关课程的教学工作，同时也是哈军工负责培养飞机维护和使用的工程师。1970年来到西工大，科研工作也非常突出，是《炼油工艺研究》《燃气轮机燃烧室性能分析》主要翻译、校对和定稿的负责人之一。80年代曾主持涡喷发动机台架试验，研究渣油在燃气轮机中的应用。顾老师获得了很多荣誉，如动力专家会员证、教学30年证书、指导毕业设计优秀奖、西工大优秀教材一等奖、西工大教学优秀奖、教学成果奖、航空工业编写教材二等奖、陕西省国防科技工业技术委员会顾问等。

"合抱之木，生于毫末；九层之台，起于累土。"在西工大七系那段初创的岁月里，正是许多老师这样一步一个脚印，用实实在在的科研成果，助力西工大的航空发动机专业发展壮大，才有了如今的气象辉煌。

三、学科发展积流成河

西工大精神激励着每一代工大人，不仅脚踏实地搞科研，同样仰望星空传道理。老一辈的教授们，结合所在领域的发展实际，编写了许多受人称赞的优秀教材，极大地促进了七系航空发动机相关专业学科的发展。

1958年3月，潘锦珊老师从哈军工空军工程系毕业，被分配留校任教，在空军工程系102教研社主要担任航空发动机原理、工程热力学、传热学等课程的教学。哈军工的空军工程系迁到了西工大后，潘老师也随之搬到了西安。在西工大的前两年，潘老师所在的七系安排他到工厂参与研究仿制发动机。

1977年，结合工作实际，潘老师开始进行教材的编写工作。当时西工大隶属于三机部，三机部的教材编程社要求西工大、北航、南航三所院校共同编写气体动力学教材。三所学校的老师集中到一起，赴复旦大学、上海交通大学、浙江大学、中国科技大学等名校调研，然后集中在北航，开始气体动力学教材的编写，潘老师代表西工大也参与其中。当时关于谁来做主编的问题还有一个小插曲：北航和南航的老师资格较老，不愿做主编，因为编教材是个苦差事，过程烦琐，况且当时国内没有成型的教材可以参考，只能参考国外的教材，编写变得十分艰难，于是潘老师承担了主编的工作。1980年6月，第一版的《气体动力学基础》由国防工业出版社出版。1989年，潘老师组织三个院校共同改编《气体动力学基础》，仍由国防工业出版社出版，第二版出版后反响很好。

从1972年开始，杨祥仁老师和王宏基教授负责翻译了一本教材——《轴流压气机气动设计》；顾恒祥老师也曾主编过多本教材，包括《航空燃料》《燃料润滑油使用原理》等，并参与过中国航空百科知识点条目编写和中国大百科全书航空航天分册条目编写。

四、教书育人敬业奉献

"师者，所以传道授业解惑也。"出身哈军工的老师们，继承了哈军工教学传统，在教学事业上呕心沥血。

哈军工当时依靠"两老"即老干部和老教师建校，又因为军工性质，积极开展"围绕学生忠诚于军队"的建设，并且一切都以学生教育为中心。当时还有一个形象的比喻，说这个学校就像食堂一样，学生就是吃饭的，干部是端盘子的，老师是炒菜的。当时哈军工的本科教育强调以学生为主，其教学水平在全国名列前茅，有目共睹。

1970年，顾恒祥老师刚来西工大，分到第七研究室，负责燃烧课程教学，吴虎老师、乔渭阳老师是顾老师的学生。那时候七系有发动机原理教研室、叶片机教研室、燃烧教研室、发动机构造教研室、数据处理教研室和基础教研室，当时人多事少，顾老师担任主管教学副主任，除讲课之外还扩展自己的工作，不断学习新知识以适应工作需要。由于只教一门课程工作不饱满，除了燃烧课程，他还给本科生讲解矢量和张量，给研究生讲授化学动力学课程，开展新领域的研究。20世纪70年代末，顾老师对国外关于化学反应的二元边界层的理论进行了深入的学习研究,并将此课题作为 1977 和 1978 级学生毕业设计题目。

1983 年,中国石油化工总公司由于发展需要,委托学校培养热能专业学生。于是顾恒祥老师开始教授工程热力学、燃料和燃烧相关课程,另外还专门开设了燃料炼制工艺、加热炉设计、热能利用等课程。

四十年来顾老师一直在教学第一线,从二十岁到六十岁,在工作需要时扩展知识,不断学习去适应工作。到热能专业后,教学任务重,他不仅须教四门课程,还要带学生的实习和毕业设计,每年教学课时在 2 000 学时以上。

在管理层面,一些老师也贡献了自己的力量,为西工大这艘巨轮掌舵护航。比如 1984 年,王乃行老师从教学科研转到了行政岗位,担任了 8 年的西工大副校长。前四年重点关注本科生教学,1989 年西工大获评国家教委优秀成果一等奖;后四年,他把重点放在行政财务和人事方面,解决了教师职称评定等问题,形成了系统的管理体系。

五、老骥伏枥,志在家国

"老当益壮,宁移白首之心;穷且益坚,不坠青云之志。"许多老教授虽已逾古稀之年,仍旧为我国航空发动机专业的发展发光发热。

1994 年,杨祥仁老师退休,但直到 2002 年,他仍旧坚持协助蔡元虎老师搞科研,后来即使因身体患病无法上班,在家中也一直坚持工作。

1993 年,顾恒祥老师退休,但因当时年轻教师较多,学院委托顾老师承担青年教师的帮扶工作,组成"听评帮"小组,后来顾老师担任教学督导组组长。从 1993 年到 2008 年,15 年间顾老师一直在为学校育人工作作贡献。担任督导时,顾老师认真记录,按时向学院提交记录和笔记,每年都提出意见和建议。

回首往昔,西工大航空发动机团队的老师们在科研、教学和学科发展等领域都做出了突出的贡献,为西工大七系乃至动力能源学院的发展奠定了坚实的基础,也为我国的航空事业发展做出了不可磨灭的贡献。

(动力与能源学院供稿,刘银中执笔)

——哈军工空军工程系并入西北工业大学史话

独树一帜的火控专业

一、在哈军工和哈尔滨工程学院时期

1953年9月1日，由于党中央的英明决策，在中国人民解放军军事工程学院党委和陈赓院长的领导及苏联顾问的帮助下，一座集诸多兵种的高等工程技术学府——中国人民解放军军事工程学院在松花江畔的哈尔滨市宣告成立。这标志着中国人民解放军在现代化道路上迈出了一大步。

（一）集大成的航空兵器专业

空军工程系是中国人民解放军军事工程学院中的一个系（代号为一系）。它参照了当时苏联茹可夫斯基空军工程学院系的设置和我国空军航空兵专业工作的需要，一共设置了航空机械（飞机和发动机）、航空兵器、航空特设（仪表和电器）、航空无线电（无线电通讯和导航等）、机场建筑和航空气象等六个专业。培养目标是为航空兵机务部门培养相应专业的维护修理工程师。每个专业均设有管理学员专业课的专科和相应的教授会。到1956年第一期学员专业课开课前夕，航空兵器专业各教授会情况如表3-1所示：

表 3-1　1956 年航空兵器专业各教授会情况

教授会编号	名称	讲授课程	负责人	顾问	专家（1958年到达）	实验室负责人
108	航空弹药	1. 航空弹药 2. 航空特种武器	薛鸿陆	姓名不详		肖秉堃
109	航空自动武器	1. 航空自动武器 2. 射击装置 3. 军械维护	孙庆余	Г.А.日尔尼赫格里申		祁和详
110	轰炸学和瞄准学	1. 轰炸原理 2. 轰炸瞄准具 3. 计算装置	徐缤昌	无	А.А.巴尔松可夫	莊松达
111	喷气武器	1. 航空喷气武器 2. 电自动学	钟万登	不详		
112	轰炸装置	轰炸装置	汪致远	斯美斯良也夫		潘家辉
113	空中射击和瞄准器	1. 空中射击和瞄准具 2. 公算原理 3. 航空外弹道学	曹昌祐	尼采可	Б.В.伏龙诺夫	袁扩怀

由于航空兵器专业是一个新的专业，国内普通高等院校没有类似专业，军内尚没有一所正规的高等技术院校设置该专业，所以专业建设的一切工作都需要从头开始，从一点一点做起。在院系的领导和苏联顾问的帮助下，专业教学计划的制订、多种课程教材的编写、形象教具的制作、实验课和实物学习课程的建设，都陆续准备就绪，为第一学期学员在 1956 年下半年开设专业课创造了条件。当时院系和苏联顾问对教学质量抓得很紧，开课都要试讲。在这样的情况下，第一学期学员的教学工作，包括毕业设计和部队实习，都顺利完成。

1958 年上半年苏联顾问按合同回国，随后来了两位专家，其一是苏联茹可夫斯基空军工程学院二系空中射击和瞄准具教授会主任 Б.В.伏龙诺夫上校，另一位是轰炸学专家 А.А.巴尔松可夫。这批专家主要是对有关教授会的专业方向和业务知识方面进行指导。伏龙诺夫要求 113 教授会研究三方面问题：空中射击的建模问题、随机过程和卡维纳滤波的应用问题和数字计算机在瞄准系统中的应用问题。对前两项，教授会做出安排，补充到教学中；对后者，专门从航空特设专业调来康继昌同志，从事数字计算机的研究。这也是后来在研制东风-113飞机时，提出采用数字计算机的原因之一。

1958年下半年，结合二期学员毕业设计，一科提出了研制高空高速的歼击机——东风-113。当时正值大跃进时期，全系闻讯后，各专业纷纷为这一飞机配套进行有关设备和系统的毕业设计。当时航空兵器专业结合毕业设计就提出了研制高速的航空机关炮——六管炮和瞄准系统的数字计算机，得到了院系的支持，并从数学教授会请来孙本旺教授帮助和指导程序编制等工作。同年5月，彭德怀元帅来院视察，到计算机设计组对全体同志进行了鼓励。由于种种原因，东风-113的研制在20世纪60年代初下马。但是它还是取得一定的成果，一方面通过这一研制为我国科研院所及其他单位培养了一批人才；此外，六管机关炮也在工厂研制成功，得到了应用。数字计算机转入了轰-5飞机尾炮塔射击瞄准计算系统中的计算机研制中，最后通过定型并装载到相关飞机。

(二) 航空兵器专业一分为二

20世纪60年代初期，我国国防工业取得了一定成绩，开始从仿制逐步趋向改进改型和自行设计的阶段，国防部也根据国防工业特点成立了若干个研究院，从事自行设计和研制工作。各军兵种已具备了建立相应工程学院的可能，所以军事工程学院面临着各系外迁和调整、培养目标的转变等工作。即使在航空兵器专业的各教授会也相应地做了调整工作。当时明确了航空兵器维护修理工程技术人员的培养由新组建的空军工程学院承担。根据军事工程学院培养研究设计工程技术人员的要求，按照航空兵器装备的特点，将航空兵器专业一分为二，即分为以研究设计航空自动武器为主的武器设计专业和以研究设计航空射击和轰炸瞄准设备为主的武器控制专业。

航空武器设计专业以原109教授会为主，与原112教授会合并组成。航空武器控制专业则是以原110和113教授会为主组成。而原108教授会调整到有关的系和专业，110教授会和113教授会部分人员调整到新组建的五系。航空武器设计和航空武器控制这两个专业组成了104教研室——航空兵器教研室，教学计划从六期学员开始执行。1966年3月，104教研室一分为二，分为104教研室——航空武器设计教研室，105教研室——航空武器控制教研室。105教研室又分为三个教学组：空中射击瞄准、轰炸瞄准和炮塔控制。由于东风–113数字计算机原理样机基本成功，虽然东风–113飞机研制停止，但数字计算机研制工作未停，和135厂、122厂结合轰–5飞机尾部炮塔改装，开始研制114计算机。主要工作在炮塔控制组，其他教学组配合，整个研制由康继昌同志负责，在"文革"中研制工作基本没有受到影响。

1966年4月1日，根据中央军委决定，中国人民解放军军事工程学院退出军队序列，改名为哈尔滨工程学院，空军工程系改为航空工程系（一系的代号不变），各专业设置教学计划均不变。但是学院改制不久"文革"就开始了，整个学院的教学工作处于停顿状态。

二、迁并西工大

1970年国防科委将哈尔滨工程学院的航空工程系（一系）内迁西安，整建制并入西工大，由于西工大没有与哈尔滨工程学院航空武器设计和航空武器控制这两个专业相类似的专业，所以这两个专业就按原建制设立在西工大航空电子工程系（六系）。

（一）航空光学仪器专业

航空武器控制和航空武器设计这两个专业并入西工大航空电子工程系后，由于航空武器控制专业的轰–5飞机炮塔射击瞄准计算机（114机）的研制任务正在进行，所以就与六系电子计算机教研室（602教研室）联合起来共同研制该计算机。

20世纪70年代，由于五机部将一批航空弹药、航空自动武器和航空光学仪器厂移交给三机部，同时全国高等院校也面向工农兵招收学员，因此三机部从培养技术人员的目标出发，要求西工大开办航空光学仪器和航空自动武器这两个专业，面向厂、所和部队招收学员。学校根据专业特点，要求航空武器控制专业和航空武器设计专业承担开办航空光学仪器和航空自动武器这两个专业的任务。

当时航空武器控制专业的教学人员，都参与到114计算机的研制工作中。在开办新专业的要求下达后，部分参与研制114机的轰瞄组和射瞄组教师返回专业，进行新专业开始前的调研工作。因为光学仪器面很广，涉及学科较多，结合原航空武器控制专业的特点，扬长避短，从部内多数厂、所的需要出发，确定了以射、轰瞄为主，以系统设计研究为重点的教学计划。同时组成了由基础课、专业基础课和专业课教师组成的专业连队，代号为503中队，队长为张进乐，副队长蒋福伟，指导员尤新华，军宣队为张技校。1972年航空光学仪器专业招收了一个班的学员，于1975年毕业回原单位。后来，由于这批航空弹药厂、航空自动武器厂和航空光学仪器厂又由三机部返回五机部，所以这两个专业没有继续招生，并在1976年将航空自动武器专业划归五机部，迁到南京华东工程学院与相关专业合并。而航空光学仪器专业因三机部厂、所需要，继续留在西工大，但是没有教学任务。

（二）改革开放恢复高考制度后的专业发展

1976年末，国家决定恢复高考制度，三机部和学校要求我们专业继续招生，系里组织教师分南北两路进行调研。厂、所一致反应，需要一批航空火控专业人员以弥补当时人员的断层，解决青黄不接的问题。最后三机部同意用航空火控专业的名称，并于1977年招收新生。当时根据专业课和专业基础课的需要，陆续从西工大校内调入一部分教师弥补师资的不足，在此基础上建立了航空火控教研室（代号为605教研室），教研室主任为陆彦。为了即将到来的教学任务，教研室做好了充分准备，如编写教材讲义、准备课程的实验等。1980年由国防工业出版社出版的《航空火力控制原理》，是当时国内第一本航空火控原理方面的教材，涵盖了射击和轰炸方面基本理论和设计的主要内容，得到了国内同行的一致好评。其他的教材讲义也陆续出版发行，满足了教学的需要。

在教学过程中，我们紧紧跟踪了国内外先进水平，保持了专业的先进性。20世纪70年代中期，成都飞机公司引进了英国马可尼公司的平视显示/武器瞄准计算系统，教研室根据瞄准计算系统采用智能化数字计算机的特点，一方面推导出射击和轰炸的瞄准计算模型，另一方面和CRT显示器结合，实现各种工作状态下的字符显示原理。因此，增设了平显原理课程，丰富了航空火控原理的教学内容。

20世纪80年代初，国家教委鉴于国防系统高校的专业名称过于烦琐，希望将同类型专业名称合并。国防科委召开会议，我专业派朱培申前去参会，由于华东工程学院指挥仪专业方向是陆基高炮的瞄准计算控制装置，双方通过讨论研究，决定西工大的航空火控专业和华东工程学院指挥仪专业统一为火力与指挥控制专业。

80年代，国内进行新型歼击机和歼轰机、轰炸机的研制，而机载火控系统，由于数字计算机智能化和总线通信的使用，大大扩展了其功能，成为一个由总线相连的多计算机的多功能系统。这是一个机载设备的发展方向，所以我专业一方面积极派出教师参与研制工作，另外也在教研室内展开研究以丰富教学内容。当时开出一门新课"航空电子综合系统"，并与有关厂所协作开展科研工作。90年代中后期专业名称改为"探测、制导与控制技术"。

（三）设立武器作战效能分析专业

1992年，国防科工委科技委副主任叶正大来西工大，与其他有关专业人员开会，研讨拟在北航或西工大设立武器作战效能分析专业，培养这方面的高层次人才问题。在西工大有关专业介绍了各自的情况后，最后确定由西工大承接相关任务。随后，由国防科工委叶正大与航空部联合召开研讨会，确定在火力与指挥控制专业附设武器作战效能分析专业。随即西工大与俄罗斯莫斯科航空学院就作战效能专业的教学和科研合作交流签订了合同，商定了武器作战效能专业的教学计划和人才交流事宜。为了尽快培养武器作战效能专业的人才，该专业第一届学生是动员校内二年级学生转入的，莫斯科航空学院也派教师前来授课，双方互相交流学习，给教学工作带来很好的效果。

武器作战效能专业在90年代末期，就与火力与指挥控制专业合并改称"探测、控制与控制工程"专业。

（四）研究生培养

1978年，火控专业成为西工大第一批硕士点之一，从1981年开始每年都招收若干名研究生。

1992年，根据当时专业发展和教师情况，学校认为该专业有一定的基础，具备申报博士点的条件，同意向国务院学位委员会提出在西工大建立航空火力控制博士点的申请。经国务院学位委员会第五届评审，批准了西工大的航空火力控制系统博士点，佟明安为博士生导师。博士点的申报成功，使专业的学科建设、教学和科研工作都提高了一大步。

1999年，经上级批准，该专业和航海学院水声专业建立了兵器学科博士后流动站。

（五）实验室建设

20世纪90年代初，为提高专业水平，我专业拟建立航空火控专业部级重点实验室，因此联合计算机系和自动控制系有关单位共同提出了申请。1992年夏由航空工业部组织评审，综合计划司副司长左太北同志主持了评审工作。经专家评审，同意在西工大建立航空火力控制系统部级重点实验室，当时实验室主任为佟明安教授。随后建立了以微机联网的火控系统仿真实验室，该实验室也通过了航空部组织的专家组的评审。该实验室的建成，促进了科研工作，取得了科研和经济的双收获。

（六）科研工作

1. 114计算机的研制

原哈尔滨工程学院航空工程系105教研室，在迁并至西工大之前，已经承担了轰-5飞机尾部炮塔瞄准计算系统的数字计算机研制任务。迁并至西工大后，得到了学校和电子工程系的支持，与西工大602教研室共同研制该计算机。在1972年招收了航空光学仪器专业的工农兵学员后，为了教学和科研的需要，从原105教研室炮塔控制组为主的教学人员中，抽出部分从事计算机研制的同志并入602教研室，加强了西工大数字计算机专业的教学和科研力量，最后不断成长壮大，发展为现在的计算机学院。在双方人员的共同努力下，114机载计算机研制成功，并在定型后装备空军飞机。

2. 热点瞄准具的研制

20世纪70年代初，从国外资料反映，为了满足作战飞机格斗的需要，在传统的机炮前置攻击的基础上，发展了一种快速射击的方法。根据这一思路，教研室张滋烈于1975年撰写了《示迹瞄准原理》《未来示迹线瞄准原理》等文章，并在"火控情况网"网刊《火控技术》发表，得到了网内陆海空火控方面有关人员的关注，在网内有关单位也作了介绍。

1975年结合学员毕业设计做了这一课题，在此基础上，我专业即与空军工程学院二系和西北光学仪器厂合作，对光学瞄准具扩展快速射击功能进行了研究，并且在已列装的光学瞄准具上进行了改装。经空军同意，进行了试飞和打靶，取得了良好的结果。航空军工产品定型委员会做了补充鉴定，批准了热点瞄准具的生产。这一成果获得1978年全国科学大会奖。

3. 假定轰炸系统的研制

1976年我专业与航空部613所协作，共同研制了假定轰炸系统。该系统实际上是一个利用数字计算机实现对轰炸过程的仿真系统。613所主要负责数字计算机的研制，我专业则负责轰炸中弹道的仿真计算和轰炸瞄准方程的建模和计算。作为一个训练系统，可以提高轰炸航空兵的训练能力并节约训练经费，该成果通过了技术鉴定，并获得1978年全国科学大会奖。

4. "82工程"的预研

20世纪80年代中期，我国空军为了提高歼-8II飞机的作战效能，通过美国空军与格鲁门公司签订合同，由该公司为歼-8II提供该机的电子综合火控系统。为了在国内做好相应的准备工作，601所委托我专业和电子计算机专业，研制一套与该系统相似的地面仿真设备，以便在所内培养技术人员，为接收美方设备做好技术上的准备。通过我专业的努力，研制完成该地面仿真系统并交付601所使用，达到了预期效果。我教研室朱培申在该项目预研中荣立三等功。

5. 武器系统精度分析

20世纪70年代末，国防科工委给我专业下达了关于航空武器系统精度分析的研究课题，我专业组织人力，重点对武器系统中影响瞄准的精度等因素进行了动静态分析并按期完成课题研究。

6. 武器作战效能分析研究

1992年国防科工委科技委副主任叶正大来西工大观察，最后与航空部确定在学校设立武器作战效能分析专业，并开展武器作战效能分析的研究工作。随即由西工大傅恒志校长带领团队赴俄罗斯，与莫斯科航空学院七系就武器作战效能分析的教学与科研合作项目签订了合同。学校聘请了莫斯科航空学院功勋科学家格里申教授来校讲学并组织座谈会，聘请奥利金教授等多人参与科研合作，还先后派出高晓光和张安赴俄进修，并完成了一些仿真软件及分析。莫斯科航空学院也派了一名女教师来校进修。两校合作，为双方的教学和科研工作都带来了很好的效果，这方面的研究工作迄今仍在进行。

7. 科研获奖情况（见表3-2）

表3-2　科研获奖情况

序号	获奖名称	项目名称	等级	获奖时间
1	陕西省教委科技进步奖	鲁棒自适应预测控制理论及应用	二等	1995.6.19
2	中航工业总公司科技进步奖	鲁棒自适应预测控制理论及应用	二等	1996.1.1
3	陕西省教委科技进步奖	飞机武器系统作战效能研究与应用	一等	1996.4.28
4	中航工业总公司科技进步奖	飞机武器系统作战效能研究与应用	二等	1996.1.1
5	中航工业总公司科技进步奖	多层前面网络的非线性机理研究与应用	三等	1996.10.1
6	中国航空科学技术基金委员会科学进步奖	多机空战的人工智能仿真系统及其应用研究	一等	1997
7	陕西省人民政府科技进步奖	控制系统的并行防卫方法及其应用	二等	1978.3
8	国家教育部科技进步奖	面向控制系统的VLSI算法和结构研究	三等	1999.1.30
9	国防科学技术委员会科学进步奖	航空武器火控新原理及其效能评估原理	三等	2001.12

8. 学术活动

20世纪70年代初，为了加强陆用、海用和空用的火力和指挥控制系统的研制、生产和教学单位之间的信息交流，并加强单位之间的协作，由电子工业部785厂发起成立了跨专业的火控情报网，挂靠在国防工办。1975年夏在南京华东工程学院（现南京理工大学）成立火控情报网，同年出版刊物《火控技术》，后改名为《火力与指挥控制》，我专业为空用组副组长单位。

20世纪80年代，中国航空学会委派常务理事谢篸在北京组织召开座谈会，关于成立中国航空学会武器系统专业委员会一事，会上决定该专业委员会挂靠在西工大，并决定由我专业朱培申具体落实此事。经过一段时间筹备，成立了该专业委员会，由西工大8系陈新海任主任委员，副主任委员分别为航空部612所的张和生和航空部613所的邹盛海。目前，该专业委员会仍挂靠西工大，一直以来组织相关学术活动。

（朱培申执笔）

——哈军工空军工程系并入西北工业大学史话

航空特种设备专业的领跑者

一、哈军工电器和特种设备科等专业加盟西工大

1953年,哈军工空军工程系(一系)建立了电器和特种设备科(一系三科),1962年调整为下设三个教研室:陀螺仪与航空仪表(105)教研室、飞机自动驾驶仪(106)教研室、航空电机电器(107)教研室。1966年哈军工改制,并更名为哈尔滨工程学院,空军工程系改名为航空工程系。1970年航空工程系以原哈军工空军工程系建制,整体迁并至西工大。

迁并到西工大前的105教研室改为航空武器控制专业,106教研室改为航空陀螺仪表与飞机自动驾驶仪专业,107教研室仍为航空电机电器专业。迁入西工大后,航空武器控制专业设置于西工大航空电子工程系(六系);航空陀螺仪表与飞机自动驾驶仪专业、航空电机电器专业设置于西工大导弹系(八系),随后又合并组成"863专业",包括806飞机自动控制和803导弹自动控制两个教研室。1979年,806教研室和八系分开后筹建自动控制系(九系),至1980年正式成立西工大自动控制系。第一届系主任是王培德,书记是蔡笑波(原哈军工一系教工)。

(1)原"863专业"的哈军工教师肖顺达、尹绍清、金西岳、江云祥、雷良辅、申学仁等,建立飞行控制专业(906教研室);

（2）805专业原哈军工教师梅硕基、俞济祥等和原西工大郭子正、孙希任、任思聪等，共同组建了航空陀螺仪及惯性导航专业（905教研室）；

（3）原哈军工教师蒋志扬、蒋宗荣、李颂伦、吴斌、曾兆桓等组建了电器工程及自动化专业（907教研室）；

（4）建立流体控制及飞机操纵系统专业（908教研室）；

（5）建立机电自动控制研究室（901研究室）；

（6）原哈军工教师胡干耀、吕朝森与西工大六系部分教师共建自动控制原理专业（903教研室）。

原哈军工空军工程系飞机设计（101）教研室有教职员工约30人，专业涉及面较宽。除飞机设计、飞机强度外，还包括飞机操纵、液压、冷气、刹车、燃油、灭火及座舱环境控制等飞机系统专业。1970年迁并西工大后，大部分人员进入当时西工大飞机系（五系）各专业。

随后，由于当时学校的主管部门——"三机部"进行教改调研，航空各厂、所、院普遍反映要自主研发新飞机，急需飞机操纵系统方面的专业人才，其专业知识涉及精密机械、管路流体力学、电子电器及自动控制理论等，因此，西工大于1971年在飞机系设置了"流体控制与飞机操纵系统"（508）专业。原哈军工教师郑玉光、须澄华、何长安、罗昌贵、季可进、张齐永、任光华等先后调入508教研室工作。1980年成立自动控制系时，何长安、张齐永、任光华转至908教研室，须澄华、罗昌贵、季可进转至新建的机电自动控制研究室（901）工作。

原哈军工空军工程系三科和101飞机设计教研室这些专业，填补了西工大航空电子电器类专业与流体控制专业的空白。此后，西工大又经过多次专业调整和改革，于2003年建立了现在的自动化学院。

二、自动控制系成立前的教学与科研情况

1971—1976年，由于学校招收的是工农兵学员，学制为三年半，各专业教师首先要改编原有的教材，使它适合学员入学时各种不同文化程度的需

求。其次按照上级部委加强实践性环节的教学要求，学校联系各专业工厂、研究所、部队，老师们带领学员下厂进行实践教学。在这一阶段，"863"等各专业共培养了两届学员。1977年恢复高考招生，教学与科研工作逐步走向正常轨道。

作为国内航空飞行控制专业创始人的肖顺达教授，他从教材建设着手，在哈军工原有教材基础上编写了国内第一部飞行控制专业教材——《飞行自动控制系统》（国防工业出版社，1980年版）。

蒋子杨教授是参加"香港两航起义"归来的技术人员，主编了我国最早的《飞机供电系统》教材，为我国航空电气工程学科建设与专业发展做出了重要贡献，被授予"国家有突出贡献专家"称号。

在各航空设备厂、部队和西工大实习工厂的大力支援下，学校积极筹建各专业实验室，完成了航空仪表、陀螺仪、液压泵站与电液伺服系统、自动驾驶仪系统等实验室建设。

科学研究方面，在自动控制系成立之前，原哈军工教师把哈军工研制东风–113飞机的科研成果、设备和经验带到了西工大。20世纪60年代初，哈军工刘居英院长向国防科委聂荣臻元帅提出：学院已有两三届学员下厂工作两三年了，不能长期不搞教学。后来，上级决定成立航空六院，接手哈军工空军工程系的飞机设计工作。哈军工一系的学员毕业分配，一部分就留在六院的相关设计所，例如，二、三、四期学员李利春、刘继镛、宋翔贵分配到六院的飞行控制研究所，成为研制我国第一台自动驾驶仪的骨干力量；还有一些学员分配到空军有关院校，例如，张铁山、宋宝章、王佐福等人分配到空军工程学院，后来成为系领导和航电设备专业的骨干力量。而教员都调回了军工学院。东风–113任务虽然中途下马，但在我国军用战斗机自行设计制造上隆重地开了个头，取得了宝贵的经验，并造就了一大批有艰苦奋斗精神的设计人才和航空英才。

原哈军工空军工程系三科及101教研室部分教师，来西工大后参与的科研项目及其成果如下所述。

1. 知名教授及其科研成果

肖顺达教授，1949年毕业于清华大学电机系，是我国飞行控制学科方向的创始人之一。在"七五"航空预研主动控制技术项目中做出显著成绩，荣立个人三等功。

1982年，蒋宗荣教授等研制成功了3KVA三相400Hz的稀土永磁航空发电机。这是国内第一台航空稀土永磁发电机，并在无人机上得到成功应用，后来获得航空工业部科技进步三等奖。随后，他们研制成功的5kW交流永磁电动机，在我国第一艘核潜艇上获得应用。蒋宗荣教授等研究的稀土永磁高效节能纺织电机，荣获1993年度国家发明二等奖（当年评审没有一等奖）。他在1994年初的全国科技大会上，受到党和国家领导人的亲切接见。

2. 国产 KJ-3 自动驾驶仪性能革新及飞行试验研究

1970—1979年自动控制系组建期间，原哈军工空军工程系飞行控制专业教师，与航空飞行控制研究所（简称飞控所或618导航所）、空军工程学院合作开展了KJ-3自动驾驶仪性能革新及飞行试验研究项目。他们继续利用东风-113的科研成果，使用自行研制的三自由度飞行模拟转台，为国产自动驾驶仪的优化设计、地面试验和飞行试验验证做出了贡献。这一科研成果于1978年获得了首届全国科学大会奖。

1973年，我国第一台国产自动驾驶仪在飞行控制研究所诞生，在通过产品定型后装备到部队。但经过部队一段时间训练飞行后，发现自动驾驶仪出现了飞行参数地面设定复杂、空中调整困难，以及不明原因的系统飘移现象等问题。这些状况导致的直接后果是使多架飞机被迫停飞（部队称它为"趴窝"）。为了解决这些问题，由"863"专业的金西岳负责，与飞行控制研究所和空军工程学院协作立项，共同完成了自动驾驶仪的调整与优化飞行试验任务。课题组由申学仁（西工大）、张文涛（空工院）负责三自由度飞行转台（在当时是国内唯一的电动仿真转台）的地面试验，金西岳、刘继镛（飞控所）、宋宝章（空工院）负责优化设计及飞行试验。通过两年的地面仿真试验和空中飞行试验，先后在四个航空部队师团进行了近20次起降飞行，直到1976年，经过优化设计与调整,终于解决了自动驾驶仪参数复杂,以及由差频和相移所引起的飘移等问题。这一项目完成后,国产自动驾驶仪顺利地装备到部队,经飞控所的不断更新持续应用至今。

3. 动力调谐陀螺仪研制

这是西工大与航空工业部012系统141厂合作的科研项目,是在国内首次试制成功的动力调谐挠性陀螺仪。该项目后来获航空工业部技术成果二等奖。

1974年,航空仪表与陀螺仪专业教研室同汉中141航空仪表厂进行了科研合作,对科研前卫的动力调谐挠性陀螺进行研制。之所以要立项,是由陀螺仪的生产制造和高精度要求决定的。从20世纪50年代开始,国外发达国家的惯性导航系统就应用在飞机上了。由于它自主性的特点,既不依靠外部的信息,又不向外发送信息,其隐蔽性能好,所以普遍应用在各种运行载体上。作为主要导航设备,而陀螺仪就是它的主要关键元件,陀螺仪的精度决定了系统的精度。因此,国外大力开展对各种陀螺仪的研究。系统中开始应用的是转子式陀螺仪,但它的制造精度要求高。20世纪六七十年代,国外发达国家开始研制挠性陀螺,由于它的制造难度相比稍低,性能精度又能满足系统要求,因此逐渐应用在系统中。国内这时开始研究这种新型陀螺也是非常必要的。

当时,教研室由梅硕基(原哈军工一系教师)主要负责理论研究,确定陀螺类型方案和结构设计,工厂提供研制保证。经过两年多的反复艰辛攻关,1975年底,首次在国内试制成功了该型陀螺仪。这在国内相关领域内引起极大轰动,许多厂、所纷纷前来学习,也引起国外相关部门的注意。1980年,厂校合作的"动力调谐挠性陀螺研制项目"获三机部技术成果二等奖。141厂目前仍在生产经过不断改进的该型陀螺仪,并提供有关单位组成惯性导航系统,安装在有关飞机机型上使用。

4. 组合导航系统的研制

惯性导航系统虽然具有它的优点,但也有不足之处,即它的精度随着时间的积累而降低,一个很好的方法就是设法利用其他导航设备与其组合,利用彼此的特点,继续保持惯导的精度。教研室俞济祥(原哈军工一系教师,教研室副主任）从卡尔曼滤波的原理证明了利用它作为系统组合手段的合理性，并在国内首先提出了利用卡尔曼滤波将惯导与其他导航设备组合的方法。这种组合方法不但能保持惯导的精度，而且还能改善惯导元件的性能。他撰写的《卡尔曼滤波及其在惯性导航系统中的应用》教材获得部级二等奖。航空618导航所利用这一技术，率先在国内实现了包括惯导在内的组合导航系统，并安装在飞机上。目前，国内各型飞机上的国产惯导基本上都安装了组合导航系统。

5. 飞机伺服加载系统的研究

20世纪70年代初，西工大508专业几乎全体教师，带领学生赴上海640所开展相关科学研究。大家用一年多时间，完成了运-10飞机地面铁鸟试验台的飞机舵面液压伺服加载系统的设计，并进行了系统的原理性试验。在郑玉光等老师的带领下，根据任务的需求，对伺服加载系统的原理、数学模型、关键技术等进行了深入的研究。何长安配合郑玉光对伺服加载系统进行了大量的仿真，并在原理性实验的基础上进一步完善了数学模型，对关键问题——"多余力"进行了深入探讨。"多余力"是指伺服加载系统的加载过程中，由于受载对象自身运动而使加载值出现很大误差的现象。

从640所返校后，在郑玉光的带领下，学校建成了包括液压泵站在内的伺服加载系统实验室，在航空部范围内开办了一期伺服加载系统的专业培训班。20世纪70年代后期，由508专业主持，召开了一次全国伺服加载系统的专题学术研讨会。西工大508专业在伺服加载系统这一专门领域的科研，取得了系统性成果，填补了国内空白，学术水平处于全国领先地位。

1980年郑玉光去世后，何长安对电液伺服加载系统继续进行深入研究，并把数字控制技术引入到伺服加载系统中来，20世纪90年代，先后承接了多个加载课题。在试飞院，完成了"数字人感系统"研制；在601所，完成了歼-8ACT飞控铁鸟试验台的伺服加载系统研制、舰载机折叠机翼地面试验伺服加载系统研制等。2000年至2004年，在602所完成了武装直升机飞控及液压两个铁鸟试验台的伺服加载系统研制。这些课题研究不但解决了型号试验的需要，而且把伺服加载系统的理论和工程实践提高到一个新的高度。

上述项目，均获得部级科技进步二等奖或三等奖，使西工大在这一领域的学术水平和工程实践能力保持在国内领先地位。

三、自动控制系建立后的教学、科研成果

1980年自动控制系建成后，面临着两大挑战。一是增设"现代控制理论"课程内容，并开展相应的科学研究；二是开展电传飞行控制系统等应用研究。

1. 增设与现代控制理论相关的课程

"现代控制理论"是1960年美国人卡尔曼（R.E.Kalman）首先提出的，即用状态方程描述一个系统（例如，一架飞机、一艘舰艇）。他还提出"可控制""可观测"系统结构等概念，可以说是控制理论的一次革命。1966—1976年，当时我国高校绝大部分教师对现代控制理论并不熟悉。为了迎头赶上时代的步伐，有必要增设与现代控制理论相关的课程。自动控制系教师一方面在全校范围内，组织控制类专业教研室集体学习基础理论——矩阵论、线性代数和现代控制理论；另一方面选拔优秀教师去美国、德国和日本作为研究员或留学生出国深造。经过一段时间之后，在老一辈教师和出国深造回国后教师的共同努力下，西工大终于在国内较先一步开设了现代控制理论的相关课程，并编写出相关教材。

代表性的教材如下：

胡干耀：《现代控制理论》（第四册）"系统辨识"部分，北京航空学院出版社，1987年；

金西岳：《线性系统》，西北工业大学出版社，1985年；

俞济祥：《卡尔曼滤波及其在惯性导航中的应用》，航空专业教材编审组，1984年；

肖顺达：《飞行自动控制系统》（上、下册），国防工业出版社，1980年；

任思聪：《实用惯导系统原理》，宇航出版社，1988年；

梅硕基：《惯性仪器测试与数据分析》（航空工业部部编教材），西北工业大学出版社，1984年；

郑鄂：《捷联惯性导航》，国防工业出版社；

李忠明、刘卫国：《稀土永磁电机》，国防工业出版社；

何长安：《电液控制理论》上、下册（航空三院校统编教材），国防出版社，1980年。

2. 开展电传自动飞行控制系统研究

电传操纵，是四代战斗机必须具备的先进技术。而电传自动飞行控制技术，不仅是使用电信号通过机上电缆直接操纵飞机舵面，更可以采用电子系统对飞机实现闭环控制，是我国四代战机研制迭代的关键技术。特别是为了实现四代战斗机的超声速巡航、超高机动性能、隐身以及人工智能作战能力（即所谓"高级战役意识和效能"），飞行控制系统就要通过主动控制技术（ACT）和电传余度技术来实现这些功能。为此，飞行控制与导航专业共同开展了一系列主动控制和电传余度技术的预研工作，并取得了一定成果。"教–8自由飞模型纵向数字飞行控制系统设计与试飞研究"项目，验证了数字飞行控制系统，增强了教–8飞机的控制增稳能力（与飞行试验研究院协作完成）；"余度技术研究—非相似余度软件在飞行自动控制系统中的应用研究"项目，实现了非相似余度软件在电传飞行控制系统中的应用。以上成果均获得了航空工业总公司的奖励。

20世纪90年代初，成都飞机设计研究所开始对歼–10系列飞机进行研制，担任歼–10总设计师的是原哈军工空军工程系二期学员宋文骢，担任歼–10飞机副总设计师的是毕业于西工大飞机系、现任全国政协委员、中国航空工业集团公司科技委副主任的杨伟。成飞所依托132厂，经过十多年的埋头苦干，拿出了新的战机"歼–10"（J–10）。歼–10经过了多年试飞使用后，选定为空军的主战歼击机。而此机的成功，也凝聚了许多601所设计人员的心血。

研制歼–10飞机时，为了对电传飞行控制系统进行技术攻关，西工大自动控制系以金西岳教授、吴成富副教授为领队，协同计算机系的周兴社、张延园组成技术小组，与当时任成都飞机设计研究所九室主任的杨伟进行技术协作，开展对数字电传飞控系统的开发研究。从1992年开始，以"飞控铁鸟支持软件包（IBSSP）"为起点，经过两年多的艰苦努力，完成了主动控制和余度技术的攻关研究，数字电传系统终于有所突破，攻克了飞控系统余度配置、同步算法、余度通道间信息交换与共享、机内自检测以及试验后的数据处理等一系列关键技术，在铁鸟软件包的支持下，完成了全机电传飞行控制系统的地面试验。西工大自动控制系因此获得航空工业部科技进步二等奖，课题负责人金西岳荣立个人三等功。

通过电传飞行控制系统研制，设计所和高校的技术协作表明：现代控制、计算机技术与飞行力学专业，可以跨学科完美结合，完全掌握科技创新的话语权，获得丰硕的研发成果。

3. 歼-7E飞机的机动襟翼控制系统设计

从1987年到1993年，流体控制及飞机操纵系统教研室何长安，在歼-7E飞机研制中，承担了机动襟翼控制系统的设计工作。由于当时国内生产和研发的飞机机型中，尚无机动襟翼的先例可借鉴；同时，歼-7E改型的原型机——歼-7Ⅱ飞机是一个二代机，相比三代机来说设备和系统要简单得多，特别是没有采用余度技术的电传飞控系统。所以，要把歼-7Ⅱ改型为歼-7E，设计一个能满足要求、足够安全可靠的闭环伺服控制系统绝非易事。特别是对歼-7E的后缘襟翼来说，它应当是综合的。就是在空中飞行时，是能够自动偏转的机动襟翼；而在起飞着陆阶段，又是一个能由飞行员操作的常规襟翼。

何长安老师主持的机动襟翼设计小组，有任光华老师等参加，他们根据总师沙伯南提出的对机动襟翼功能的需求，经过认真调研后提出：综合应用161厂为歼-7E新研制的机载大气数据计算机，作为机动襟翼控制系统的指令计算机。在该计算机中，编入襟翼偏角随迎角和马赫数变化的控制规律，并将此指令实时输出到下一级的四个伺服回路（左、右、前、后）的输入口，伺服回路驱使襟翼偏转，及时满足指令给定的要求值。对于后缘襟翼，设计了带有机械限位的伺服作动筒。在安全性方面采用了左、右襟翼互监控的故障安全模式，从而保证了歼-7E飞机的整机飞行安全。

机动襟翼控制系统的研制，经过方案评审、首飞评审、调整试飞后，由618导航所批量生产，然后装载了数百架歼-7E飞机。实践证明，机动襟翼控制系统的使用性能及可靠性等，都达到了非常理想的水平。歼-7E飞机研制成功后，何长安荣立个人二等功，任光华荣立个人三等功。

4. 液压脉冲标准试验台建设

飞机液压系统在飞行中的可靠性，对飞机的安全非常重要。液压管路及所用的附件都要进行液压脉冲试验。为此，908专业按照国家标准，并参照美国军标，从20世纪90年代初到90年代末，先后为618所、611所研制了液压管路伺服作动器试验液压脉冲试验台；并完成了歼-10飞机液压管路和伺服作动器等主要附件的脉冲试验（额定压力21MPa）；还为609所和上海塑料研究所，分别研制了歼-11飞机液压管路和附件试验的两个脉冲试验台（额定压力28MPa。这些试验台为新型飞机的研制做出了贡献。

在此基础上，何长安向航空工业总公司提出了在国内建造一个标准的液压脉冲试验台的立项建议。标准脉冲试验台的作用，是为以后国内各厂、所建立专用脉冲台作参照示范，以及在有争议时起仲裁台的作用。航空工业总公司审查后批准了该项目，决定将标准液压脉冲试验台建在南昌320厂，并由西工大908专业负责"标准试验台"的测试系统研制。到2002年，"标准脉冲试验台"建成验收并交付使用。

5. 平流层气球吊篮及姿态控制系统等研究

21世纪初，解放军总装备部21基地由于任务需要，急需研制一个方位能控制且精度较高的气球吊篮。他们经过调研找到西工大何长安老师，希望研制这一种特殊需要的吊篮。该吊篮有三大难点：一是吊篮被气球带上高空后，气球本身可能会有旋转运动，此时下面吊挂的吊篮也会转动，对方位来说就是直接的干扰，要使吊篮精确稳定在给定的方位角极其困难；二是平流层环境温度低，大气密度也低，吊篮上的设备必须较长时间地经受恶劣环境考验；三是姿态控制要达到较高的精度和稳定性。

何长安教授作为项目负责人，带领团队经过精心研究终于解决了以上三个关键问题。从2004年到2010年，先后研制了7个吊篮，并三次去解放军21基地现场，完成了"放飞"和测试任务。"平流层气球吊篮及姿态控制系统"项目后来获国防科工委科技进步三等奖。另外，该团队还与解放军21基地共

——哈军工空军工程系并入西北工业大学史话

同研究了"平流层气球激光靶目标研制"项目,后来获解放军总装备部科技进步二等奖。

四、培养优秀人才

哈军工空军工程系加盟西工大并建成自动控制系后,自动控制系秉承哈军工科学求实、严格治学、艰苦创业、勇于献身的精神,及学风严谨的优良传统,高度重视人才培养,多年来培养出一大批优秀的航空科技与教育人才,在各自岗位做出了突出贡献。如中航工业成都飞机设计研究所副总师、机电设计研究部部长、研究员严涛,1985年毕业于西工大自动控制系,进入成都飞机设计研究所后,他从最基层的系统专业设计员做起,从电气设备组专业组长,到主任工程师,再到部门领导和副总师,在计算机硬件、系统测试、试验室组建、飞行控制系统、型号研发管理等方面,都是一把好手。还有在管理岗位上做出成绩的西工大自动控制系毕业生,如自动控制系83届毕业生黄强,曾任航空603所所长,后任国家国防科技工业局副局长,现任河南省常务副省长;83届毕业生焦裕松,现任中航金城集团党委书记;84届毕业生刘林,曾任航空618所所长,后任中航工业集团企管部部长;留在西工大工作的毕业生王伟、胥效文曾任西工大副校长,郑永安曾任西工大党委副书记,现任南航党委书记;还有88届毕业生朱谦,现任中航工业公司"大运办"主任等。

(金西岳、何长安、黄迪民执笔)

独领风骚的稀土永磁电机团队

西北工业大学稀土永磁电机的研究始于20世纪70年代末。蒋宗荣、李钟明、刘卫国等一批献身我国稀土永磁电机事业的教授们，敢为人先，艰苦奋斗，为我国稀土永磁电机的发展做出了重大贡献。

一、中国航空稀土永磁电机的创始人——蒋宗荣教授

蒋宗荣教授开创了我国航空稀土永磁电机研究领域的先河，主持研制成功了我国第一台航空稀土永磁发电机，并在无人机上得到应用。他发明了自起动稀土永磁同步电动机，并实现产业化，先后荣获3项国家级奖。1994年，他在全国科技大会上受到党和国家领导人的亲切接见。

1924年5月，蒋宗荣出生在浙江奉化。1949年毕业于上海大同大学电机系。在大同大学学习期间，年轻的蒋宗荣积极参加爱国学生运动，作为热血青年迎接了上海的解放。同年，他进入华东人民革命大学学习（这是一所军事院校），参加了共产主义青年团，并担任组织委员、支部书记，走上了革命道路。

1950年，蒋宗荣在山东博山电厂从事火力发电工作。1953年4月，他加入中国共产党。1954年4月，被调入中国人民解放军军事工程学院空军工程系任教。1962年被国防部任命为军事工程学院一系一〇七教研室副主任，曾授大

尉军衔，从事航空电机学教育及教材编写工作。他编著出版了全国第一本航空电机学教材，由国防出版社发行，是全国统编教材。同时还编著了航空特种电机学教材，由哈军工出版社出版。

1957年，帝国主义对新中国进行物资封锁，生产电机用的矽钢片十分紧缺，蒋宗荣就用普通铁皮代替。他带领学员在暑假期间生产了500台电动机，测试合格并投放市场，解决了国家急需。在国庆十周年的时候，北京军事博物馆成立，哈军工以蒋宗荣这个电机作为学生勤工俭学的代表作品展出，获得军委科技创新二等奖，并授予三等功奖励。

1958年军委提出"建国十周年向党献礼"，要求研制达到2.5倍声速战斗机，技术条件要求极高。该飞机由哈军工承担设计，航空工业部门负责生产，型号为东风-113。当时，哈军工决定由空军工程系负责总体设计，特设专科（一系三科）负责电气设备的设计。蒋宗荣研制组承担了航空电机、自动驾驶仪及各种仪表设备的研究任务，时间紧迫且绝密。当时空军工程系决定一、二、三期学员全部停课，投入到设计任务中。经日夜赶制，到国庆前完成草图三千余张，由蒋宗荣等带队奔赴212厂、115厂以及242厂等国防工厂进行研制。

在东风-113任务攻关过程中，蒋宗荣研制组深刻了解到科研设计任务有多么艰巨。它不仅仅是纸上的设计，更重要的是生产出合格产品，要达到性能指标才算完成任务。只有初步航空知识的人，要想设计出世界最先进的飞机是一种空想。他带到工厂的三千多张图纸，经工厂设计人员及加工师傅审阅后，被认为无法生产。因为没有工艺要求以及材料性能说明，不能作为加工图纸，只能全部推倒重来。上级要求1959年元旦前完成合格图纸设计，"五一"前拿出样机。全体同志废寝忘食才完成部分合格图纸，开始投入生产。

东风-113研制过程中，其艰苦程度无法言表。譬如设计任务要求飞行速度达到2.5倍声速，当时还没有这个概念，后来才知道它相当于子弹出枪口的速度。在这样的速度下机身表面与空气摩擦产生的温度达上千摄氏度，当时要制造这种飞机的材料我国根本没有，更不要说飞机发动机了。飞机电气设备用的绝缘材料更是无法满足要求，当时一般用的绝缘材料只能耐200℃

以下的温度。为此，我们请中科院研究制造出耐高温材料。经中科院研究后回答：制造这种材料需要特种金属"镝"。哈军工当时无法解决这个问题，只有向陈赓院长提出上报。陈院长了解情况后说："这只有找周总理解决。"同时要求蒋宗荣写一份报告，由他去找周总理。为了便于说明情况，空军工程系主任唐铎少将要求蒋宗荣一同去。定在星期天早晨6点以前到达陈院长家，一起去中南海。到总理家走侧门进屋后，陈院长先独自进去向周总理请示。一会儿陈院长出来说："总理批了。"大家都很高兴。在回来的路上，陈院长笑着说："总理习惯晚上办公，星期天更是如此，所以星期天一大早去找他是最好时机，他还没有睡。我刚进去，他还在卫生间。我叫他，他问我什么事。我说有报告要他批，就从门缝塞了进去。他看了后说，你们要的材料只能部分解决，批后就给我了。"听后大家都笑了，从此事大家也深受教育。蒋宗荣当时想："中央首长为国家大事日夜操劳，这么一件小事还得亲自过问，而我们作为一名普通工作人员，还有什么事情不能做好的呢？还有什么事情可以抱怨的呢？"

后来，拿到总理的批示，材料部的同志看了后说："这种材料全国只有十几公斤，你们要二十公斤，全给你也不够啊！"蒋宗荣听后想："我们这个方案还不够成熟，即便拿到材料也不一定研制成功，实在下不了手。"于是，他没有拿材料就转身回来了。随后大家仔细分析认为：既然耐高热材料难以解决，就从降温方面想办法。飞机一般飞行在高空同温层上，大气温度 $-50℃$，将所有电气设备尽量放置在机舱内，不接触大气，就没有散热问题了。但航空发电机要与发动机对接，发动机周边温度很高，并且考虑到空气摩擦，所以对发电机的温度控制必须认真分析研究。后经大家讨论，打算采用短时间喷水冷却的方案。因为飞机 2.5 倍声速飞行只是在追敌机时的几分钟内用上，所以只要在飞机达 2.5 倍声速前向电机喷几公斤水，就可以保证电机表面不会产生高温。这一方案，后来在超声速飞机上正式被采用，所谓水冷或双水内冷等冷却方式都是起源于这个方案。

由于种种原因，东风 –113 最终没有研制成功，但是局部设计成果对以后的设计产生了启迪作用。比如蒋宗荣研究组的喷水冷却航空发电机、无接触式陀螺马达、空心杯转子伺服电动机以及自整角机等,对后来的科研工作产生了重要的启示作用。经历这个项目,蒋宗荣研究组深深感受到没有科学依据的空想是不可能成功的,这也是一个教训。但同时也表明哈军工为党和国家的需要勇于创新、不怕困难、勇往直前的精神是值得发扬和传承的,这在后来的教学和科研工作中也得到了充分的发挥。

1961年以后,蒋宗荣研究组都回到哈军工进行教学和科研工作。空军工程系也进一步加强了航空电机教研室建设,建立了航空特种电机实验室和计算机房,先后招收了7名研究生,并开设了航空电机学、航空特种电机学等课程。另外,蒋宗荣研究组还承担了一些国家重点科研项目,经过艰苦攻关,通过了有关项目的技术鉴定。

1966年,奉中央军委指令,哈军工集体转业退出军队序列,学校更名为哈尔滨工程学院,空军工程系更名为航空工程系。

1967年,美国发现第一代稀土永磁钐钴永磁,引起了国内外磁学界和电机界的极大关注。但由于稀土钐钴永磁价格昂贵,研究开发重点主要是航空、航天用电机的高科技领域。自从发现了稀土永磁后,磁铁的磁能积提高了几倍、十几倍,甚至几十倍,利用稀土永磁生产电机成为可能。稀土永磁同步发电机与传统的电励磁电机相比,体积小,重量轻,不需要集电环和电刷装置,结构简单,减少了故障率。我国的稀土资源丰富,据当时报道,蕴藏量占全世界80%以上。自此,蒋宗荣认为稀土永磁电机在我国具有得天独厚的优势,决心从事稀土永磁电机的研究,并把它作为个人终身的奋斗目标。

1969年3月珍宝岛自卫反击战后,中苏对立加剧,全国备战。国务院、中央军委决定哈尔滨工程学院解散,电子工程系、导弹工程系及计算机工程系等主体部分南迁长沙,更名为长沙工学院;船舶工程系等独立成为学院;而航空工程系内迁西安,并入西工大。此后,蒋宗荣成为西工大教师。

蒋宗荣教授大胆尝试用稀土钐钴永磁,成为国内最早研究航空稀土电机方面的专家,不仅提高了电机的各项性能指标,还有效地减少了电机的体积重量。

美国在1975年研制出15KVA三相500Hz的稀土永磁航空发电机，1982年蒋宗荣课题组研制成功了3KVA三相400Hz的稀土永磁航空发电机，这是国内第一台航空稀土永磁发电机，获得了航空工业部科技进步三等奖。

1983年，日本和美国成功研制出第三代稀土永磁磁钢钕铁硼，磁性能高于其他永磁材料，而价格只有钐钴永磁材料的三分之一，使得稀土永磁电机的应用和推广走向民品成为可能。那个时候，普通异步电机效率只有百分之七八十，而稀土永磁电机效率在百分之九十以上，如果在全国推广稀土电机，可以节约大量能源。

经过全面调查，蒋宗荣教授带领的科研组首先选定了织布机电机。我国纺织行业使用的电机品种规格多、数量大，运行时间长，是耗电大户。于是蒋宗荣教授选择在纺织工业中应用最为广泛的织布机电机作为试点进行研制，并于1985年组建了西工大"稀土永磁电机研究室"，这是国内最早成立的稀土永磁电机专门研究机构。

1989年，蒋宗荣教授领导的课题组在国际上首次解决了稀土永磁同步电动机的自起动问题，研制成功国内第一台可批量生产的800W稀土永磁高效节能纺织电机，开创了高效节能稀土电机研究的新领域，也奠定了国内这一领域研究领先世界水平的基础。稀土永磁纺织电机取代了传统的异步纺织电机，具有高效节能、温升低、功率因数高等一系列优点。

经过三个月在全国五大纺织厂的测定，稀土永磁纺织电机实测结果较原有异步电动机的布机电机效率提高了10%～15%，节电率提高了15%～20%。经国家技术鉴定通过，正式定型生产，投放市场。开始在北京京磁公司通县电机厂、河北石家庄衡水电机厂及福州闽东电机公司批量生产，年产值在5 000万元以上。后经国家纺织工业部批准，在全国纺织厂推广应用。1993年，蒋宗荣教授研究的稀土永磁高效节能纺织电机荣获国家发明二等奖（当年评审没有一等奖，蒋宗荣教授团队获得了当年国家发明最高奖）。

在稀土永磁电机推广应用阶段，蒋教授已经60多岁了，亲自带领研究生与实验员在全国各大纺织厂进行试应用，取得节电率的实测数据及相关经验，先后在陕西国棉五厂、上海第一纺织厂、无锡第一棉纺厂、南通第一棉纺厂及福州第一棉纺厂进行试运行。纺织厂的环境较为恶劣,布机车间又噪又潮,车间内相互讲话基本听不见,24小时连续工作,出来后耳朵都发麻。但测试工作需要每天24小时不间断进行,针对两台电机(原有的异步电机和研制的稀土永磁同步电机)对比测试,测定电压、电流、耗电功率及织布长度等,求得每米布所消耗的电能并计算节电率,测试工作量大,十分辛苦。比如在南通第一棉纺厂测试时,正值严冬大雪,工厂宿舍条件差,睡觉盖三床被子都觉得冷。一天,测试工作结束后,已经凌晨两点多,出厂时积雪没过脚脖。大家踏雪回到宿舍,又冷又饿没法入睡,于是跑到对面一家小店买东西吃,敲门时大喊"救命",老板以为遇到抢劫了,从门缝看到是个老头子才开门。蒋宗荣说:没吃上饭,又饿又冷,请老板卖些吃的。这才买了几斤饼干,回来后大家分着吃。那天正好是腊八节,别人都在家吃暖暖的腊八粥,而蒋教授团队为了稀土电机推广而受冻挨饿,大家感受颇深。这一年,蒋教授66岁,本应该在家吃热饭、享清福,而此刻却在全国到处跑,真是个"疯老头"。经过三个多月测试工作,团队的每个人几乎都瘦了十几斤。

为了进一步推广稀土电机在工业上的应用,蒋宗荣教授团队又选定了石油工业部门。因为油田用的"磕头机"的电机终年连续工作,油井打成后,抽油的主要成本就是电动机抽油耗电,所以"磕头机"的生产效率直接影响产油成本。石油工业部门十分重视,全国有十几万口油井,每年更换几次电机,有十几家电机厂供货,竞争非常激烈。然而油田工作环境全为露天作业,终年风吹雨打,烈日冰霜。抽油电机从5.5kW到30kW,最大到100kW,容量范围宽,稀土电机能否满足以上条件,还需进一步验证。这次蒋宗荣教授团队同北京京磁公司及北京电机总厂合作,开始研制大功率稀土永磁电机。历时两年多,研制成功18.5kW稀土永磁电动机。经技术鉴定,效率达到94%,较异步电机提高了8%~10%,功率因数达到0.95,提高了20%~30%。鉴定后,拿到了专利证书,并在北京通县电机厂进行了小批量生产,在冀州油田试运行,获得有功节电20%~25%,无功节电85%~95%。随后得到大港油田批量订货,并参加了全国评比投标大会。当时参加评比的有20家单位，选定同一口油井，装上各自设备，进行实际抽油一整天测试。结果表明：稀土电机综合指标第一，获得有功节电15%～20%，无功节电80%～96%的好成绩，投标成功。当时大港油田总工程师说："凭蒋老师七十几岁高龄，还为稀土电机在油田上应用而奔波的精神，也应该中标……"

当然在油田推广稀土永磁电机过程中，也遇到了许多艰辛，甚至危险。有一次在大港油田天津采油区，测试地处海边，方圆几十公里没有人家。一天，还在井台上做试验时，突然狂风大作，蒋教授被刮倒在地，抱住了井架才免于被风吹走。一个多小时后，被救下来，全身泥沙浸泡，棉大衣成盔甲，脱不下来，只好用剪刀剪开，半天才缓过来。凡此种种，所经历的艰辛一言难尽。

在蒋宗荣教授团队不懈努力和各单位支持下，后来稀土永磁电机在石油行业全面铺开。经石油总公司批准，稀土永磁电动机成为油田专用电机之一。到1993年，稀土永磁电机年产值达到5 000万元。蒋宗荣教授成为全国稀土永磁电机创始人之一，享受了国家特殊津贴。

稀土永磁电机由于高效、节能，在国内诸多行业开始推广使用。蒋宗荣教授认为稀土永磁电机目前虽然取得了显著成果，但还有许多内容要深入研究。考虑到自己年事已高，已经没有足够的精力去做具体的事情了，他觉得应该把积累的经验传授给年轻人，把稀土电机的科研工作一代代传承下去。蒋宗荣教授希望建立一个"稀土永磁电机基金会"，并招收研究生，使更多的年轻人加入稀土永磁电机的研究和推广事业中。孔子说，人生"三十而立"，蒋宗荣教授认为，当今社会的年轻人应当"二十而立"，从二十岁开始，就立志做对国家、人民有用的人。

蒋宗荣教授先后主编出版了《微特电机学》《航空电机学》《中国航空词典》，其中《航空电机学》由国防出版社出版，全国统编，是我国第一本航空电机学教材。蒋教授一再强调，工程类大学生论文一定要有实验结果；强调理论联系实际，敢于超前思维，自主创新。正是这样潜心育人的蒋宗荣教授，为我国航空电气事业培养了一大批优秀的青年才俊。

蒋宗荣教授一生为我国稀土电机事业做出了卓越贡献，在蒋教授的家中，挂有一副条幅，那是他的学生孙朝正、陈大栖夫妇送给他80寿诞的贺礼，上书"稀土马达宗匠为民开巨力，满天桃李园丁敬业树人荣"，这也是对蒋宗荣教授一生的诠释。

二、忘我拼搏的奉献者——李钟明教授

蒋宗荣教授退休后，李钟明教授承担起继续发展壮大西工大稀土永磁电机研究的历史使命。1991年，在"稀土永磁电机研究室"的基础上，成立了"稀土永磁电机及控制技术研究所"，李钟明担任第一任所长。

李钟明教授是浙江诸暨人，1962年毕业于原南京航空学院航空电气工程专业。1962年至1978年在原航空部618研究所工作，1978年3月调入西工大工作。

李钟明教授主持了多项航空预研、型号研制和国家计划委员会"八五"重点攻关项目，为西工大多种型号的无人机成功研制出配套的稀土永磁同步发电机。为××工程研制的稀土永磁直流电动机，创新性地采取了单机双绕组的设计，实现了单机双速工作模式，将原先采用两台电机工作的方案简化为一台，有效地减轻了系统重量。该样机的试飞成功和生产定型使李钟明教授两次荣立航空部个人一等功。李钟明教授勇于突破，为××工程空中制氧系统成功研制了稀土永磁无刷直流电动机。该电机是国内第一个装备飞机型号的稀土永磁无刷直流电动机。

李钟明教授在稀土永磁电机的科研中不断探索创新，成果显著。1991年被评为航空高校先进科技工作者，1992年被评为陕西省劳动模范，1992年获国家政府特殊津贴。在航空预研及型号研究中获得国家科技进步三等奖1项，国家发明四等奖1项，国防科工委光华科技二等奖1项，省部级二、三等奖7项，先后荣立航空部个人一等功2次，二等功1次，三等功2次。李钟明教授作为西工大稀土永磁电机及控制技术研究所的早期创建者之一，为西工大稀土永磁电机及控制技术的研究和发展做出了重要贡献。

李钟明、刘卫国等教授主编出版的专著《稀土永磁电机》汇集了西工大在

稀土永磁电机理论及设计方面的研究成果，是国内第一部有关稀土永磁电机的专著，为国内稀土永磁电机发展提供了很好的理论参考，成为稀土永磁电机研究人员必备的参考书。李钟明教授为人师表、教书育人，先后两次被评为西工大优秀教师，获校级优秀共产党员和陕西省优秀共产党员荣誉称号。

三、继往开来的创新团队

蒋宗荣教授和李钟明教授培养了一批立志献身稀土永磁电机事业的学生，如刘卫国、窦满峰、刘景林、林辉、齐蓉等，现在都是西工大电气工程学科的骨干教授。其中刘卫国教授于1996年担任"稀土永磁电机及控制技术研究所"第二任所长至今。

目前稀土永磁电机及控制技术研究所已形成具有16名教师、6名博导、4名海外博士、100余名博士和硕士研究生的团队，是一个具有国内外广泛影响、团结协作、勇于拼搏的研究团队，在学科建设、科学研究、工程应用、产业化推广等各方面均取得显著成绩。2008年，该团队获得工信部"航空航天电机系统"国防科技创新团队称号。

在科技平台建设方面，以该研究所为依托，2001年获准成立陕西省"稀土永磁电机及控制技术"工程技术研究中心，2007年获得教育部"航空航天电机系统技术"工程研究中心建设立项，2008年获准陕西省"微特电机及驱动技术"重点实验室。"十一五"期间，"稀土永磁电机及控制工程中心"科技创新平台是国家"985工程"二期建设项目，获得建设资金1 000万元。2006年，西工大"稀土永磁电机的设计、开发、生产和服务"通过国军标GB/TI9001—2000质量管理体系认证。

在学科建设方面，2003年以该研究所在稀土永磁电机方面的成绩为重要支撑，成功争取到西工大强电专业第一个博士点——电机与电器，2009年获得"电气工程"博士后科研流动站，2010年获得电气工程博士学位授权一级学科点。

在成果转化方面，10余种型号的卫星电机在航天五院、八院等单位推广，在北斗1代和2代卫星、鑫诺3号、尼星、委星、风云系列等20余颗卫星上应用，共配套100多台；BLDCM-10稀土永磁无刷直流电机在××型号飞机上应用，共生产800余台；ZYS-10双余度稀土永磁有刷直流电机成功应用于风云三号卫星上的太阳能帆板、微波成像仪的展开；SF-20双余度电机在飞机自动驾驶仪上配套近200台；22个规格的油田抽油机用稀土永磁同步电动机，在长庆、大庆、克拉玛依油田广泛应用，产值5 000多万元。

研究所坚持以人为本、团结协作、诚信待人的理念，全体教师形成了一个有机整体，大家分工协作、密切配合、工作愉快、忘我拼搏。良好的人文氛围创造了良好的科研环境，使研究所在承接国家级重大项目、科研获奖、成果专利、科研经费等方面连年取得显著进步，并不断取得重大科研成果，在国内航空、航天领域和国内外同行中已产生了广泛影响。在长期的科研和成果转化中，先后获国家级科技奖励4项、省部级科技奖励27项，荣获航空型号工程个人立功16人次。研究所所长刘卫国教授先后获得原国防科工委"511人才"学术带头人、教育部跨世纪优秀人才、原国防科工委优秀教师等称号。他还是德国慕尼黑联邦军事大学的客座教授，同时还担任全国稀土永磁电机协作网副理事长、中国电工技术学会永磁电机专业委员会主任委员等。

目前，该创新团队正瞄准国家、国防和地方的重大科技需求，不断跟踪国际先进技术，努力为市场提供具有独立知识产权的稀土电机系统技术，迎接当前世界稀土电机科技和应用领域快速发展的新挑战。

（刘卫国、窦满峰、解恩、黄迪民执笔）

拓展控制科学新领域

一、学术带头人——戴冠中教授

戴冠中教授1937年8月生于上海，1961年毕业于中国人民解放军军事工程学院（哈军工）空军工程系武器控制专业并留校任教。1970年随哈军工空军工程系迁入西工大，并在计算机教研室任教。1980年在计算机科学与工程系被破格晋升为副教授，1983年被评为教授；1986年被国务院学位委员会评为博士生导师。1991年任自动控制系主任、西工大副校长，1992—2001年任西工大校长。

戴冠中教授曾任总装备部科技委兼职委员，国务院学位委员会学科评议组成员，国家教委科技委学科组成员，中国航空学会副理事长，中国自动化学会和中国宇航学会常务理事，《控制理论与应用》《控制与决策》《信息与控制》《复杂系统与复杂性科学》编委，《航空学报》副主编等职。1997年戴冠中教授当选为俄罗斯宇航科学院外籍院士，2001年被莫斯科航空学院授予名誉博士；出版著作4部，在国内外学术刊物上发表论文400余篇；曾作为项目主持人，获得国家及省部级以上科技进步奖13项。

戴冠中教授在20世纪末组建"网络空间安全"学科团队，并在2000年牵头创建了"信息安全"本科专业。

戴冠中教授长期从事自动控制和信息安全领域的教学与科研工作，在现代控制理论和计算机控制、机载和舰载计算机、石油和天然气勘探的信息处理、控制系统并行仿真计算机、复杂网络和网络空间安全等方面取得了显著的理论与应用成果。

二、"控制科学与工程"学科的创建和戴冠中教授的研究工作

戴冠中教授是国内最早开展计算机控制研究的开拓者之一。20世纪60年代初，他就提出数字控制新的理论方法，并被钱学森、宋健收录于《工程控制论》（修订版）的目录选辑中。1964年他出版了我国第一本计算机控制的译文集《数字控制原理》，1980年出版了国内首批计算机控制的著作《计算机控制原理》。他也是国内最早开展现代控制理论研究的学者之一。70年代后期，他系统地研究并解决了卡尔曼滤波用于工程实际的几个关键问题：一是给出了非线性卡尔曼滤波的偏差补偿方程，发表的论文被美国空军 WRIGHT-PATTERSON 译成英文发表；二是提出同时考虑稳态和瞬态性能的目标函数，有效地解决了稳态卡尔曼滤波器瞬态响应差这一长期存在的实时性上的技术难题。20世纪70年代他主持了5台实时控制计算机的总体和软件设计，其中主持了我国第一台设计定型的114机载火控计算机的总体和软件设计。当时计算机是晶体管分立元件专用机，字长很短，容量很小。戴冠中教授应用计算机控制理论，解决了关键的动态精度问题，使首飞打靶一次成功。该机于1974年由国务院航空产品定型委员会批准设计定型，已装备在轰-5、水轰-5、运-8等飞机上。他主持××工程的621惯性导航计算机的总体和软件设计，应用现代控制理论的卡尔曼滤波、状态空间法和不变性原理以及可变字长的增量法，解决了关键的系统精度问题。

为了推广现代控制理论的应用，1981年戴冠中教授出版了《现代控制理论导论》，这是国内首批出版的现代控制理论的著作。为在国内推广控制系统CAD的研究，1982年他为《信息与控制》编辑了《控制系统CAD软件包专辑》。

作为学术领导小组的成员，戴冠中教授领导了国家自然科学基金重大项目"中国控制系统 CAD 工程化软件系统"的研制。

20 世纪 80 年代中期，戴冠中教授在美国南加州大学访问期间以及回国后的时间内，系统地研究了动态系统反卷积理论，给出因果、非因果系统的极大验后、最小方差反卷积的新算法，其中最小方差波形变换一般结果被称为"DAI-MENDEL"定理。他应用上述理论成果，主持研制出"极大似然反卷积软件包"，解决了关键的分辨率和信噪比问题。该软件包在大庆油田，与引进的 Seislog 和 Velog 软件包相比，地层分辨率由 20 米以上提高到 3 米左右，从而可以寻找隐蔽油藏和薄油气层；实际钻探层的符合率由 40% 提高到 75%，大大节省了勘探打井费用，对提高石油和天然气的生产水平起到了重要作用。对于大港、长庆和克拉玛依等地质条件更复杂的油田，他提出高阶统计矩方法，解决了非最小相位子波估计的关键技术问题，使第二版软件包在上述三大油田中得到广泛推广和应用。

1986 年戴冠中教授及其团队越过硕士点，直接申请到"控制理论与应用"博士点。他培养了一大批科技新秀，已培养出博士 70 名，博士后 16 名。其中，1 名获"长江学者特聘教授"，2 名获"国家杰出青年基金"，2 名获"中国青年科技奖"。

三、"网络空间安全"学科的创建和团队的研究工作

为了适应国防现代化建设和国民经济发展的信息化要求，满足军事、经济和社会信息化的发展对信息安全与对抗专门技术人才的迫切需求，戴冠中教授前瞻性地带领其团队，在 20 世纪 90 年代末期开展了网络空间安全的科研与教学工作。为了及早培养出国防建设所需要的网络信息对抗领域的专门技术人才，2000 年 9 月他创建了"信息对抗技术"新专业（由于当时教育部的招生目录里没有"信息安全"专业，2009 年申请更名为"信息安全"），从自动化学院、电子工程学院和计算机学院的 98 级学生中，分流两个班的学生进入新专业三年级学习；2001 年 9 月又从上述三个学院的 99 级和 00 级学生中各分流两个班

到新专业二、三年级学习；从 2001 年开始新专业每年面向全国招收 60 名学生。这样，西工大实际上从 2002 年开始，每年有两个班 60 名新专业的毕业生，是全国最早培养"信息安全"新专业毕业生的大学。2007 年教育部评选出十五所高校的信息安全专业为第二类特色专业，西工大是其中之一。

2004 年戴冠中教授给总装备部科技委提出了"关于我军加快建立网络×××的建议"，总装科技委十分重视，以红头文件的形式回复并下发。

20 世纪 90 年代末戴冠中教授主持完成的"863 应急计划"项目——"基于 Agent 的智能分布式网络×××技术"，2001 年被"863"专家组推荐参加在北京举行的国家"863"十五周年成果展。

1. 基于大数据的智能化信息内容安全研究

2003 年开始，戴冠中教授及其团队在基于大数据的智能化信息内容安全领域，完成了一系列重要的研究工作。例如，2005 年他主持完成了国家 863 计划项目——"网上舆情系统建设（一期）"；2007 年完成了公安部应用创新项目——"网络数据挖掘分析系统"，已列装；2008 年完成了公安部技术革新项目——"电子邮件智能检索分析系统"，已列装，并于 2011 年获公安部十一五技侦成果展全国二等奖；2013 年完成了广东省安全厅"×××大数据分析平台"专项；2013 年完成了国家保密局科研项目"智能化××系统"、陕西省政府项目"陕西省高性能计算中心（暨大数据处理平台）一期"等。

在技术上，学科组通过多年来的积累，结合业内发展趋势，逐步形成了一套以微服务为基础架构，以 Lambda 架构为处理框架，以大数据技术为基础支撑，以自然语言处理技术为应用关键，以深度学习为智能核心的高性能、高扩展的舆情处理系统框架。学科组对当前的主流大数据技术组件，如 Spark、Hadoop、Storm、Kafka、Redis、Nifi 等均有实践经验；对深度学习、数据挖掘、自然语言处理等智能分析理论以及技术框架如 Tensorflow、H2O、StanfordNLP 等均有深入研究，并且在国家安全领域、公共安全领域以及企业应用领域的舆情分析业务中，均有实际业务分析经验，学科组的实际应用水平在国内领先。

2015年，学科组成员参与并完成了中石油统建项目——"中国石油安全运行中心 SOC 建设"。团队针对网络威胁情报，依据 STIX 标准与 TAXII 标准进行了建模与实现，使网络威胁情报的描述与交换在标准化上迈进了一大步，提出并实现了一系列针对海量数据的高性能、智能化分析算法，用于网络威胁分析与态势评估。

2016年，学科组成员参与并完成了安全部"××工程"项目中的"××平台"建设，实现了十亿级别高效关联查询；基于结构化情报分析的思想，开发了表现情报分析细节过程（战术级分析）的结点式建模工具，并将分析结果可视化内置其中；对情报分析的全局过程（战略级分析），设计实现了以思维导图为载体的展现形式；设计了与之适应的大数据处理架构，并形成了基于大数据的可视化情报分析建模框架。目前学科组在该领域承担着深圳科技委"科技情报大数据智能协同分析技术研究"等项目。

2. 加密芯片及密码侧信道泄漏检测技术研究

在信息安全专用加密芯片技术领域，"十五"和"十一五"期间，戴冠中教授主持了国防基础科研项目"基于 ASIC 安全芯片的网络信息安全平台研究""信息安全技术中加密芯片的研制""信息安全专用加密芯片应用技术"的研究。课题组面向网络信息安全，用硬件实现各种协议和算法，研制成功了计算机硬盘加密芯片、移动硬盘加密芯片、加密硬盘、IPSec 加密芯片、快速分类与匹配算法芯片、高性能密码算法专用芯片、通用密码算法协处理器、通用智能安全芯片等等。获得国家发明专利授权 3 项，特别是研制的"计算机硬盘加密卡"和"移动硬盘加密卡"，分别通过国家密码管理局的认证并取得产品的生产资质。

课题组与国际高水平大学联合进行"量化分析时间信道和能量信道加密硬件信息泄漏量"的研究，取得了许多前沿的理论研究成果，在国际顶级会议和国际顶级刊物上发表，并获得了国家密码委"十三五"密码基金。

3. 网络信息对抗技术研究

"十五"和"十一五"期间，戴冠中教授及其团队承担了总装预研项目第××项（计算机××技术）中的子课题。2017年以来，两次承担了中国信息安全测评中心的"安卓系统的恶意代码检测"项目以及陕西省安全厅的相关项目。

4. 无人系统集群协同组网研究

"十五"期间戴冠中教授及团队建立起了以Qualnet仿真软件、软件无线电、自主开发的实物节点为基础的完整仿真、测试和验证环境，应用于无人机集群、装甲车辆组网、公安技术侦查中；建立起了以Qualnet仿真软件和软件无线电（SWR）为基础的完整的仿真、测试和实物验证环境（Test-bed）；建立了基于灰聚类移动自组网节点声誉机制和节点合作与信任评估系统；对无线自组织网大部分公开协议的源代码进行了再实现，申请了相关专利5项。

上述研究成果在公安部公安技侦技术和无人机集群领域得到了应用。Ad Hoc 网是不依赖于通信基础设施（基站）的分布式无中心无线通信网络，通过各节点之间的相互协作实现通信，它具有抗毁性、自组织性、机动性、抗干扰、支持多媒体通信等优点，已广泛应用于陆、海、空、天等领域的通信系统。建成的"无线自适应网络实验室"，为面向无线自组网方面的科学研究、技术攻关和工程项目实施，奠定了良好的研究平台。

"十二五"期间戴冠中教授团队承担了国家自然科学基金、国家"863"项目、公安部"十二五"攻关项目及兵器集团项目等多项课题，完成了国防基础研究"×××协同自组织网协议"项目、总装预研"×××集群数据链自适应组网技术"项目、北方信控集团"车载移动自组织网络实物验证系统"、"UHF电台自组网协议设计"项目等。

5. 信息系统硬件安全验证与漏洞检测研究

目前我国的军工和政府核心部门在信息系统硬件设计中只进行功能正确性的验证，还没有有效的关于设计缺陷、安全脆弱点、第三方生产商提供产品的恶意代码等安全漏洞的检测与验证，迫切需要进行硬件设计安全性的研究工作，以满足高可靠性信息系统的硬件安全需求。针对上述现状，戴冠中教授带领团队自2008年开始与美国加州大学圣迭戈分校联合开展研究工作，在信息系统硬件安全验证与漏洞检测的基础理论方面做了大量的研究。在门级信息流跟踪逻辑、基本逻辑单元信息流跟踪的形式化描述、跟踪逻辑的生成算法以及复杂度理论、多级安全格下的门级信息流跟踪逻辑形式化描述等方面的研究水平，达到了国际前沿水平。近5年，在国际顶级刊物和国际顶级会议上发表论文20余篇，形成的开发工具已成功地应用到航天领域的多项硬件设计的安全测试中。戴冠中教授主持了军委科技委科技创新项目、国家自然科学基金项目、博士点基金、博士后基金、航空基金、国家保密局科研项目、深圳科创委基础研究等一批相关研究项目。

四、建设适应现代化发展的"网络空间安全"学科团队

戴冠中教授目前所在的"网络空间安全"团队有18人，以中青年教师为主，是一个朝气蓬勃的集体。由于在"网络空间安全"领域的教学与科研工作中取得的优异成绩，2010年国家保密局在西工大成立了"国家保密学院"。以本学科组为主申请的"网络空间安全"，成为首批国家一级学科，2016年初获得了博士学位授予权。团队还拥有陕西省"网络空间安全工程实验室"。

团队积极开展国际合作，与美国加州大学圣迭戈分校、马里兰大学、佛罗里达大学等国外著名大学开展了广泛深入的交流，每年有十余人次的教师和研究生互访。团队围绕国家对网络与信息安全发展战略的要求，积极开展信息安全与保密技术的高水平科学研究，以工业控制系统信息安全技术、网络信息安全保障技术、网络信息对抗、基于大数据的网络舆情监测与分析技术、软硬件安全缺陷检测技术和加密芯片等具有优势和特色的研究领域为重点发展方向，构筑学科发展和科研平台，不断提高教师队伍的整体水平，培养网络与信息安全技术的高级专业人才。

同时，团队大力加强基础科学研究，注重理论与实际相结合。在学科方向、科学研究、人才培养、实验室建设和学术交流等方面，学科团队处于国内同类前列。团队还面向社会提供多层次、全方位技术培训以及信息咨询、方案优化、

产品研发与测试等服务,为公安、安全、国防和重点民用行业以及相关信息产业,开发出具有自主知识产权、高效、可靠、低成本的信息安全核心技术,成为技术转移扩散基地、人才培养基地、国际国内合作窗口,不断为"网络空间安全"学科的发展和西工大"双一流"建设做出新的贡献。

(慕德俊、黄迪民执笔)

计算机专业的创新发展

一、脉源与创始——由"东风-113"任务起步

1958年初，国家下达任务，由哈军工空军工程系飞机发动机专业教师，结合二期学员毕业设计，研制一种高空、超声速的歼击机（简称"东风-113"），并决定由空军工程系航空兵器专业为飞机研制配套的六管机关炮和具有火控射击、引导功能的专用晶体管数字计算机（简称"113机"）。113机的研制组由康继昌老师负责，李永锡、王维理（后分配到导弹系）、蔡笑波（来西工大后任八系总支书记）被分配到总体逻辑设计组，在康继昌老师的帮助下，边学边干，参考科学院计算所103机的结构，开始进行设计工作。

同年5月，国防部长彭德怀元帅来哈军工视察，空军工程系主任唐铎少将陪同彭老总来到113机的研制组。研制组成员向彭总介绍说："这是为'东风-113'配套的研制组，研制的是专用数字式计算机，为火炮瞄准引导服务的。"彭老总在研制组内谈了十多分钟，鼓励大家早日完成任务。同年10月，中央军委正式下达了研制"东风-113"的命令，哈军工副院长刘居英将军在传达军委命令时激动地说："我在部队几十年，从来没有直接接受过军委下达的命令。"为了加强研制组的工作，空军工程系从无线电教研室抽调出陈亚希、刘德祯、季怀民等7位老师，本教研室又加入井群法、高学敏、林树根、袁扩怀分别负

责电路实验、插件测试、晶体管测试、印制板制作和研制组经费器材的管理，并组成了独立的党支部，由蔡笑波任支部书记。经过一年多的奋战，特别是采用了科学院半导体物理研究所刚刚研制成功的晶体三极管，于1959年12月，初步调试成功了国内最早的机载晶体管计算机。

1959年12月23日，周恩来总理来哈军工亲自检查有关"东风-113"的研制项目，组内安排陈亚希、刘德祯、李永锡三个人接待。当时正在调试运算器部分，准备向周总理表演一个加法进位，但表演失败了，大家受到了很大的刺激。两个月后，经过全组同志的刻苦攻关，全机调试完成，并通过预定程序，标志机器已完全调试成功。消息传到北京不几天，上级命令把113机任务带到北京十五所（四机部的计算所）继续进行，机器留在军工学院，有关试制人员只带图纸资料赴京。哈军工空军工程系重新组成科研领导班子，由刘德祯、蔡笑波负责，去北京的人员中还有季怀民、李永锡、刘昌礼（负责程序编写，后为空工学院教授）、嵇启先（后调国防科委参谋）、井群法、高学敏、林树根、袁扩怀等。到北京后与十五所第五研究室的同志并肩战斗，经过7个月努力，依照113机图纸仿制成功了新样机，连续稳定运行了56小时，创造了当时国内计算机运行的最高纪录。第二台113机调试成功后，国防科委非常重视，安东秘书长亲临十五所了解情况，观看表演。几天后，国防科委又邀请蔡笑波、季怀民和李永锡去总参的招待所准备材料，大约住了7天后，三人被请到五院一个研究所的教室里，主持人向大家介绍说："这几位是哈军工研制113机的同志，他们用国产晶体管调出了计算机……"

后来，"东风-113"飞机由于工艺、材料等条件不成熟而"下马"，"东风-113"计算机也随之下马。但它却带动了一批前沿性技术的迅速发展，带动了哈军工整体性科研的热情，为其后的专业及学科发展奠定了基础。比如"东风-113"计算机下马后，康继昌为首的研制组改为教学组。康继昌在指导第4期学员毕业设计时，提出了"计算机控制炮塔"的研究课题，学员是戴冠中。这个课题当时是很新鲜的,戴冠中从各图书馆查到了美国最新的"Z复变换""动态规划"等控制理论，完成了很优秀的毕业设计。毕业后，他留学院任教。后来戴冠中在计算机控制领域青出于蓝而胜于蓝，成为知名专家。西工大以他为学术带头人，跨过硕士点直接申请博士点成功。于是，西工大计算机系有了2个学科的博士点。随后，学校把他调到自动控制系担任主任，后来又担任了西工大校长。

二、融合与发展——并入西工大前后和114机等项目研制

由于教学任务和培养目标的改变，哈军工空军工程系航空兵器专业于1961年分为航空武器设计和航空武器控制两个专业。1966年3月，空中射击、炮塔控制和轰炸瞄准3个教研组合并成"航空武器控制教研室"，任命李永锡为教研室负责人，罗学勋为实验室主任，马仪为协理员，并由他们3人组成党支部。

1966年11月4日，在三机部主持下，六院、122厂、135厂和学院有关单位在哈军工召开了论证会。会后决定与机电式计算机生产厂兰州135厂合作，研制机载计算机——代号"114机"（这与"东风-113"机的代号，纯属巧合）。114机项目是国防科工委批准的，是为轰-5飞机研制控制尾部炮塔的射击瞄准电子数字计算机，用来取代原来苏联的机电式计算机。在"文革"前，教研室已成立了由康继昌负责的研制组，"文革"刚开始时，兰州135厂很快派了一批工程师参加工作。哈军工主要负责计算机的研究试验，135厂负责加工制造。当时合作非常友好，进展也很顺利。"文革"中后期，科研组内的人员虽然分成了"两派"，观点不同，但本着抓革命、促生产的精神，大家仍和谐共处，任务不断取得进展。从1969年到1970年，哈军工空军工程系在来西工大前就研制成功了原理样机，并进行了2次科研型试飞，射击命中率达75%；同时完成了地面控制系统联试、主机高低温、空中试飞、空中打靶等试验，但可靠性有待进一步改进。

1970年2月，时任西工大革委会副主任的陈明焰来哈尔滨，动员哈军工一系搬迁到西安之事，教研室大部分同志都愿意服从组织安排来西安，部分同志由于个人原因留在了哈尔滨，也有的去了天津、上海等地。教研室派出罗学勋提前来西安安排住宿和家属的工作。航空武器控制专业搬迁到西工大的人员中

有炮塔控制组的康继昌（副教授）、唐建中（讲师）、李永锡（助教）、戴冠中（助教）、徐乃平（助教），轰炸瞄准组的李咏姬（讲师）、陆彦（讲师）、丁放（助教），射击瞄准组的朱培申（讲师）、郑政谋（讲师）、赵荣椿（助教）、罗文（助教），此外，还有实验室的罗学勋（讲师）、黄定中、井群发、李时哲、林树根、王良正等。哈军工航空武器控制专业并入西工大后，因尚未招生，且又有114机研制的任务，故暂时和西工大602教研室一起工作。1971年，西工大建立光学仪器专业（即605教研室），随后根据教工本人志愿，一部分人到605教研室，一部分并入602教研室。

西工大计算机专业（简称"602专业"）初创于1958年，起初在六系（无线电系）设立了电子计算机设置专业，为以后的电子计算机应用专业奠定了基础；同时还在一系（数理力学系）设立了计算数学专业，为以后的计算机软件专业奠定了基础。这两个专业从1958年起就有学生，电子计算机专业的招生始终没有中断。

114机的研制任务转入西工大后，受到602教研室和学校领导的重视和大力支持，所以研制工作得以继续进行。1973年，114机到了设计定型的关键时刻，要通过高温（40℃）、低温（-50℃）和振动、冲击、寿命等一系列试验。602党支部决定由康继昌、洪远麟、李卜来等几个人组成研制组，去协作单位——兰州135厂，完成最后的收尾攻关工作。试验由军代表监督，每通过一项，军代表签一次字。经过多次反复的试验，好比"过五关，斩六将"，最后总算完成了任务，相关艰辛的研制过程令人难忘。

比如，三次试飞都反映计算机低温性能不好，在做低温试验时，发现计算机出故障了。研制组人员穿着工厂提供的飞行员毛皮夹克，抱着28公斤重的计算机，走进低温试验室。测试发现电源电压偏离了标准。后来研制组想出了用热敏电阻来补偿的方法，可是采用多大的电阻值合适并不清楚，只有一次一次地试验，才能找到合适的电阻值，而每次试验，低温室要重新调温，要等待很长时间。最后做超寿命试验时，发现计算机偶尔受干扰而停机，这是不行的。当时想找出干扰源，却无从找起。于是康继昌教授苦思冥想，半夜里想出用"单稳电路"

来解决。因为，计算机工作是周期性的，每个周期从采集目标运动等参数开始，中间大部分时间是计算运动公式，最后发出控制信号，总共约 0.1 秒。计算机每周期开始时将单稳电路的电容充一次电，让它慢慢地放电，处于不稳定状态。计算机正常工作时，单稳电路每个周期还没有放完电又充电了，总是处在不稳定状态。一旦计算机停机，也就是超过 0.1 秒还不对单稳电路充电，单稳电路放完电回到了稳定状态。就在回到稳定状态的一瞬间，产生一个脉冲，便使计算机启动起来，起死回生了。由于炮塔是机械运动，有很大的惯性，偶然一次停机（其实单稳电路反应非常灵敏，一发现停机，几个微秒就可使计算机恢复工作）不会对炮塔运动有多大影响。何况军代表用肉眼观察，根本就发现不了计算机的停机现象。那时计算机尚在晶体管时代，研制组只用 2 个晶体管，就解决了停机的难题。说起来容易，做起来很难。实际上，在印制板上挤出 2 个晶体管的位置，印制板要重新制板，即使一次成功，也要等待好多天时间。说到这里，康继昌教授又回想起高炮指挥仪的研制单位，某工程师来西工大访问时曾说："我们每当实弹打靶试验时，指挥仪就不争气了。而西工大打靶时怎么运气这么好！"当时康继昌教授认为，其实是因为有单稳电路这样的"窍门"。

定型试验通过后，康继昌一行又去湖南耒阳机场做打靶试验，取得了良好的成绩。1974 年航空军工产品定型委员批准召开设计定型鉴定会。由于有军代表的签字，114 机顺利通过了鉴定。结论是：114 机是我国第一台设计定型的机载火控计算机。135 厂从此正式生产 114 机。据《航空装备定型年鉴航空电子分册》（简称《分册》）记载：到 1988 年止，114 机共生产 23 台装备部队使用。《分册》还介绍了 114 机的研制简况，其中介绍其功用时，与苏联原机电式计算机作了比较，认为其静态误差小，形成最大修正量快，体积减小了 1/7，重量减轻 40%，使用期达 3 000 小时（模拟机为 150 小时），且装卸方便，工艺性好。114 机先后试飞了 4 次：1969 到 1970 年科研性试飞 2 次，射击命中率达 75%；1973 年试飞 1 次，正下方命中率 85.7%，侧方命中率 40%；1974 年试飞 1 次，试飞结果符合战术技术指标要求，产品体积、重量、安装位置均较老产品有所改进。

——哈军工空军工程系并入西北工业大学史话

114机的研制成功是原哈军工航空武器控制专业和西工大计算机专业共同完成的国防科研重大成果，尤其在三机部内影响很大。三机部授予西工大602教研室"工业学大庆先进单位"称号。继114机之后，康继昌教授带领的机载计算机研制团队，将该机用小型集成电路改造成"航空发动机试车台数据处理机"和"小型集成电路计算机（622机）"，于1978年获得两项全国科学大会奖。1980年国家建立研究生制度，康继昌教授被三机部推荐聘为国务院计算机学科评议组成员。全组总共不到10名成员，三机部、四机部等单位都只有1名成员，而西工大就占有1名，可见这与"114机"的成果有直接关系。

从1974年开始，康继昌教授带领的机载计算机研究团队连年获奖，比如随后他们以622机为主要设备进一步研制的"622磁盘控制器"（柴佩琪等）、"626FFT实时信号处理机"（康继昌、徐乃平等）、"622数字信号分析系统"（徐乃平等）、"622D动态数字测试仪"（黎康保等）。经相关部门鉴定，认为"处国内领先地位，填补了国内空白"，前两项于1980年、1981年获三机部科技成果二等奖，后两项于1979年、1982年获三机部科技成果三等奖。改革开放以后，"NPU超大规模集成电路CAD软件包""红二乙制导站""多媒体合同作战指挥支持系统"等分别获得国家发明奖、国家科技进步奖、航空航天部科技进步奖、国家教委科技进步奖、航空工业总公司科技进步奖等。后来，机载计算机团队开展的并行处理、光纤通信新技术研究，研制的"面向ISDN的并行多功能单板智能交换器"于2000年荣获国家发明奖。团队也获得多项国家发明专利。在前期科研的基础上，康继昌教授等撰写了《小型计算机组成与原理》《计算机操作系统原理》《现代并行计算机原理》等多部著作，发表学术论文近百篇。下面专题介绍几项重要成果和重要获奖。

1. 622机的研制

1973年初，西工大六系派李永锡参加三机部的一个调研组，组长是西工大的陈士橹教授（后为院士），副组长是北航的朱开轩（后为北航党委书记、国家教委主任），全组人员由西工大、北航和有关工厂的同志组成，负责考察全国各地生产地空导弹的工厂，要写出报告，选择办学基地。小组跑遍了全国十余个城市，耗时一年多。

在调研过程中，李永锡发现西安黄河机器厂生产的制导站中的指令计算机仍是苏联的模拟计算机，又大又笨，完全可以用一台小型数字计算机代替。于是，他多次向同为调研组成员的黄河厂老宋同志介绍，采用数字机取代模拟机的优点，老宋被说动心了。调研结束后，老宋把李永锡引荐给黄河厂的张总。张总说："约定一个时间，你向我们厂的技术人员介绍一下。"不久，黄河厂派了几十名技术人员来西工大，李永锡向他们介绍了系统的总体设想。此后，张总说，工厂决定申请200万元的研制经费，第一台计算机必须在黄河厂生产，该台计算机可以无偿地送给学校。协议签订后，由李永锡牵头，西工大602教研室开始设计622机，并成立了研制小组。当时国内主要是引进日本的NOVA小型机，清华大学仿制NOVA的130机刚研制成功。李永锡与康继昌、白中英商定设计的基本原则：一是搞通用型的，以便推广使用；二是采用集成电路，可提高可靠性；三是和NOVA机的指令系统相同，以便共享软件；四是用微程序编写，具有自己的特色。

1975年春，结合西工大计算机专业学员毕业设计，组织师生共同完成了622机的图纸设计。李永锡带领学员和教师白中英、罗文、赵化民、徐乃平到黄河厂进行加工生产。1976年初，主机调试成功，通过BASIC语言测试题目。1977年3月三机部组织技术鉴定会，622机得到一致好评，并决定转到苏州电子仪器厂和南通无线电厂生产。1978年622机研制获得全国科学大会奖，并获三机部科技成果二等奖。

2.《计算机操作系统原理》的出版

在研制622机过程中，602教研室老师消化了NOVA机的主体结构。该机的输出、输入系统和中断系统，引起了李永锡极大的兴趣。尤其是软件组的一位同志，在消化NOVA机的BASIC解释程序中，读到有关中断处理的程序时，读不下去了，请李永锡老师去看一下，他看后认为是转入中断系统了。事后李永锡想，计算机教学必须增加一门介于软件和硬件之间的课程，拓宽学生的专业知识面，当时却没有合适的教材。这时，李永锡正好搞到了一本NOVA机的实时操作系统（RTOS）的源程序，他下定决心逐条读完，并参考有关方面的资料，写出油印教材《计算机操作系统原理》。1982年该书被学校评为优秀教材。有一次讲课时，讲到"多任务的管理、任务调度和队列数据结构的使用"内容时，李永锡讲得非常投入，课间一位同学对他说："李老师，你这门课程我非常感兴趣，我有机会也要教这门课。"这位同学就是毕业后留校，后来又担任计算机学院院长的周兴社教授。他研究生毕业后，留校到602教研室，协助辅导"计算机操作系统原理"课。1984年后，这门课由他独立承担下来，并与李永锡教授合作正式出版了教材——《计算机操作系统原理》。该教材受到同行的欢迎，被国内许多大学选用，发行量超过万册，曾一度脱销。

3. 参加全国计算机工作者经验交流大会（又称748会议）

1974年8月，政府为了提高全国从事计算机工作者的积极性，经李先念等四个副总理批准，在北京西郊宾馆召开了全国计算机工作者经验交流大会，到会者近两千人，西工大也分到三个名额，当时教研室领导梁琦派李永锡、赵荣椿、呙福德三人参加。

此次大会分为主机、（大型机、中小型）软件、外设三个业务组。在主机组报告会上，最引人注意的是北大的百万次150计算机和清华仿日本NOVA130小型机的研制报告，李永锡在小型机上也简单介绍了西工大研制114机的情况。

大会开始是四机部关于访问美国计算机发展情况的报告。报告称我国代表到达美国时，美方接待人员就把当天《人民日报》的版面全部打印出来，并介绍说美国各大学都建立了互联网，可以查询各类资料，这一点给大家的印象很深刻。大会邀请了钱学森作报告，他在报告中称数字计算机的出现是第三次工业革命，是智力放大器。大会还播放了美国登月球全过程的录像，使代表们大开眼界。

本次大会将参加会议的代表按地区分为多个小组，讨论交流体会和心得经验，陕西小组由省科委有关同志主持。会后，省科委希望李永锡将大会的内容向西安市的计算机工作者作一次传达报告。不久在端履门剧场召开了专题会议，李永锡在会场上传达了748会议情况，到会者十分踊跃，会场坐得满满的。报告结束后，不少参加报告的同志还向李永锡提问，他都做了解释回答，深化了大家对会议精神的理解。

4. 出席陕西省科学大会，两次接收面向全校服务的通用计算机

1973到1978年间，西工大602教研室在梁琦（后为陕西省委常委）主持下，科研工作取得了显著成绩。1978年在全校大会上，学校请李永锡介绍了教研室的科研情况。教研室被陕西省评为先进集体，康继昌被评为先进个人；李永锡作为先进集体代表，康继昌作为先进个人代表出席了全省科学大会。

1979年，602教研室负责人李永锡与支部书记席德生，带领部分教师和工人赴北京，接收一台中型通用计算机，建立计算站并为学校的教学和科研服务。1986年西工大成立计算中心，李永锡教授担任中心主任，负责引进IBM-4381大型机，筹划人员培训等工作。设备运回学校，运行正常后，安排计算中心王福豹（现为陕西省新闻出版广电局局长）结合硕士论文，编写了一套4381机的管理软件，大大减轻了维护管理人员的工作。与此同时，李永锡教授还先后担任两届陕西省科技进步奖评委（1986—1991年），1992年陕西省科委推荐李永锡为国家星火奖评委。

5. 研制4 000万次高速并行仿真计算机

1982年，李永锡赴北京参加国防科委组织的数字仿真座谈会，参加的单位有国防科大、北航、西工大以及有关研究所，国防科委主任张震亲自到会讲话。参加这次座谈会，使李永锡认识到数字仿真技术对国防科研的重大意义。连续动态系统的实时仿真，过去都是用模拟机或模拟数字混合计算机。20世纪70年代末，美国AD-10仿真机出现后，全数字仿真开始为人们所重视。但是，要求计算机必须具有上千万次或上亿次的运算能力，只有价格昂贵的大型机和巨型机才有此功能。因此，如何寻求一种价格低廉又能满足实时仿真要求的计算机，成为专业人员十分关心的研究课题。

从1985年起，李永锡教授带领硕士研究生苗克坚（现在是计算机学院博导）等3位同学，用教学基金试装了一台四机并行的样机，该样机达到每秒运行1 200万次，他们利用该机探讨有关系统结构和软件实现的可能性。

——哈军工空军工程系并入西北工业大学史话

1986年，李永锡、戴冠中（后为西工大校长、博导）、徐乃平（后为博导）合作，承担了二炮工程学院仿××飞行器的飞行控制研究课题。根据要求，决定采用同构型异步的多机并行方案，选用8台TMS32010信号处理机，构成每秒可执行4 000万次的主控机（简称"MPSC-1机"）。该机于1988年6月通过部级技术鉴定，鉴定会认为"MPSC-1机采用80年代超大规模集成电路新技术和并行结构、并行处理的新方法，填补了我国同构型并行仿真机的空白，达到了20世纪80年代国际水平"。该项目获得三机部科技进步二等奖。

三、科研育人谱新篇——从计算机科学与工程系到计算机学院的学科跨越发展

以康继昌教授为带头人的西工大机载计算机团队，对科学的探索从未停止。为了祖国的航空航天事业，作为国防教育和科研工作者，他们深刻认识到自己所肩负的责任与使命。1981年，团队负责人康继昌教授高瞻远瞩，克服困难和阻力，创建了西工大计算机科学与工程系，并担任第一任系主任和第一位博士生导师。

机载计算机团队不辱使命，用多个新中国第一奠定了计算机学科的基础，极大地促进了计算机学科的发展。在做好科研和学科发展的同时，康继昌教授提出，教学、研究生人才培养和学科前沿技术研究要多管齐下、齐头并进，使西工大计算机系后来居上，实现了跨越式发展，获得全国首批硕士点、西部地区第一个博士点。西工大计算机学科成为西部地区的"领头羊"。

团队负责人康继昌教授终生崇尚知行合一，身体力行，不懈探索。他一直奋斗在计算机科学技术的前沿，总能看到国家发展的重大需求，通过需求来引领计算机研究的未来，开创了一个又一个新的研究方向。他在自己80寿诞会上说："我要感谢党，教育我为人民服务；感谢党组织在哈军工时，培养我成为空军工程系唯一的一个副博士研究生；感谢西工大602教研室领导对我的知遇之恩，委我重任，使我有机会参与科研与大家共同战斗，取得了114机、622机、626机等一系列的科研成果。特别是114机在三机部有了名，602教研室获得

了'工业学大庆'先进单位的奖励。从而在1981年国家建立研究生制度时，我才有幸作为三机部的代表，成为国务院学科评议组的成员。同时申请到了'计算机应用技术'和'计算机软件与理论'2个硕士点。1981年，西工大领导批准我们成立了计算机科学与工程系。这都是大家共同努力的结果。"康继昌教授把一生奉献给了我国的计算机事业，直至八十高龄仍坚守在科研岗位上。

机载计算机团队从成立之日起，在完成一系列重大科研任务的同时，注重依托科研项目，培育航空计算机优秀人才。团队先后培养了百余名博士和硕士研究生。团队负责人康继昌教授说："搞科研和教学生是我平生两大乐事。我的思想都可以贡献给学生，我的研究都可以为学生开路。" 康继昌教授勇于创新，教书育人，为人师表。他务实创新、锲而不舍的学术风格和正直、无私、平易近人的高尚品格一直是学生们事业和生活的楷模。由于在人才培养工作中的杰出贡献，康继昌教授先后获得了"全国优秀教师""全国优秀归侨、侨眷知识分子""航空航天部先进生产者"等荣誉称号。

康继昌教授教书育人五十余载，可谓桃李满天下。他说："看到我的许多当年的学生青出于蓝而胜于蓝，成为各方面的领军人才，感到十分欣慰。"像西工大原校长戴冠中教授开创了计算机控制新领域，越过硕士点，直接申请成功博士点；西工大原副校长高德远教授开创了航空微电子中心，主持研制成功了多种微处理器芯片；计算机学院原院长周兴社教授带领全院教师闯过了第二个博士点、一级学科、重点学科等重重关口，实现了计算机学院的跨越发展；加拿大Platform公司副总裁王敬文博士在加拿大创建了计算机软件公司；清华大学计算机学科博导刘斌教授获得了国家发明三等奖后，又获国家杰出青年基金和中国计算机学会王选奖；航空615所所长王国庆博士曾为歼-10的四余度飞控系统做出了重要贡献，成为航空电子系统总体的领军者。其中在计算机学科做出突出成绩的几位西工大著名教授就是杰出代表。

1. 现代控制理论和计算机控制技术专家戴冠中教授

戴冠中教授，1956年到1961年在中国人民解放军军事工程学院学习，毕业后留校担任空军工程系教员。1970年后，历任西工大电子工程系助教、讲师，计算机科学与工程系副教授、教授。随后担任自动控制系主任，西工大副校长、校长。

戴冠中教授长期从事现代控制理论和计算机控制技术研究，在数字控制、非线性实时卡尔曼滤波、动态系统反卷积理论、控制系统中并行处理等方面形成较完整的理论体系，其理论成果在多项重大工程项目设计或研制中取得应用成效。戴冠中教授参与中国第一台设计定型的、114机载火控计算机的总体与软件设计，解决了动态精度问题，首飞打靶一次成功。戴冠中教授主持研制极大似然反卷积软件包，解决了分辨率和信噪比问题，其性能超过了国外引进的软件包，已用于大庆油田等单位。他主持面向控制的三台并行计算机的总体与软件设计，解决了并行结构、算法、通信等问题。

进入新世纪以来，戴冠中教授及其团队在自动化学院创办了信息安全专业，在网络空间安全领域承担着国家自然科学基金、国家重点研发计划战略高技术重点专项、国防基础研究、总装预研、国家"863"项目、国家安全部基础研究、国家保密局保密科研、国家密码发展基金等项目，建立了陕西省"网络空间安全"工程实验室，是西工大在2015年获得网络空间安全一级学科的重要支撑。

2. 开辟数字图像处理研究方向的计算机专家赵荣椿教授

赵荣椿教授1961年毕业于中国人民解放军军事工程学院空军工程系航空兵器专业，并留校任教。1970年，随空军工程系并入西工大任教。1988年被聘为计算机科学与工程系教授，曾任西工大计算机科学与工程系主任、信号处理研究所所长，陕西省语音与图像信息处理重点实验室主任。

赵荣椿教授开辟了数字图像处理方向，出版了《数字图像处理导论》《数字图像处理》《数字图像处理与分析》等多部教材，建立了一支包括长江学者、青年千人等在内的高水平的师资队伍。西工大图像处理团队在图像处理，特别是空天图像处理方面，成为国内一支重要力量，承担了"973""863"、自然基金重点项目、高分专项、总装预研等多项国家级重大/重点项目。研制了我国首套空间××软件系统，检测能力超越加拿大和美国公布的相应指标，保障了我国首颗××卫星的成功发射。研制的黄河灾害遥感预警系统，已成功应用于黄河水利委员会信息中心、防汛办公室等10余家单位，防洪防凌减灾效益累计上亿元。

赵荣椿教授带领的团队，与比利时布鲁塞尔自由大学、英国亚伯大学、澳大利亚悉尼大学、阿德莱德大学等多所著名大学开展了广泛的国际合作与交流。在条件十分困难的情况下，坚持派出本系青年教师和学生出国深造，取得了显著的成果。在与比利时布鲁塞尔自由大学20多年合作的基础上，2014年3月31日，在中国国家主席习近平访欧期间，习主席与比利时首相埃利奥·迪吕波共同见证，西工大校长汪劲松和比利时布鲁塞尔自由大学（VUB）校长保罗·德诺普，签署《西北工业大学与布鲁塞尔自由大学关于建立最重要合作伙伴关系协议》，成为"中欧合作2020战略规划"的重要内容。同时双方还签署了《联合建立中比国家级实验室协议》《3+2学生联合培养协议》《双硕士学位联合培养协议》《产业孵化器合作协议》等。在广泛深入的国际合作的基础上，西工大先后建立了移动平台环境感知及空天应用国际联合研究中心、无人航行实时智能感知与计算技术国家高等学校学科创新引智基地、国家级国际合作研究与交流基地等。

赵荣椿教授曾任陕西省决策咨询委员会委员、航空总公司科技委委员、中国图像图形学会副理事长、中国体视学学会副理事长和图像分析专业委员会主任、中国电子学会信号处理专业委员会副主任、中国航空学会信号与信息处理专业委员会副主任、陕西省图像与图形学会以及陕西省信号处理学会理事长等职，曾任《信号处理》《中国体视学与图像分析》两个杂志的编委会副主任委员，《测控技术》《数据采集与处理》《动态信号分析技术》等杂志的编委。

3. 开拓 VLSI 系统和 ASIC 设计研究的计算机专家高德远教授

高德远教授，于20世纪七八十年代，作为主要技术骨干，参加115型机载计算机、622小型通用计算机、626FFT处理机的研制，获省部级科技奖5项。1985年在康继昌教授的建议下，赴美国南加大进修VLSI系统设计，参加美国JPL实验室卫星通讯专用芯片设计，使用MOSIS流片研制成功三块芯片。1987年回国后，开拓VLSI系统设计和ASIC设计研究方向，是国内最早从事该领域研究的专家之一。1989 年，成立了西工大专用集成电路研究所，1995 年建立了中国航空总公司航空微电子研究与培训中心。高德远教授编著的《超大规模集成电路：系统和电路的设计原理》在海外亦有发行。

高德远教授带领的团队，曾主持研制成功军标 1553B 总线、ARINC429 总线、程控交换机 T 接线器等 VLSI 专用芯片，主持设计成功具有自主知识产权的 8/16/32 位系列微处理器，研制成功无人机飞控计算机专用系统芯片、1750A 系统芯片等。高德远教授团队研制的高性能嵌入式龙腾系列芯片，2008 年 8 月通过了省级成果鉴定。龙腾系列芯片研发成果，针对国防和民用领域的嵌入式应用需求，采用了新结构、新技术，具有自主知识产权，总体性能处于国内领先水平，并在低功耗、实时处理能力等方面超过国外同类产品水平。32 位高性能嵌入式处理器——龙腾 R1，获得教育部科技进步一等奖。高德远教授带领团队研制了我国第一块自主知识产权的 TFT 彩色液晶驱动控制芯片龙腾 T1，获得了陕西省科技进步一等奖，中央电视台对这一成果进行了报道。该团队引进千人计划胡永才教授，开辟了前端微电子方向，团队研制的 64 路前端读出芯片性能达到了国际同类产品先进水平。

高德远教授曾任西工大副校长、国务院学位委员会计算机学科评议组成员、总装微电子技术专业组成员、陕西省航空学会理事长、西安市科协副主席、《航空学报》编委副主任等。

参考资料

[1] 李永锡：《从哈军工到西工大计算机专业的融合与发展》一文，《校友回忆录》（2），西北工业大学出版社，2010 年 6 月。

[2] 康继昌：《带着国防科研项目迁并西工大》一文，《校友回忆录》（2），西北工业大学出版社，2010 年 6 月。

（计算机学院供稿，黄迪民整理执笔）

书写教书育人新篇章

中国人民解放军军事工程学院作为解放军的一个序列,一直把思想教育和军队的优良传统教育作为建校培育人才的指导思想。因此,哈军工在人才培养上不仅重视传授科学技术知识和作战本领,而且更重视培养学员树立为党、为国家、为人民奉献的坚定信念和吃苦耐劳、艰苦奋斗、拼搏献身的精神。

1970年,原哈军工空军工程系(简称"一系")整建制并入西工大,一系有关教研室与西工大飞机系(简称"五系")合并。四五十名原哈军工相关教研室的教职员工从此来到西工大五系。他们虽然离开了哈军工,但哈军工人的精神和传统没有变,也就是人民解放军的光荣传统没有丢。合并初期条件十分艰苦,同志们克服了许多困难,努力工作,很快适应并融入了新的集体,为西工大的人才培养做出了新的贡献。

粉碎"四人帮"后,西工大飞机系的党政领导班子由袁博义(哈军工四期学员)担任系党总支书记,黄旭辉(哈军工六期学员)担任系行政副主任,系主任和科研副主任由西工大原教师"双肩挑"。

系领导分工中,教学工作由系主任亲自分管。但由于系主任与国外院校有科研合作任务,曾两次长时间在国外搞科研,因此,飞机系的教学工作就由当时任教学助理的宋弘(哈军工六期学员,1978到1993年先后担任五系的教学助理和党总支书记）全权负责组织管理，使系的教学工作没有因主任不在而受到影响，且工作效果受到学校教务部门和校办的赞扬。

五系党的工作、行政工作、教学工作就由原哈军工干部袁博义、黄旭辉、宋弘负责组织运转，也使他们有机会能够按照哈军工空军工程系的传统开展工作。新班子成立后不久，教书育人工作就开展起来了。从 1980 年到 1993 年的十余年中，全系教职工本着对党和人民高度负责的精神，坚持社会主义方向，全面贯彻教书育人方针，为培养德智体全面发展的社会主义事业接班人付出了辛勤的劳动。他们全身心地扑在教学科研上，寓育人于教学之中，以身作则，为人师表，成为学生的良师益友。

飞机系结构强度教研室赵令诚教授，本着"教书只是尽力，育人才是尽心"的理念，在教学工作中既向学生传授科学知识，又对学生开展思想教育，满腔热情帮助一批学生转变思想，提高觉悟，成为学生的良师益友，使两个后进班级变成了先进集体。一贯重视思想教育工作的总支书记袁博义，及时抓住这个典型，组织总结赵令诚教授的经验，在飞机系积极推广，深入开展教书育人工作。首先响应党总支号召、积极开展教书育人工作的教师，很多是当年哈军工的学子，如范玉香（哈军工八期学员）、沙伯南（哈军工六期学员）、刘国春（哈军工四期学员）、钱鸿（哈军工五期学员）、范立钦（哈军工四期学员）以及哈军工的老教师刘千刚教授等。

范玉香同志以真诚的感情关心学生，帮助学生解决生活、思想上的问题，起到了良好的育人效果。刘国春同志把做学生思想工作看作是党员应尽的义务、教师应尽的责任，在自由化思潮影响学生思想时，他及时找学生谈心，解决思想混乱，帮助学生端正了认识。钱鸿同志在他三十年的教书育人实践中，体会到要使育人有成效，必须做青年人的知心朋友。沙伯南同志是航空部模范、有突出贡献的专家。他在担任繁重的教学任务和科研任务（歼-7E 课题负责人）情况下，勇挑重担，担任了学生班的班主任。他以抓理想、抓纪律、抓学习、抓集体荣誉感"四抓"进行思想政治工作，以此来树立班级良好的班风和学风，使全班同学团结一致，积极要求进步，学习成绩连年提高，该班被学校两次评为先进班级。三年中有四名学生被吸收入党,二名学生免试录取为研究生。

刘千刚教授是博士生导师、有突出贡献的专家,是西工大第一个国家科技进步奖获得者。刘教授长期从事教学,一直非常重视教书育人工作。在哈军工期间,他也是袁博义、黄旭辉、宋弘等人的老师。在教授飞行力学课程时,当时班上学员不仅年龄相差较大,而且入学时文化程度差异更大。有的学员进校前已经是上过大学的学生,有的学员入学前虽有高中文化程度,但因长期从事军事工作,数理化忘得差不多了,后经预科学文化才进班学习,这样参差不齐的文化程度,给教学带来了很大的困难。刘老师针对这种情况,非常认真地备课,因地制宜,深入浅出,既不让有些学生"坐飞机",又能满足部分学员"能吃饱"。为了提高教学质量,他还把自己的科研成果充实到教学过程中。到西工大后,刘教授主要培养研究生,在学校成立研究生院前,他曾任西工大研究生部主任。他对研究生严格要求,认为老师的松懈马虎,不能培养出好的学生,所以他严格要求自己,以身作则,要求学生做到的自己首先做到,起到了表率和引领作用。在思想品德方面也同样严格要求自己,对学生的论文,他自己始终只作为第二作者署名,甚至不署名,给学生树立了尊重别人劳动、坚持实事求是优良品德的榜样。对改革开放市场经济运行给学生带来的一些消极影响,他教育学生要正确认识到这是暂时的现象,鼓励学生努力学习思想政治理论,解决思想疑难问题。

以上这些老师教书育人起到了模范带头作用,一批批教书育人先进人物不断涌现出来,如陶国君、刘新顺、陶梅贞、陈保兴等,犹如接力,一棒接一棒,有力地推动飞机系的教书育人工作向着更加持久、深入的方向发展。

在西工大党委的领导和飞机系党政工齐抓共管推动下,1984年飞机系被陕西省评为教书育人先进单位,1990到1993年飞机系连年被学校评为教书育人先进单位。自开展教书育人工作以来,截止到1993年,共表彰了54位教书育人工作中做出成绩的教师,有12名教师获省、部级教书育人先进个人称号,27名教师受到学校表彰。

飞机系教书育人工作得到西工大党政领导的高度重视,1982年5月,校党委做出《学习赵令诚教书育人先进事迹的决定》,学校总结推广了飞机系的经验,并在全校范围内开展了教书育人、管理育人、服务育人工作,全校掀起了"三育人"的热潮。西工大开展"三育人"工作得到上级的重视和支持,1986年国家教委、中组部、中宣部召开座谈会,西工大介绍了《齐抓共管,形成网络》的"三育人"工作经验;1991年西工大在人民大会堂介绍了"三育人"的做法和经验;1993年西工大"教书育人系统工程"获得国家优秀教学成果一等奖。

教书育人是教师的天职,更是学校培养人才的根本任务。我们体会到要做好教书育人工作,一是要增强学校各级干部,包括校、系、教研室领导干部的教书育人意识,这是搞好教书育人的重要保证,干部的认识必须要走在群众的前面,才能引领广大教师自觉开展教书育人工作;二是要有一支教书育人积极分子队伍,有了这支队伍,党组织的号召才能落实,教书育人工作就能持久开展下去;三是共产党员在教书育人工作中应起到先锋模范作用,基层党组织(教研室一级)要对党员提出要求,在党的组织生活上要检查党员在教书育人中的表现;四是学校和系主管教书育人工作的部门,要制订计划、提出要求,不断总结经验,推广先进典型,要制定规章制度,表彰先进,推动后进;五是要加强校、系党组织对教书育人工作的领导,学校各级党政组织和领导干部必须把教书育人工作作为学校一切工作的重心,把教书育人作为学校培养人才的根本任务抓紧抓好。

(宋弘执笔,黄迪民整理审定)

难忘的岁月——回忆集锦

本篇汇编了从哈军工到西工大的一批"军工人"的回忆片断，记叙了"军工添翼"一段难忘的岁月和奋斗者的情怀。

陈青——

1970年3月，北国冰城春寒如冬，人们心情紧缩。曾经名声显赫的哈军工已经散了，装甲、工程兵、炮兵等系已先后单独组建学院，"大头"的几个系去长沙建工学院，海军系和空军系怎么安排？一时间哈军工院内众说纷纭。我所在的一系已更名为航空工程系，不可能单独建院（因为在西安早已设有空军工程学院），盛传将并入西工大（一个我们陌生的地方）。到3月底，终于有了明确的消息，系里召开全体大会，动员内迁西安。4月11日，院里又经航空工程系传达了第三机械工业部〔1970〕第20号文件，并作了补充动员，坚决执行上级决定"迁西安与西北工业大学合并"。由于"哈军工老大"思想作怪，觉得与人家合并不是滋味，有莫名的失落感。但总要面对现实，可是克服这种消极情绪，不但真要下点功夫才行，而且不能只靠单方努力。不过，当时听了专程从西安来的西工大革委会副主任陈明焰的精彩讲话，诚恳亲切，一下子把我们吸引住了，并使我们振奋起来，西北工业大学——一个令人向往的地方，

那种失落感顿消,甚至恨不得马上插翅飞赴西安,憧憬着早日为航空教育事业去多做些事情。陈副主任此行效果甚佳,给人留下深刻印象。后来,大家都亲切地称谓他"明焰同志"。碰巧,4月24日又传来了我国成功发射了第一颗人造卫星的喜讯,这无疑成为我们早日内迁的新动力。我都是快40岁的人了,不能再"逍遥"下去,希望赶快工作的一丝热情,油然而生!接着,我们就全力以赴地忙于搬迁的各种实际准备工作了。哈尔滨的初夏,令人心旷神怡,紧缩的心也舒展了许多。

"哈军工一系"上百户人家,有了高度"兴奋点",家家忙碌,人们自己动手打点行李、钉包装箱,还出了不少能工巧匠呢!我家住在我爱人所在的黑龙江省电管局职工宿舍,"五一"节后就在家里整顿包装行李。陆续打包有11件行李准备托运,分别登记编号写上"军工一系陈青"——01~11号。其中有两件是我亲手制作的一个半开盖式木箱(从备料、破料、刨平、开榫、拼装到上几道油漆、装饰)和我爱人单位木工师傅打制的黄色全开扣式箱盖木箱。这两只箱子的容量大,能装很多衣物,包装时用了很多粗草绳捆绑好,便于搬运。经过繁忙、琐碎、细致而又辛苦的搬迁劳动,我们于5月下旬和6月中旬先后两次参加了行李装车的集体劳动。我家行李装车,是原一系教务处的几位同志来帮忙的。随后,一系600多名教职工也相继出发,奔赴西安。也有少数人没有来,还有不少人到西安不久又调离了。而我呢,只身前往,家属则暂留哈市。

1970年7月下旬,经北京中转乘火车,我于7月29日凌晨4时许到达西安。我按路标提示找到"报到办公室"。谁知,意外的事情发生了,还真成了一段铭心的故事。

报到时,校方接待人员翻来翻去也没有在花名册上找到我的名字。这使他不解,感到为难。我对他说,"要不,我就返回哈尔滨?"已到中午,他想先留我到他家去,并向领导请示报告,下午给我答复。我在他家吃的午饭,盛情难却,令人感动。经交谈才知他是原八系教师竺润祥。窥一斑而见全豹,西工大的老师待人真好。下午上班后不久,竺润祥老师就通知我说,"你可以办理报到手续了。你的名字在另一本名册(另册)上。"我心头一震,感觉似凉水浇头，把我那点刚刚点燃起的热情给扑灭了，甚至想回哈尔滨另谋出路去。我一边胡思乱想，一边拿着钥匙走到学生区6舍，打开314室房门，看看摆放在室内的包装箱，一边想，一边往里走，把窗户打开，望着对面的大操场，心中一片茫然和无奈，先观察一下形势再作打算吧。后来，我家在6舍314室住了五年，还认识了不少后来知名的邻居，有后来担任学校领导的季文美校长、傅恒志校长和孙国锟主任、伏振甲纪委书记、徐师傅、安师傅以及电工教授王步瀛等人。在6舍，共住有7户哈军工一系人员，其余多住在7舍。每每回忆起"大走廊"时代的邻里生活，总有一股温馨的热流涌上心头。

1970年建军节刚过，西工大革委会组织军工一系内迁的机关人员办"干部学习班"。校革委主任吴文同志用带津腔的普通话给我们作动员报告，既亲切又严肃，要求我们"斗私批修"，开展批评与自我批评，达到增进团结、消除隔阂、继续革命的目的。

"干部学习班"结束后，工作任务就来了。军宣队传达了三机部下达的1970〔130〕号文件，要培养航空工程技术人员，从部属航空厂（所）招收老工人，从部队中招收复转军人，采取"群众推荐、领导批准与学校复审相结合"的原则和方法，派员分赴各地按计划名额招生。全校当时约有17个专业计划招生600名。军宣队员和我们这50几名干部都有任务，经过一周的培训后，10月30日领导宣布分组任务名单。我一听，去大城市是"没戏了"，我就去陕西的"白菜心儿"吧。我的任务是和黄子野同志去位于陕西省三原县鲁桥镇的红原锻造厂招收4名老工人学员（按录取专业分为热处理1名、锻造2名、焊接1名）。后被戏称为"二、三、四"任务：二人去，去三原，招四名学员。招生工作过程一丝不苟，历时四周，于12月1日完满结束，次日返校。

1971年3月6日，上面通知我去训练部，与郭河同志谈话后，在训练部教育组当"临时工"，并领了西工大工作证（编号：7015）。郭河说："你要边工作，边熟悉情况，耐心等待，具体工作由曲鹭芝安排和领导。"直到一年后，于1972年3月，训练部长王俊忱（军宣队成员）找我谈话，正式通知我担任训练部教育一组副组长。就这样，经过一年半的历练，我逐渐融入西工大，逐渐进入角色。几经坎坷,终上坦途!

(黄迪民整理审定)

钱鸿——

1970年6月的一天,长长的一列火车从哈尔滨启动了,它将奔驰几千里,目的地是古都西安。我被指定为列车押运员,爬上了不挡风雨不遮阳光的货运列车,从此也就踏上了我人生新的征程。列车上装载的货物千奇百怪,有卡车、轿车,有各种叫不上名称的仪器设备,有黑板、讲台、课桌、课椅、大箱、小柜……直到二百来个家庭的坛坛罐罐。其中最成问题的是车上还装载着哈军工研制的"2号风洞"这个庞然大物,它使列车既超高又超宽,许多桥梁、隧道是无法通过的。不过铁路工人还是有办法,途中无数次的停站、调度、编组等待自然不在话下了。由于列车随时有可能开车,我们始终不敢随意下车活动。经过整整四天四夜的"折腾",终于到达了西安。6月的西安烈日当空,使我们来自冰城的人感到燥热难耐。来接车的西工大师生们更像一阵阵热浪扑面而来,一个个热情地握手,问长问短。我顾不上看一眼西安站的风光直奔水龙头,咕嘟咕嘟喝了一肚子西安的自来水,感到它比松花江的水来得甜。就这样我投入了古城西安的怀抱。

我的第一个20年是在江南度过的。当我刚懂点事的时候,日寇侵略中国,我们遭遇到炸弹和大炮,于是全家逃难。苦难的童年,使我早早就懂得要努力学习,将来才有可能改变命运。在小学和中学,即使在沦陷区或在国民党统治区,我受到许多有革命思想的老师的启蒙教育,学会了大量的抗战歌曲,读过许多革命作家的书,因此打下了比较扎实的文化基础和立志成才报效祖国的思想基础。到了高中三年级,那已是上海解放的前夕,我忽然觉得长大了,因为我找到了共产党。后来我才知道,是党指引我走上了革命的道路。从此,我成了一个青年积极分子,决心跟着共产党,为党工作。很快,在解放的歌声中,我们迎来了上海的解放。那时我刚刚18岁,不久高中毕业了。毕业后随即由学校党组织选调到上海市委党校，正式参加了革命。随后，又由党校选送到华东军政大学学习，我参加了中国人民解放军。朝鲜战争爆发后，我们一大批知识青年提前毕业并抽调到空军学习航空技术，这样我又成了刚刚建立的人民空军的一员，那是1950年底。

我的第二个20年是在东北度过的。1950年底我到了锦州，进入空军第三航空学校（即现在的第三飞行学院）。经过半年的学习，同学们都去了志愿军空军，我却留校了，从此开始了我的航空技术教员的生涯。六年中我教过的上千学员，多数去了朝鲜前线，是他们实现了我抗美援朝的心愿。我随后去了大连，在解放军俄语专科学校参加了一年的俄语培训。1957年我又到了哈尔滨，通过哈军工的考试，成了哈军工空军工程系的一名本科生。后因学院发展的需要，我学了三年半，提前调到了空气动力学教研室任助教，直到1970年离开哈尔滨。

"我的第三个20年将在西北度过了……"当时我在火车上这样想着。满载的列车安全抵达了西安，我的任务完成了。不！我带到西工大去的不应该只是这些物资，更应该带去精神的财富——哈军工的传统。在新中国成立后的20年里我先后进过4所不同的军事院校，这些院校都有一个共同的传统，那就是延安抗大的传统，也就是我们人民解放军的传统。当年毛主席给哈军工的《训词》就指出："保持和发扬中国人民解放军的光荣传统，特别是全心全意为人民服务的精神和自我牺牲的英雄气概，这在你们学院，是和全军一样，必须充分领会和一刻也不可忘记的。"现在我们已经转业到地方了，但是我们的事业仍将在西工大继续。退伍了，可绝不能褪色！我绝不能辜负哈军工对我的培养、人民解放军对我的教育。抗大的传统和作风就是"坚定正确的政治方向、艰苦朴素的工作作风、灵活机动的战略战术"。这是我军战无不胜的保证。哈军工的各级领导首先抓的是政治方向，他们把思想政治工作放在一切工作的首位。他们也要求我们每一个教员，不仅要教好专业课，而且要做好学生的思想政治工作，把培养无产阶级革命战士作为我们办学的根本目的。我想，来自哈军工的每一个同志都会有同样的心情。

——哈军工空军工程系并入西北工业大学史话

我是一名空气动力学专业教师,空气动力学是飞机设计的基础课程。但是我首先是一个共产党员,党的理想应当是我的政治基础。不过作为专业教师只有先讲好课才有可能深入到学生中去。来到西工大,许多情况都和哈军工有所不同,我就虚心向西工大的老教师请教,按教研室的要求认真备课,努力讲好每一堂课。在教学方法上则仍然保持过去在军队学校的某些特色。例如,讲课力求语言通俗易懂、深入浅出,尽量采用启发诱导的讲解方法,尽可能通过演示实验或自制的形象教具使理论问题变得更加直观,更加联系实际;注重培养学生对所学知识进行归纳总结的能力,坚决反对死记硬背的学习方法。此外,我比较重视课后辅导,因为辅导中可以了解学生接受的情况,从而可以知道讲课的客观效果。与哈军工相比,西工大在教学上有些方面往往要求更高,例如对理论问题更重视数学推导能力的培养,在教材方面常选用难度较高的而且是英文原版的教材。由于我的数学基础并不很好,英语则只有解放前中学的基础,以后都学的是俄语,为了应对这两项挑战,有时要用数倍于平时的备课时间来保证课堂质量。我以最大的努力讲好每堂课,也以最大的热情去关心每一位同学,因此师生关系比较好。这一方面体现了一名教师应有的身教重于言教的品格,也使我敢于对学生严格要求,不论我言重、言轻都不会引起学生的反感,思想工作也就容易见效,而严格要求才是对学生真正的爱护。我始终认为思想政治工作的威力来自于教师和干部的以身作则和对学生的热爱。

来到西工大后我带的第一个班是72级的5321班,这是工农兵学员的第一期。1975年这个班进入专业课阶段,领导决定由罗时钧教授任课,由我带队去南昌511厂开门办学,即一面上课,一面参加工厂的飞机设计工作。半年时间远离学校,要自己组织教学,当然还要自己解决一切生活问题,要处理好各种内外关系。这样的一个集体必须有严格的组织纪律约束,人人都要有高度的自觉性。作为工农兵学员,当时的口号是"上大学,管大学,用毛泽东思想改造大学",这样的学生怎样教育呢?好在学生们都有一定的社会经历,是比较成熟的一群人。根据这个条件,我首先想到的是依靠学生党支部和班里的骨干,做好思想动员和组织工作,许多事务都有人分工负责,遇事共同商量,充分发扬民主。按当时规定，工农兵学员和我们退伍军人都自然成为基干民兵。既然是基干民兵，就要求我们在政治上、纪律上、作风上一律以解放军为榜样。从学校出发时我们组织学生去买火车票，行李托运以及途中的饮食和安全都有专人管理，还给罗时钧教授弄到了一张卧铺票。途经长沙时因有较长的候车时间，虽然一夜坐车大家都很疲劳，但我们还是组织去韶山瞻仰了毛主席故居。上了长途汽车，刚找到座位可以休息一会儿了，但偏偏汽车始终启动不了。司机呼唤乘客们下去推车，但没有人响应。当时我就下令："西工大的同学都下去推车。"汽车终于发动了，乘客们纷纷赞扬我们的这个行动。到了工厂，我们二十多个师生，还有来班里蹲点的总支书记，大家都睡在一个设计室的地板上，就像过去部队战士住的营房一样。我作为干部自然要关心"战士"们的冷暖，夜里也要查铺，给"战士"们盖被子。天气渐渐冷了，我就带领两个学生去农村买了一大堆稻草给大家御寒。利用南昌的特殊条件，我们组织了多次教育活动，如参观八一起义纪念馆，到江西共产主义大学参观学习，还请了一位老红军为我们作报告，以及瞻仰烈士墓等。平时的时政教育也不耽误，我们到江西大学党委去找学习资料。在去飞机场参观时，我们总强调要有严格的纪律，列队行动，因为在空军时我们就认为机场就是战场，不能出现纪律松弛的现象。学生们的表现得到了厂领导的赞扬。与哈军工一样，我们在教学方面始终发挥着老师的主导作用。

  进入20世纪80年代，西工大实行班主任制度。我担任5361班的班主任，因此更注意深入到学生中去。我仍然重视发挥班长和班级骨干的作用，帮助他们树立良好的班风。班里团结好，学风好，生活作风也好。例如，学生们都很尊重老师，课堂纪律好，完成作业也好，这与他们在低年级时四个班级合班上课的情况对比，尤其明显。两年以后全班的学习成绩由中下游上升到了上游。全班没有人抽烟，没有人睡懒觉。当时的学生和我们五六十年代的学生不一样，一般都不出早操，不晨练，只有5361班每天早上集体练长跑，冬天在全系的越野赛中，他们往往能包揽前三名。我在这个班里并不任课，但我常到班上去听课。当时许多学生不重视政治课和体育课，我去听过课，从未发现我班学生有缺席的或思想开小差的。课后学生们都参加体育锻炼，参加各种学生的社团，有的学生还成了社团的骨干。在低年级时，通过我的战友，取得了西工大团委的支持，我们与空军工程学院的一个班级开展了联谊活动，参观了他们教学用的多种飞机，推动了军民共建精神文明活动。到了年底，在我的倡议下，以5361班团支部的名义，我们和西安仪表厂团委联合开展了纪念"一二·九"的活动。这次活动得到了厂党委的重视，党委书记、团委书记、工会主席都到场讲了话。我为大家献上一首歌——《西北工业大学校歌》，并介绍了2003年我们西工大确定的校训和校风，实际上"公诚勇毅"的校训和"三实一新"的校风与当年哈军工的传统和作风都是一致的。就在我担任班主任的最后一年，5361班团支部被授予陕西省新长征突击队光荣称号。

西工大十分重视科研工作，可称为是一所研究性大学。我因主要精力放在教学方面，没有刻意追求科研论文的数量，所以科研成果不多，但还是做出了一些贡献。20世纪70年代，当时电子计算机尚未普及，我从"扫盲"开始，后来参加了空气动力学数值计算课题。经过几年的努力，我们的"跨声速空气动力的有限差分法"课题取得了突破，先后为几家飞机工厂的数架飞机，包括631所研制的歼轰－7（即飞豹）飞机，进行了全机跨声速空气动力的数值计算，计算结果得到风洞试验数据的验证。这一课题获得了第一届全国科学大会奖。

从1989年开始，我参加NF-3低速风洞的设计和建设工作。这是一座大型的风洞，能满足多种新型号飞机吹风试验的需求，但是争取到的经费却十分有限。我们的设计方案要求它有三个实验段，它能变成三个风洞，即二维的翼型风洞、三维风洞和螺旋桨风洞。在方案设计之后，由我负责设计尺寸最大的进口段、稳定段和收敛段，以及整个风洞的安装支柱和顶篷等。稳定段的横截面达到100平方米，为节约投资，凡自己能做的事我们都自己做。在设计支柱时，我在三桥无意中发现了一家金属结构厂有可参考的结构。在参观学习中认识了黄厂长，当时他们正为找不到活而发愁。经过洽谈，他们愿以最低的价格承接风洞整体结构的加工和安装，仅此一项，我们节省了几十万元的加工费。在我的建议下，我们打破了传统风洞的常规，许多钢铁结构和木质螺旋桨叶片，都采用玻璃钢这种轻质、高强度、耐腐蚀的材料。这一项又节省了大量投资，而且延长了结构的寿命。我们都是非金属材料的门外汉，于是我到许多地方去取经，先后向上百位工人师傅和技术人员请教，最后外行也变成了内行了。除螺旋桨的12个一人高的玻璃钢空心叶片交由上海有经验的单位制作外，其他如橡胶密封件、塑料件、有机玻璃，直到帆布、尼龙绸等非金属材料都这样解决了，我俨然成为一个非金属材料的专家了。其中厚厚的帆布、薄薄的尼龙绸部件都是在我家的缝纫机上完成的。当西工大领导和党政机关来参观风洞时，我在介绍风洞的性能之外，特别提到我们按照校党委的要求，发扬了一丝不苟的科学精神和自力更生、艰苦奋斗的延安精神，用我们的双手建成了这座亚洲第一的大风洞。后来在这座风洞的基础上建立了翼型叶栅国家重点实验室，NF-3风洞建设项目获得了国家科技进步奖。

1992年我退休后，又接受返聘，在陕西省风机泵工程研究中心从事通风机的开发研究。风机的核心是叶轮、叶片，它的精度要求极高，过去必须请高级木工来制作，所以加工费很高，而且精度仍难保证。当时我提出要破除迷信，解放思想，自己动手来做。为降低制作难度，我改革了6项工艺，从"一把刀子闹革命"起步，终于做出了合格的木模，几年里带领一批年轻同志制成了几十种高性能的风机，广泛用于民用通风、矿山通风、隧道通风、纺织厂降温通风，为单位创造了可观的经济效益。

我的教学成果和科研成果，都是集体智慧和集体劳动创造的。我自己只是一颗螺丝钉，我从不曾追求个人的名利、地位，始终只是一名普通的教师、普通的技术人员，一个普通的劳动者。是共产党和人民解放军培养了我，我理应为党的教育事业和人民军队的建设事业献出自己的青春和力量。当我听到我当年的学生事业有成、成为专家教授的时候，当我在人民画报上看到我的学生在朝鲜战场上成了战斗英雄的时候，当我在中央电视台看到我的学生多次以航空专家的身份成为特邀嘉宾的时候，我感到无比欣慰和骄傲。当然我更为我的母校，包括哈军工和西工大，感到无上的光荣。

回顾从哈军工到西工大几十年来我的教学、科研经历，我深深体会到：发扬军事院校的优良传统，在教学过程中始终坚持正确的政治方向，坚持教书育人，以严格要求实现对学生真正的爱，这也是对教育事业的热爱；在科学研究方面不求名利只求奉献，这都是哈军工的优良传统，也是我们党的优良传统。

（黄迪民整理审定）

杨堃——

1970年初，我得知哈军工空军工程系要并入西工大的命令，后来我到了西工大，被分配到了16舍一楼东头拐角的单间宿舍，对面正对厕所。当时集体宿舍条件很差，通道走廊很拥挤，大家都在自家门口走廊做饭。不过通走廊最大的好处就是一家做好吃的，大家都能闻到香味。刚到西安时我很不习惯，主要还是由于气候太干燥，鼻子出血，口腔干燥，声音嘶哑。冬天没有暖气，夏天又热得厉害，没有办法，就硬着头皮捱过来。夏天的时候家里不通风，我就把桌子放在窗户边上，让小孩睡在桌子上，大人忍忍就过去了。

我感到很意外的是分配我搞型号设计——抬式飞机。当时36师有一个飞行员叫程邵武，他很有想法，觉得当时飞机的布局不合理，飞机起飞会导致尾翼下压，所以他提出了机翼和尾翼一起抬——抬式飞机之名就这样产生了。后来把我分到了503教研室，又再分到了风洞实验室。

我在西工大工作、学习、生活过程中也有很多小插曲。记忆很深刻的就是到大荔县收麦子。每年6月份我们都要去大荔收麦子，麦子收割下来就要用大麻袋装好，一袋最少100斤，然后由我们扛上汽车。收麦子时，我们吃到了新麦子磨面蒸出来的馒头，确实特别香。到了20世纪70年代，根据"深挖洞、广积粮、不称霸"的最高指示，我被安排修防空洞劳动半年。我在制砖组，负责提供防空洞里面所需要的砖。当时制砖就在东方红广场，我们负责从基础土坯、晾干、装窑、点火烧砖，然后出窑。烧一窑砖需要23天时间，在这期间，要有人不断地轮流值班、看火、加煤。

回想我在哈军工的 15 年，对我的思想观念、工作作风、学业的积累，以至生活习惯都有决定性的影响，这些都为我后来在各种工作生活环境中克服困难、做好工作打下了坚实的基础。

（2010 年杨埜口述，彭雪梅根据录音整理）

巫泽——

哈军工空军工程系（一系）的一号、二号风洞是 1956 年在岳劼毅、马明德教授领导下建成的。风洞为回流式开口试验段低速风洞，试验段直径为 1.5 米，当时属国内最先进的风洞，为教学、科研和国内风洞试验工作者的培训工作，做出过很大的贡献。1970 年，为了支援西工大，哈军工空军工程系的二号风洞搬迁到西工大。

搬来后，没有现成的房子，也没有新建的房子安置二号风洞，于是就放在露天的空地上。当时没有专业的安装队伍，也没有合适的场所。在没有必要的技术设备的条件下，为了尽快地安装好风洞使其投入使用，经过有关领导和部分同志的研究，本着艰苦奋斗、自力更生精神，我们决定尽快创造条件安装起来。没有房子，就利用两个小的旧房子和中间的空地作为风洞的建设场地。当时也没有采用招标承建的方式，而是以我们原哈军工一系空气动力学教研室（103 教研室）来西安的教师和工程技术人员为主，组成"外行的安装队伍"。对于从来没有安装经验的我们，面对技术条件要求高、体积又庞大的风洞实验设备，其困难可想而知。

我们是 1970 年 7 月开始着手风洞安装工作的。整个风洞长 20.35 米，宽 12 米，最大一节洞体直径 3.35 米。搬迁时是把各段洞体分拆开来后，用火车从哈尔滨托运到西安的。现在要把各段洞体重新安装起来成为一个整体，这是一项复杂的技术工作。为了保证风洞安装起来后有良好的气动性能，就要求在每段洞体连接起来时，保证每个洞体的中心线在整个风洞的同一轴线上，当风洞转弯时轴线要直角转弯且保持高度不变，左右上下都不能偏离，精度要求很高，要精密测量。当时也没有专业的测量工作者，这个工作也是我们自己做的。测量工作先由李魁芳同志负责。几个月后，她因得癌症，于1970年冬天去北京医治，不幸1971年春天去世。她把一生中最后的精力贡献给我们的风洞建设，我们感谢她，怀念她。测量工作后来由于欣芝同志担任。整个风洞安装工作都在边测量边安装中进行，每节风洞又大又重，只能靠吊车吊装，吊车司机把洞体吊起后，按照测量人员的指挥，把每节洞体的位置吊装好，由我们教师和工程技术人员一个个地把螺栓固定拧紧。有些洞体因体积大靠地面很近，我们只能躺在地上操作。大家都不怕累，不怕脏。因为是露天作业，经历了夏天的酷暑，室外温度有时高达40多摄氏度，这对刚从哈尔滨来的同志是个很大的考验。安装中也经历了冬天冰天雪地的严寒，可是大家都毫无怨言，只有一个信念，就是要把风洞尽快高质量地安装起来。现在回想起来，还是很有感触的。在那个年代，那种毫不计较个人得失，叫干啥就干啥，团结一致、齐心协力共同克服一切困难的精神是十分宝贵的。这是党的教育、部队培养的结果，我们今天更要珍惜。风洞安装，开始是由卢叔全同志组织领导的，一直到他陪护李魁芳同志到北京治病，他在风洞安装工作中做出了积极贡献，后来他调去南航工作。在风洞安装中，我们得到了汽车队吊车师傅的热情支持和密切配合，也得到了工厂焊工师傅等的配合支援，我们非常感谢他们。

  风洞装置中的重要测量装置是气动力天平。我们的天平是六分力机械式天平，在吹风试验中，能同时准确地测量出气动力的三个分力和三个力矩。天平装置是在哈尔滨时新设计加工好的，运到西安后还要重新进行安装和调试，这些工作也是由我们自己来完成的。我们在清点天平零部件的基础上，在校内工厂和校外工厂补充加工了一些零部件，然后开始安装工作。天平的安装也是一项技术性很强的精密工作，我们这些过去没有接触过天平安装工作的人，不畏困难，经过深入细致的探索和精细的工作，经过几个月的努力，在工厂师傅的密切配合下，很好地完成了天平安装工作。其中已调到南航去的姚惠中同志做出了较大的贡献，还有杨永年、叶炜梁和鄂秦等同志也做出了很大的贡献。在大家的共同努力下，天平安装得以顺利完成。

天平调试更是一项精密复杂的工作。我们并没有这方面的专业人才，也没有靠外援，困难工作只能由自己来完成。这项工作主要由李凤蔚同志负责。他设计和联系加工了一些测量必需的测量零配件，还加工了一些精密的天平砝码，并经过西安计量所精密校正。在大家的配合下，经过认真细致的工作，克服各种困难，将天平调试到能精密测量的工作状态。

风洞安装后，进行了流场校测。根据各种测量数据，证明我们的风洞安装工作是成功的，风洞具有良好的工作性能，可以投入使用。在这项工作中，我们参与的全体同志发扬了艰苦奋斗的精神，不计报酬，无偿地投入到风洞建设中来，不怕苦，不怕累，在环境条件不太好的情况下，大家齐心协力，任劳任怨，团结一致，经过了近两年的工作，终于完成了历史赋予我们的二号风洞搬迁重建任务。我们感到欣慰，我们所有的付出都是值得的。

在整个工作中，我们得到各级领导的支持和关怀，得到了科技处、实验室处、机工厂师傅、汽车队师傅的大力支持和帮助，也得到了西工大原503教研室领导和同志们特别是宋义平同志的大力支持和帮助。没有他们的支持和帮助，我们的工作是不能完成的。

风洞建成投入使用后，对教学和科研工作做出了应有的贡献。例如，西工大与成都132厂共同研制的歼-7飞机的改型机的设计。沙伯南同志提出的设计方案，在向原国防科工委汇报时，有关领导说方案虽好，还需试验数据验证，才能取得飞机制造厂支持。他们的方案最初就是在二号风洞中进行空气动力性能测试工作的。沙伯南和侯凌云（他们都是原哈军工一系教师）携带改型的飞机模型到我们风洞做试验。经过多次试验，得到的数据证明沙伯南同志提出的改型设计是可行的。良好的改型设计方案和气动力性能数据得到了成都132厂的认可，最后签订了合作协议。在整个改型设计过程中，他们又在我们风洞进行过多次的风洞试验，然后到各个高低速大风洞中做进一步的试验，使设计方案不断完善。经过几年来工厂和西工大许多老师大量的艰苦的工作，终于研制成功，生产出歼-7飞机的改型机——歼-7E飞机，性能比原歼-7机有很大的提高。后来生产了好几百架飞机，装备了部队并出口，而且长期成为空军

"八一"飞行表演队所使用的飞机,直至近年来才被歼–10飞机所代替。又比如,某飞机设计所研制成功的歼击轰炸机,第一次选型试验也是在我们这座风洞中进行的。又比如西安某工厂仿制生产的反坦克弹,在试射过程中发生掉弹现象,他们怀疑气动性能有问题,找到了我们。经过我们多次风洞试验,最后得出结论,说明气动性能是好的,并作出了正式报告,排除了气动性能出问题的疑点。后经他们在其他方面工作的努力,终于找出了真正的原因。此外,我们还对鱼雷及许多民用设施(例如输电铁塔)进行过气动特性的试验,做出了不少贡献。我们也为西工大原八系和四系的科研试验做过工作。另外,西工大无人机研究所初创时期也曾在这座风洞做过试验,以验证空气动力特性。

总之,原哈军工二号风洞的搬迁是一次成功的举措,对西工大的教学和科研做出过很多贡献,也为国家经济建设和国防建设尽了一分力量。为风洞建设做出过贡献而调动到南航工作的有卢叔全、韩步璋、姚惠中、叶炜梁、李京伯、陈玉清等同志。

潘锦珊———

1970年9月,我随一系迁来西安西工大工作。我和爱人于1959年8月在江苏宜兴结婚,婚后育有一女一儿。长期分居两地,部队一年只有一个月的探亲假,故生活非常不便,特别是我爱人从事的是医院护理工作,又要抚养两个年幼的孩子,其艰辛可想而知。来西工大不久,在1970年11月的一天,赵承武同志给我送来了调动我爱人来西安工作的调令,解决了我们多年分居的困扰。当我接到调令时,喜出望外,我深深感谢搬迁领导小组和西工大人事部门对我们的大力帮助和关怀!我立即赶赴宜兴把妻儿接到西安。经市卫生局研究,将我爱人分配在西安医科大学第一附属医院(简称"一附院")工作。当时西工大与一附院之间交通很不方便,必须用自行车作为交通工具,而自行车需凭票购买。听西工大的同事说,可以去系办公室找一下军代表(姓名我记不清了)。见到军代表后,他非常热情地接待我,告诉我还剩一张飞鸽牌自行车票,原来是要给×××的,但我的情况特殊,就先给我了。这辆飞鸽牌自行车,一直陪伴我到退休。初来西工大,这位军代表给我留下了美好而深刻的印象。

我到西工大后的第一项教学任务是给1972年入学的航空发动机培训班学员上"高等数学"课。培训班学员都是来自航空发动机工厂的工人或技术员,文化程度多数为高中、中专或技校。当时一天只上一门课,上午4节课讲课,下午复习辅导,是够紧张的。这批学员学习非常勤奋刻苦,令我感动!在哈军工工作多年,我从未教过"高等数学"课,仓促上阵,有点诚惶诚恐,好在西工大数学教研室已编有针对工农兵学员的高数教材,再加上我的"高等数学"基础较好,使我顺利地完成了这项教学任务。课程结束时,学员考试成绩良好,在结业的座谈会上,学员对我的讲课做出了较好的评价,普遍反映受益匪浅。这批学员后来都成了工厂的技术骨干。

1977年恢复高考制度,77级和78级学员相继入学,三个航校(西工大、北京航空学院和南京航空学院)共同面临一个问题——专业基础课(气体动力学和工程热力学)无合适的教材。因此,三机部教材编审组提议三航校一起编写统一教材。随后,三校都派出了几名代表(我校有欧阳骢〈已故〉、张鹤飞和我)于1978年暑假在北京航空学院参加三校联席会议。会议决定,先去全国几所名校(清华大学、复旦大学、浙江大学、中国科技大学、上海交通大学等)进行调查研究,然后再讨论教材的编写问题。

通过一个月的调查研究得知,这些知名高校都没有自编的气动和热工教材,三校统一编写教材已迫在眉睫。三校代表返回南京航空学院,进行了教材编写大纲的深入讨论,讨论分两个小组,即气动组和热工组,我分在气动组(张鹤飞准备出国,已返回西工大),气动组中还有南京航空学院刘世兴、张封北,北京航空学院魏佑海。经过讨论,制定了气动教材的编写大纲。最后在确定由谁任主编时,由于刘世兴、魏佑海再三推辞,而我则考虑到77级、78级上课的急需,是不能推脱的,也就挑起了这项艰巨的主编任务,并获得了三机部教材编审组的认可,同时还确定由国防工业出版社出版,所需费用由教材编审组负责。返校后,我立即投入编写工作,并邀请刘松岭(西工大原706教研室)、邢宗文(原哈军工同事)参加编写工作,得到了他们的大力支持和帮助。

——哈军工空军工程系并入西北工业大学史话

经过三航校同仁们一年多时间的努力,《气体动力学基础》一书于1980年6月由国防工业出版社出版,及时满足了77级、78级教学的需求。1988年三院校同仁对此书又进行了全面修订,补充了不少新内容,仍由国防工业出版社于1989年12月出版。1994年又进行了第二次修订,补充了习题,删去了不可压流部分,第二次修订本由西北工业大学出版社于1995年6月出版。

《气体动力学基础》一书,在航空发动机专业使用了十多年,受到历届学生的好评。学生普遍反映,该书内容由浅入深,循序渐进,思路清晰,便于自学。该书在新华书店销售成为畅销书。有一年,清华大学某位教师给我来信说:"我急需一本1989年出版的《气体动力学基础(修订本)》,去了一些新华书店,都已售完,去国防工业出版社询问,也无剩余,您若有多余本,请寄来一本。"接信后,我随即给他寄了一本。他收到后,回信表示非常感谢,并邀请我去北京时到他家做客。还有一年,浙大的某位老师给我来信说:"我校开设的气动课,采用的教材是您主编的1995年版的《气体动力学基础》,由于备课紧迫,急需书中每章习题的具体答案。"我随即复印了一套答案给他寄去,他回信深表谢意。后来,清华大学同仁们编写了《气体动力学》一书,全书共七章,每章后面都附有参考文献,其中就有四章的参考文献中列有我主编的气动教材。此外,本书在航空、航天科研单位也受到了重视。在一次学术会议上,我看到了一些论文后面所附的参考文献中列有这本书。总之,三航校编写的《气体动力学基础》一书,在我国航空教学和科研领域得到了广泛的应用和好评,使我颇感欣慰,能为航空事业作一点贡献,自己所付出的辛劳也是值得的。

自1977年恢复高考制度后,我给本科生讲授气体动力学、给硕士生讲授"计算流体力学"(自编讲义)已有多届,对我的讲课学生普遍反映较好。因此,我曾被学校评为优秀教师,并受到学生的爱戴。1986年当我搬家时,留校的77级学生董志锐、78级学生杨国栋、79级学生吴虎等都主动前来帮忙。2008年83级学生返校聚会,邀请我参加他们的盛宴,因我不适应热闹的场面而婉言谢绝,他们就派了三名代表,即温志成(课代表)、曾源江、孙春生到我家来看望我,并代表返校同学赠送了一份珍贵的礼品作为纪念。如今温志成已是空军装备研究院的大校军官，曾源江是株洲608所的副总工程师，孙春生是广州某公司的董事长。回想当年我给他们上课时，他们只有20岁左右，现在已成为国家建设的中坚力量。看到他们的成长，令我无比地高兴。

1989年12月我完成了"低红外辐射二元喷管射流场的数值分析"的科研任务，撰写了论文《二元喷管射流的数值计算》，并在1990年11月中国工程热物理学会第七届年会上宣读。宣读后不久，中国科学院《工程热物理学报》期刊的编辑就来征稿，随后这篇论文刊登在1991年5月《工程热物理学报》第12卷第2期上。此项科研任务，对于开展飞机隐身技术的研究具有重要的实际意义。

陈新海———

1970年，学校决定将空军工程系和西工大合并。当时听到并校的消息后，我们一家人心里并没有什么不愿意，因为那是党的要求，党指到哪儿我们就打到哪儿，服从是我们的天职。我老家在浙江东阳，爱人也是浙江人，到哈尔滨后也没有多么不习惯，虽然冬天很冷，但室内有暖气，室外温度虽然是零下几十度，但穿得厚厚的也就过去了。但到了西安后，我从心底喜欢上了这片天地，这里的冬天比哈尔滨温暖，夏天比浙江凉快。在经历了三地的搬迁比较后，我们全家都觉得西安才是我们最喜欢的地方。

到西工大后我被分配到宇航工程系，我爱人、孩子和我一起调过来，我爱人到西安后还是对口调的，在西安铁路医院上班。西工大分给我们南3楼一个小房子，房子的格局类似于现在的两室一厅，但又不太相同。我们这个房子共住了两家人，每个小房间不到11平方米，中间有个公用的客厅，因为我家是两个孩子，所以客厅让给我们用了，另外一家一个孩子，住另外一间小房子。大家都是哈军工一起调来的，所以我们把客厅也让一部分给另一家用，厨房是公用的。房子当时没有暖气，条件很艰苦，但冬天我们从来不生炉子，因为南方的冬天也很冷，也不生炉子。冬天我们都穿棉衣棉裤，晚上睡觉时提前用热水袋装好热水放在被窝里，夏天的时候也不是太热，比起我们老家来好多了。

——哈军工空军工程系并入西北工业大学史话

西工大是1995年以后开始装暖气的,从那以后,我们一家就更爱西安,更爱西工大了。以至于后来回老家我们还不适应呢。但遗憾的是,西安的经济还是不够发达,我的同学都比我们条件好,按理说西安的高校多,经济发展应该也比较好,但为什么发展这么慢呢?我在心里一直很着急。值得欣慰的是,这几年西安发生了很大的变化,经济发展也非常快。我们见证了西工大和西安的大发展、大变化,这些让我觉得很自豪。

我到西工大后在导航、制导与控制专业任教,最早在哈军工的时候研究过轰炸,但后来都搞导弹了,一直到现在。我的学生成就都很不错,我培养了35个博士生,硕士生更多些。曾任航天学院院长的周军、研究生院副院长李言俊、电子信息学院院长高晓光都是我的学生,北航也有很多学生,留在西工大的也不少。我的学生无论是哈军工的还是西工大的,素质都很好,这一点很让我欣慰。能有今天的桃李满天下,很大一部分也是源于我那些好学的学生。

回忆了这么多事,没有觉得我干的是很重要的事情,也没有什么丰功伟绩,只是在干好自己的专业,尽好自己的本职。我很感谢我们的党和祖国,让我们过上了国泰民安的好日子,我希望还能亲眼见证祖国成立一百年的光辉时刻。

(2010年陈新海口述,路小侠根据录音整理)

顾恒祥

1966年,哈军工退出军队序列,改名为哈尔滨工程学院。1970年3月,国防科委决定哈军工要再一次分建和内迁。空军工程系内迁至西安并入西工大,归国务院下属的三机部领导。此时102教研室大约有50多人,其中教师30多人,工程技术人员10多人。由于各种原因(主要是家属不好调动或家属是农村户口),102教研室最后迁并到西工大的约有40人。没有来西安的十几个人中,5人去了江西乐平直升机发动机厂(20世纪90年代该厂迁到江苏常州),4人去了哈尔滨东安机械厂,4人去了哈尔滨船舶工程学院,还有3人去了国防科技大学。

迁并到西安的40人,与西工大发动机系(七系)合并。人员分散到相应的对口单位。大致集中在原理教研室（703），结构强度教研室（702），叶片机教研室（704），燃烧教研室（七研）和调节控制教研室（709）。其中有7人来西安不久，因各种原因又到其他地方工作了。

当年迁并到西工大七系的哈军工102教研室的30多人，与原来西工大的老师和同事和睦相处，团结共事，共同为我国航空教育事业和科研事业的发展做出了很大的贡献。据不完全统计，来西工大后，由原哈军工102教研室的老师主编或参与编写的各种教材和设计手册有10余种，获得过省、部级以上的各种教学成果奖和科研成果奖20人次。

哈军工的102教授会，从1953年成立到1970年迁并到西工大，17年间在102工作过的有80多人。调离102的许多同志到其他单位后，大都成为新单位的骨干力量。其中原102教授会主任梁守槃教授调至五院后，先后担任了发动机研究所所长和五院三分院副院长，1980年当选为中国科学院学部委员（院士），1985年当选为国际宇航科学院（IAA）院士。原102教授会副主任董绍庸，1964年调至六院任副总工程师，1965年又去四川江油担任发动机实验研究所所长，是我国著名的发动机专家。杨跃根老师和张代森老师1970年调到哈尔滨船舶工程学院，后担任该院副院长和党委副书记。杨乃适老师1970年调到哈尔滨东安机械厂，后担任该厂厂长，不久又调到西安红旗厂任厂长，20世纪90年代初他又去上海浦东开发区工作。王乃行老师1970年迁并到西工大，后担任西工大副校长。由此可见，哈军工的102可以说是人才辈出。

来西工大后合并到七系的102的老师，大都在哈军工受到了部队十几年的教育，他们爱岗敬业，踏实工作，不计得失，默默耕耘，为我国的航空教育事业奉献了一生。现今，40年过去，当时还是青年或步入中年的人，现在都已是白发苍苍，成了七八十岁的老人了。但不少人退休后仍在为西工大的教学和科研努力工作。例如，刘长福、顾恒祥、邢宗文90年代初退休后，一直担任七院的教学督导工作，直至七十五六岁才不再返聘。过去，号召体育锻炼时有一句口号，"每天锻炼一小时，健康工作四十年，幸福生活一辈子"。102的

不少老同志已经亲身实践了这一口号,而且还可再加上一句,叫作"发挥余热十五年"。现在每两年,102仍在西安的20几个人都还要聚会一次,大家共话当年,相互问候今朝,都感到十分愉快和高兴。哈军工的102教研室,值得我们大家永远怀念和回忆!

(写于2010年5月,2017年10月整理)

陈燕庆

1970年我随军工一系来到西工大。当时不断搞运动,学校里的人也没有时间、精力进行科研。我最开始带的课程是"导弹伺服系统"以及"自动驾驶仪元部件",由于资源有限,所以教材所用书全都是教研组自己编写。现在还记得当时的同事有林其敖和郭伟等人。

西工大1978年开始恢复高考招生,社会在向前发展,学校提出要提高教学水平,所以我又开了另一门课叫"计算机控制系统"。由于资源实在有限,只能把很多东西加以整合,再加入一点自己的理解,教材这才编写出来。这门课连续上了好多年。

随着学校的支持,我和几个教师接了个小项目——单自由度液压转台。成果还不错,得到了省里的嘉奖。从这里开始,得以慢慢开始向前发展,申请到了航空基金,拿到其他的课题,也借此带着研究生慢慢研究。

后来我编写了一些出版物,例如《工程智能控制》等。有一次很巧合,我恰巧读到了一本美国出版的书《液压控制系统》。我觉得这本书实在很好,所以把它译成了中文。出版之后反响很好,很多研究所都在使用。后来新开了两门课"模糊控制系统"和"最优控制管理",专门给研究生讲授。当时在国内,这些概念还很新鲜,开设的目的也是为了让学生们以及我们自己能跟上时代变化,走在国内的前列。我曾出版过一本书叫《神经网络理论》,它的版权被台湾出版机构买去,出版之后口碑很好。凭借此书,我拿到了教育部的嘉奖以及全国教育图书展的二等奖。

现在的航天学院有很多的大项目，实际上当年我们横向研究是不多的，更多的是理论方面的研究。慢慢地，学院的水平上来了，这些项目也是越来越多。我在当教授评审资格委员的时候，觉得这批后来的人才真的是越来越优秀，有好多人我都很欣赏。人才水平一代一代地提高，西工大的水平也一个台阶一个台阶地向上走。回忆到这里，觉得我们这些老一辈的人的精神，也应该已经延续和传承下去了。

从1970年来到西安，我就一直在西工大从事着教学任务，教了一届又一届的学生。好多学生现在都已经是各自领域的顶梁柱了，这让我甚是欣慰。直到1994年，因为身体原因，年龄也大了，这才结束了我在西工大24年的教学工作。回想自己从1958年进入哈军工工作，直到1994年退休，这36年的人生经历从未让我后悔过。我深切地认为自己活得很有意义，教育了一大批中国航天事业的接班人，心里充满自豪。这默默无闻的36年里，我所期盼的，唯有希望中国航天事业强大起来。祖国强大起来了，我再无其他想法。回首自己的人生，自以为勉强做到了"不虚此行"四个字。

（写于2017年11月）

宁俊卿——

1970年，哈军工空军工程系迁来西工大，与我一起同行的约400多人，还有一部分人去了长沙、重庆。来到西工大后，我在803教研室搞控制（航天工程系）方面的科研任务，同时担任实验室主任，主要负责实验教学部分。1970年，西工大也处于建设阶段，为了弥补设备不足，我们从哈军工带来车载压缩机，置于实验室，进行与舵机相关的气动实验。

初来西工大，由于当时国家仍处于"文革"的特殊阶段，西工大的科研教学也基本停止，更多的是从上到下的各种思想作风整顿，招生也没有开始。我初到时被系里派去陕西省动员办，当时动员办主要是负责民用工业参与军工建设，我就在其中参与红箭–73反坦克导弹的研制生产。

——哈军工空军工程系并入西北工业大学史话

由于从哈军工搬来的实验设备缺乏安放位置，于是大家决定建设新的实验室，当时在十二研就地建设，在十二号楼北边。利用搬迁带来的木料，同时去阎良、新乡、郑州等地收集建设材料、液压件、气压件等，自发地把房子搭建起来，用作新的实验室。同时在实验室外边，挖出一片坑用来建设气瓶室，亲自将压缩机一点一点搬进去。这也就是气动实验室的前身。

从1972年开始，西工大正式开始授课，实验课的课程也正式开始。我和九系赵卫华老师及我们系陈佳定、陈家实、陈燕庆老师一起参与实验课程。同时还去汉中212厂、上海仪表厂、户县618所等厂所去学习，充实改进实验室建设。

在实验室教学时，我也参加了科研项目，在红箭-73、训练弹等方面与实验室同事合作取得了一些显著成果。1980年，我去武汉参加全国第二次发明展览会，同时课题组荣获国家科技进步三等奖。课题组做反坦克弹训练器，同沈阳203所、石家庄炮兵学院竞标，由于西工大控制仿真程度更为接近实战，数据也更接近实际，最终被国家的炮兵列装。后来为三门峡黄金冶炼厂研制智能监控系统，利用单片机控制，实现了摄像机的智能跟踪目标。

1990年，在闫杰老师带领下，我们实验室并入805教研室，构成教研室的重要组成部分。我还是负责相关方面的实验工作，直至1998年，我从岗位退休。

退休之后，我依旧不忘关注国家形势，每天关注国内新闻。每每听到我国在经济、政治、军事等方面取得的成就，我就欣喜不已。虽然现在退休了，还是特别希望国家能富强起来，在国际上有话语权，自信地屹立在东方。

（2017年10月宁俊卿口述，王开园、孙晨根据录音整理）

后 记

2018年，西北工业大学将迎来80周年校庆。为了生动展现学校脉源三支丰厚的文化底蕴，弘扬优良文化传统，学校于2015年编印了反映西北工学院发展历程的纪念文集《古路坝——抗战烽火中的教育圣地》；2016年编印了反映华东航空学院（西安航空学院）历史风貌的纪念文集《华航西迁——新中国航空教育的基石》。按计划，2017年春又启动编印纪念文集《军工添翼——哈军工空军工程系并入西北工业大学史话》。上述系列纪念文集，将作为厚植文化基因、传承三脉传统的文化读本及纪念学校80华诞的文化献礼。

1953年，闻名国内外的新中国第一所军事高等工程学府——"哈军工"建立，空军工程系位于各系之首(一系)，是当时哈军工实力最强的系之一。1966年，"哈军工"退出军队序列，更名为哈尔滨工程学院，空军工程系改名为航空工程系。1970年，哈尔滨工程学院航空工程系整建制并入西工大。韶光流转，当年的"军工人"已进入耄耋之年，他们为新中国科技教育事业和人才培养，为西工大的发展献出了青春智慧。本书记录了哈军工空军工程系的历史，展现了"军工人"胸怀国防、忠诚奉献、严谨踏实、敢于担当的精神风貌。同时，也生动叙述了三脉汇聚成就的西北工业大学，齐心协力、精心育人、科技报国的奋斗历程。

本书自启动编印以来，经过了调研访谈、搜集资料、撰写初稿、编辑整理、

——哈军工空军工程系并入西北工业大学史话

校对修改等过程。在此期间得到了戴冠中、王乃行、陈青、朱培申、杨堃、李永锡、金西岳、宋弘、李凤蔚、何长安、于欣芝、钱鸿、顾恒祥、朱柱国、巫泽等原哈军工老同志及虞企鹤、侯亚涛、柯峰等同志的关心和帮助，得到了西工大航空学院、动能学院、自动化学院、计算机学院、航天学院、电子信息学院诸多相关单位的支持，离退休处、档案馆、校友会在本书调研采访协调和资料支撑等方面给予了鼎力支持。他们认真严谨的作风、爱国爱校的情怀，令人感动，在此谨向他们表示诚挚的谢意！

本书由西工大党委宣传部策划，参考了《哈军工传》（湖南科学技术出版社，2006年）、《名将名师》（当代中国出版社，2013年）等有关书籍和资料。第三章"难忘的岁月——回忆集锦"主要选自《校友回忆录（2）》（西北工业大学出版社，2010年）一书部分老同志的文章，由于篇幅所限，做了适当删节。黄迪民、陆佩华、吴秀青、王凡华、杨堃、汪东、张鹭等参加了本书的主要编辑工作。黄迪民、陆佩华对本书做了统稿整理，特别是针对第三章内容做了较多文字整理润色。本书的顺利出版，凝聚了学校领导、原稿作者、整理执笔人员、审稿人员和出版编辑的辛勤汗水，在此谨向他们表示衷心的感谢！

本书涉及六十多年的历史，跨度大、范围广，涉及人员较多，个人署名文章仅代表作者本人观点和回忆事项；整理执笔者充分尊重原稿作者观点，只根据篇幅所限对内容做了适当删节。不足之处，请广大读者谅解，欢迎批评指正。

编　者

2018年7月